창작자를 위한

주술 용어 사전

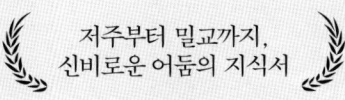

저주부터 밀교까지,
신비로운 어둠의 지식서

창작자를 위한

주술 용어 사전

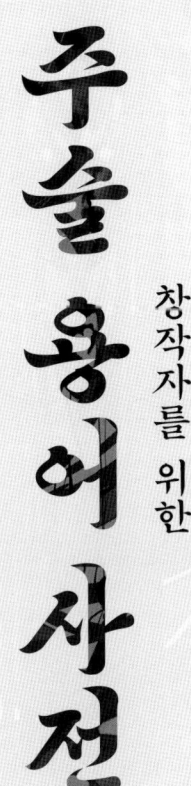

A&F 지음
아사자토 이쓰키 감수

먹

들어가며

'주술'이라는 말을 들으면 무엇이 떠오르나요?

먼저 떠오를만한 것은 밀짚 인형에 못을 박아서 증오하는 상대를 저주하는 '축시의 참배丑の刻参り'나 혼령을 소환해 질문하는 '곳쿠리 상こっくりさん'이 있겠습니다. 음양사 아베노 세이메이도 사용했다고 하는 '태산부군제泰山府君祭'도 있겠네요.

어쩌면 만화나 애니메이션, 영화, 소설 등의 창작물이 먼저 떠오를 수도 있겠습니다.

예를 들어 아쿠타미 게게가 주간 소년 점프에 연재했던 만화 《주술회전呪術廻戦》은 제목에서도 알 수 있듯이 '주술呪術'이 중요한 역할을 합니다. 주술사라 불리는 캐릭터들이 주술을 사용해 인간의 악한 감정이 만들어 낸 저주를 푸는 모습을 그리고 있지요. 이 작품은 남녀노소를 막론하고 큰 인기를 거두고 있습니다. 또한 원작은 이미 완결이 났지만 지금도 애니메이션이나 영화로 제작되며 화제를 일으키고 있는 고토게 고요하루의 《귀멸의 칼날鬼滅の刃》에도 주술적 요소가 등장합니다.

그리고 스즈키 고지의 소설 《링リング》에 등장하는 사다코는 '저주 비디오'를 사용해 저주를 확산시킵니다. 시미즈 다카시 감독의 영화 『수어사이드 포레스트 빌리지樹海村』에는 인터넷상에 도시 전설로 떠도는 저주 상자 '고토리바코コトリバコ'가 나오지요. 이처럼 '저주'와 '주술'은 오늘날 오컬트나 기괴함을 다루는 여러 창작 작품 속에서 자주 언급됩니다.

그렇다면 '주술'이란 과연 무엇일까요? 쉽게 말하자면 초자연적인 방법을 이용해 누군가가 원하는 현상을 일으키는 행위를 가리킵니다. 그에 따라 다른 사람에게 해를 끼칠 수도 있고, 반대로 은혜를 베풀 수도 있지요. 인간을 저주하는 무시무시한 일만을 가리키지는 않습니다.

이 책은《창작자를 위한 주술 용어 사전》이라는 제목에 걸맞게 다양한 창작 활동에 활용할 수 있게 만들었습니다. 여러 주술과 더불어 신과 요괴, 주술을 부리는 인간 등 주술과 관련된 항목은 물론이고 요술妖術이나 인술忍術처럼 주술에서 약간 벗어난 내용까지 폭넓게 수록되어 있습니다.

그 종류 또한 종교에서 유래한 것, 특정 지역의 독자적인 문화에서 생겨난 것, 고전에 등장하는 것, 민간전승으로 내려져 오는 것, 현대에 새롭게 만들어진 것 등 매우 다양합니다. 창작에 주술을 활용하려고 할 때, 실제 기록으로 남아있는 주술이 어떻게 만들어졌고 어떤 효과를 일으키는지 아는 것만으로도 창작의 폭은 넓어집니다.

주술 자체를 창작 소재로 사용할 수도 있지만, 기존 주술에 대한 지식을 기반으로 독자적인 주술이나 마술, 요술 등을 만들어 낼 수도 있습니다. 그 구조를 이해하고 응용하면 기존 주술을 새롭게 설정할 수도 있겠지요.

이 책은 사전 형식으로 만들어져 원하는 내용을 쉽게 찾을 수 있습니다. 궁금한 항목을 찾아본 뒤 관련된 내용을 추가로 확인하기도 편리하고 첫 페이지부터 순서대로 읽으며 주술을 배우기에도 좋지요. 이유야 어떻든 주술을 배워두면 창작물에 반영할 수도 있고 주술이 등장하는 창작물을 읽을 때 새로운 시점으로 접근할 수도 있습니다. 그리고 무엇보다 다양하게 활용할 수 있는 주술 지식은 창작 의욕에 불을 지피는 계기가 될 것입니다.

이제 페이지를 넘겨 주술의 세계로 떠나는 모험을 시작해 봅시다.

아사자토 이쓰키

일러두기

1. 표제는 일본의 주술(주술, 요술, 인술, 축제, 점술, 주문 등을 포함), 주술을 사용하는 이능력자(술사, 요술사, 닌자, 신불, 오니, 요괴 등을 포함), 주술과 관련된 전설(신화, 전승 등을 포함), 주술도구(주물, 부적, 문양 등을 포함), 주술적 공간(결계, 성역, 영산 등을 포함)을 수록한다.
2. 표제는 내용과의 관련성을 기반으로 배치한다. 검색은 색인을 참조한다.
3. 내용에 또 다른 표제가 등장하는 경우, 특히 관련 있는 것에 한해 진하게 표기한다.
4. 이 책에 등장하는 대표적인 고전문학은 제7장에 정리한다.
5. 가장 널리 알려진 표기법으로 표기하되, 그 명칭이 여러 개인 경우는 가운뎃점(·)으로 구분한다.
6. 서적명은 ◇, 그 외는 『』로 표기한다.
7. [번]이 붙은 주석은 해당 문장의 임의 번역문이다. 주문 등 고어로 된 문장은 그 의미를 명확하게 해석하기 어려워 일부 임의 번역문을 수록했으며, 번역이 정확하지 않을 수 있으므로 활용에 참고를 바란다.

이 책을 읽기 전에 알아두면 좋은

주술의 기본 용어

저주呪い와 주문まじない

주술 呪術

사람이 신불 등의 힘을 빌려 초자연적 현상을 일으키는 술법術法이다. '빌 주呪'자는 '기원하다, 저주하다, 방자하다'라는 뜻이다. 그래서 읽는 법에 따라 악의적으로 사용하는 '저주'와 좋은 일이 일어나기를 바랄 때 사용하는 '주문'으로 나뉜다.

저주 呪い

증오와 질투 등 사람의 악의에서 생겨난 사념이다. **주술**로 상대방에게 의도적으로 위해를 가하거나 재액'을 일으킬 수 있다.

관련어 저주呪詛, 축시의 참배, 염매厭魅 등

주문

어떠한 일이 이뤄지기를 바라는 생각이다. 주술로 재액을 없앨 수도 있고, 반대로 상대방에게 화를 입힐 수도 있다.

관련어 마귀 쫓기, 액땜, 주술, **부주**符呪[2] 등

재앙

대체로 신불이나 혼령이 광범위하게 화를 불러일으키는 일을 말한다. **저주**의 일종이라 할 수 있다. 신불과 혼령에게 제사를 지내면 진정시킬 수 있다고 한다.

관련어 재앙신, **원령**怨靈 등

주금 呪禁·咒禁

주술을 가리킨다. **주문**을 외워 사령과 같은 재액을 물리친다.

부주 符咒

주문의 다른 말이다.

---

1 재앙으로 인한 불운을 뜻한다.

2 부적과 주문을 모두 아우르는 말이다.

주술의 기본 용어

공격의 술식

회복·소생
보조의 술식

특수 효과·예지
예언의 술식

술사·이능력자
이형의 생물체

주구·무기·부적

이계·결계
금기의 영역

서적·이야기

주력 呪力

저주, 또는 주문의 힘이라는 뜻이다. 주술의 바탕이 되는 초자연적 힘을 가리킨다.

언령 言靈

강력한 주력이 담긴 말이나 소리다. '말은 곧 일事'이라 생각해 좋은 말은 길한 일을, 나쁜 말은 악한 일을 불러온다고 한다. 《만엽집万葉集》에는 '언령의 영묘한 힘으로 행복을 낳는 나라言靈の幸はう国', 《고킨와카슈가나조古今和歌集仮名序》에는 '(와카는) 하늘과 땅을 감동시킨다(和歌は)天地を動かし'라는 구절이 나온다. 이를 통해 일본에서는 말에는 말한 대로 상황을 이뤄지게 하는 힘이 있다고 여겼다는 사실을 알 수 있다. 이를 언령신앙言靈信仰이라고 한다.

언령 주술 言靈呪術

언령을 사용한 주술을 가리킨다. 말로 주력을 더욱 증폭시킬 수 있다. 언령 주술을 이용한 싸움을 언령 전투라고 한다.

주문 呪文

주력을 가진 말로, 소리 내어 읊거나 부적에 써서 주술을 발동시킨다. 마귀를 쫓을 때는 '임병투자개진열재전臨兵鬪者皆陣列在前', '아비라 운 켄 소와카'와 같은 주문을 읊고, 부적을 만들 때는 주로 '급급여율령急急如律令'과 '소민쇼라이蘇民

将来' 등의 문구를 적어 넣는다.

주법 呪法·咒法

주문을 읊으며 행하는 술식이다.

관련어 주술을 부리다, 저주

고업 蠱業

사람에게 재앙을 내리는 저주, 주술을 거는 행위다.

관련어 고사蠱事

사술 邪術

사악한 술이다. 요술, 환술幻術, 빙의귀를 이용한 주술도 포함된다.

관련어 외법外法, 사법邪法

외법 外法

불교 등에서 금지된 사악한 술법이다.

관련어 외도外道[1]의 술법, 외술外術, 사법, 사술

좌도 左道

오른쪽을 귀하고 왼쪽은 부정하다고 여겼던 고대 중국의 사상에서 생겨난 말이다.

관련어 사술, 외법

---

1   불교 이외의 종교를 뜻한다.

만물의 구성요소

음양오행 陰陽五行

고대 중국에서 생겨난 개념이다. 이 세계는 서로 반대되는 속성인 음陰과 양陽, 다섯 가지 성질인 **목화토금수**木火土金水의 조합으로 이루어져 있다고 봤다. **음양도**陰陽道의 **주술**이나 **역점**曆占은 이 개념을 바탕으로 생겨났다.

태극도 太極圖

고대 중국에서부터 내려오는 우주관을 나타낸 그림이다. 이 세계는 서로 대립하는 '음'과 '양'으로 이루어져 있다는 개념으로, 양 안에 음이 있고 음 안에 양이 있다.

목화토금수 木火土金水

음양오행설을 바탕으로 만물은 다섯 가지 성질로 이뤄져 있다고 본다. 만물은 순환하며, 그 에너지는 단계별로 변화한다. 방위, 색, 계절 등 세상에 존재하는 것 모두를 이 다섯 가지 요소로 설명할 수 있다.
관련어 오행五行, 오기五氣

오행상생 五行相生

목화토금수의 오행이 순서대로 생겨난다는 개념이다. 나무는 땔감이 되어 불을 만들어 내고 불은 타올라 흙(재)을 남긴다. 흙을 파면 금속을 얻을 수 있고 금속의 표면에는 물(이슬)이 맺히며 물은 나무를 키운다.

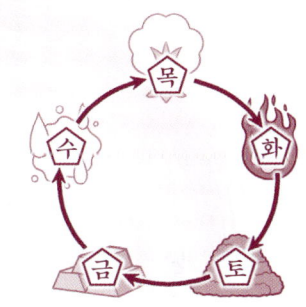

오행상극 五行相克

목화토금수의 오행이 서로 대립하며 멸망시킨다는 개념이다. 나무는 흙(대지)의 영양분을 흡수하고 흙은 물을 흡수한다. 물은 불을 끄고 불은 금속을 녹이며 금속 도끼는 나무를 베어버린다.

오대 五大

이 세계는 **지수화풍공**地水火風空의 다섯 가지 원소로 이루어져 있다는 개념이다. 고대 인도에서 생겨났다. 오대에는 위아래의 개념이 있다. 땅이 가장 낮고 무거운 것, 하늘이 가장 높고 가벼운 것으로 여기며 각각의 원소들을 위에서 아래로 줄을 세우듯 배치한다.

지수화풍공 地水火風空

불교 사상에서 만물을 구성하는 다섯 가지 원소다. 에너지는 세로로 표시되며, 더 이상 분해하지 못하는 물질(원소)로 인식한다. 불교에서 '공空'은 무아의 경지를 뜻하기도 한다.

오륜 五輪

오대를 가리킨다. 오륜탑은 아래서부터 지륜地輪 · 수륜水輪 · 화륜火輪 · 풍륜風輪 · 공륜空輪 순으로 올라간다.

육대 六大

밀교密敎에서는 **오대**의 개념에 인간의 의식을 나타내는 '식識[1]'을 추가해 이 세계가 '지수화풍공식地水火風空識'으로 이루어져 있다고 본다.

관련어 육계六界

주술 계통

신토 神道

불교 등의 종교가 전래되기 전부터 일본에 전해 내려오던 토착 신앙이다. 자연을 숭배하며 모든 자연물에 신이 머문다고 여겼다.

신선도 神仙道

신선이 되고자 하는 것이다.

선술 仙術

신선이 되기 위한 술법이다. 또는 신선이 사용하는 **주술**을 가리킨다.

관련어 신선술神仙術

도교 道教

중국에서 탄생한 민족 종교다. **무술**巫術, **선술**을 이용해 불로불사가 되거나 병의 치료를 추구하는 **신선도**를 기반으로 생겨난 다양한 **주술**을 발전시키고 확산시켰다.

도 道

고대 중국의 **노자**老子, 장자莊子가 주장한 **도교** 철학의 개념이자 우주의 섭리다. 도를 지키면 불로장수할 수 있다고 한다.

---

1   불교에서 말하는 십이 연기의 하나로 대상 하나하나를 식별하는 마음의 작용이다.

방술 方術

도교의 **방사**方士가 사용하는 특별한 힘을 가리킨다.

음양도 陰陽道

음양오행설을 기반으로 한 **주술**과 **점술**占術로, 삼라만상을 이해하려는 학문이다. 일본에는 6세기경에 전파되었는데, 다이호 율령大宝律令[2]을 바탕으로 **음양료**陰陽寮[3]가 설치되었다. **음양사**陰陽師는 바로 이 음양료 소속 관리로, 처음에는 천문이나 역법을 관장하며 길흉을 점쳤다. 헤이안 시대에 전성기를 맞이한 음양도는 점술뿐 아니라 주술을 부리거나 제사를 지내는 일본의 독자적인 밀교로 발전했고 이윽고 민간에도 음양사가 나타나게 되었다.

이자나기류 いざなぎ流

오늘날에도 존재하는 민간 **음양사**다. 또는 그 술식을 가리키기도 한다. **저주(삿된 것)**를 제거하는 강력한 **주력**을 행사한다. 도사국의 모노베 마을(지금의 고치현 가미 시 모노베초)에는 지금도 술사가 있다고 한다.

밀교 密教

불교의 종파 중 하나다. **구카이**空海와 **사이초**最澄가 일본에 들어와 각각 진언종眞言宗(진언 밀교), 천태종天台宗(천태 밀교)으로 발전시켰다. '**인**印 **맺기**' 신(身)밀, '**진언 외우기**' 구(口)밀, '마음속으로 부처님을 떠올리기' 의(意)밀과 같은 삼밀三密을 행해 부처와 하나가 되고자 한다.

사종법 四種法

밀교승의 수득기라 여겨지는 네 가지 기도에 의한 **주술**이다. 식재법息災法·증익법增益法·경애법敬愛法·항복법降伏法이 있다.

슈겐도 修驗道

산속에서 엄격한 수행을 하는 불교의 일파로, 창시자는 나라 시대의 **엔노 오즈누**役小角. 일본 토착 신앙인 **산악신앙**에 **밀교**, **도교**, **주금도**呪禁道 등이 더해져 탄생했다. 초자연적인 힘을 익혀 **주술** 활동을 벌인다. 슈겐修驗은 수행을 통해 경험을 얻는다는 뜻이다. **가지 기도**加持祈禱를 득도한 수행자는 **슈겐자**修驗者, **야마부시**山伏라고도 부른다.

법력 法力

불법을 터득한 자가 얻게 되는 신비한 힘으로, 요괴나 악령 등을 조복할 수 있다.

2　701년 반포된 일본의 율령으로, 일본사상 최초의 본격적인 율령이다.
3　일본의 율령제에서 중무성에 속한 기관이며 점복, 천문, 역법을 담당하는 부서다.

겐리키 驗力

슈겐자가 사용하는 특별한 힘을 말한다.

신통력 神通力

하늘을 날거나 다른 사람의 마음을 읽는 등 신불의 힘으로 무슨 일이든 생각한 대로 이룰 수 있는 초인적인 능력이다. 원래는 불교의 미륵이나 보살이 가지는 '육신통六神通'이라는 여섯 가지 능력(**천안통**天眼通·**천이통**天耳通·**타심통**他心通·**숙명통**宿命通·**신족통**神足通·**누진통**漏盡通)을 나타낸다. **덴구**天狗나 **슈겐자** 등이 가지고 있다.

인술 忍術

밀정, 정보 수집, 암살 등을 목적으로 몸을 숨기거나 변장하거나 기습할 때 사용하는 **닌자**의 술법이다. 크게 고가류甲賀流과 이가류伊賀流로 나뉜다.

환술 幻術

사람을 홀리는 환영을 만들어 내는 **사술**, **외법**이다. 환술을 부리는 술사를 가리켜 현인眩人(환인幻人), 혹은 **환술사**幻術師라고 한다. 기술奇術이나 속임수도 여기에 해당한다.

관련어 현혹술

요술 妖術

사람을 홀리는 **사술**, **외법**이다. 요술을 부리는 사람은 요술사妖術師라고 한다.

관련어 환술, 마법魔法

점술 占術

영적 주기와 미래를 점치는 주법이다.

관련어 복점卜占, **역점**, 천문술天文術, 점성술占星術 등

풍수 風水

음양오행설을 바탕으로 산과 강 등 지형으로부터 자연이 가진 '**기**(에너지)'의 흐름을 읽어내는 대지의 점술로, 중국에서 전파되었다. 도읍이나 마을의 입지, 집터와 구조, 가구의 배치, 무덤의 입지 등은 풍수를 이용해 사람들의 운기運氣[1]를 끌어올릴 수 있는 곳으로 정한다.

초능력 超能力

특정 종파와 상관없이 현대 과학으로 설명할 수 없는 상식을 뛰어넘는 능력을 말한다.

관련어 투시, 예지, 염력 등

---

1 이미 정해져 있어 인간의 힘으로는 어쩔 수 없는 천운과 기수를 뜻한다.

목차

필살기,
공격 기술에
활용할 수 있는

공격의 술식

구울의 기본 용어

종교의 음식

회부·소형 보조인 음식

특수 능력·예지 백인의 음식

술사·이능력자 이형의 생물체

주구·무기·도구

이계·경계 금기의 영역

서적·이야기

'인印' 공격

인 印

주문을 읊거나 술식을 발동시킬 때 손가락으로 만들어 내는 독특한 모양을 말한다. 각각의 인은 신불을 나타낸다.

관련어 인계印契

인 맺기

손가락으로 **인**의 모양을 만드는 행위를 뜻한다. 인은 **주문**을 읊으면서 맺는다. **구자호신법**九字護身法이 대표적이다.

주인 呪印

주문을 읊으면서 손으로 **인**을 맺는 행위를 가리킨다.

오른손·왼손

오른손은 좋은 것을 받아들이거나 느낄 때 사용하고, 왼손은 '불(귀신)이 충만하다.[1]'라고 여겨져 강하게 염원하거나 **인**을 끊을 때 사용해야 한다고 여긴다.

구자호신법 九字護身法

주력이 담긴 아홉 글자, '**임병투자개진열재전**'을 사용한 **주법**이다. 한 자씩 영창

하면서 그에 해당하는 **인**을 맺어 악귀를 물리친다. **음양사**, **슈겐자**의 주특기이지만, 무사나 **닌자**가 승전을 기원하거나 정신 통일을 할 때도 사용했다. 민간으로 확산된 이후에는 **마귀를 쫓거나** 자기 몸을 지키기 위해서도 사용되었다. 복잡하게 인을 맺지 않는 '**조구자**무九字'라는 것도 있다.

관련어 구자법九字法, 절지구자호신법切紙九字護身法

임병투자개진열재전

臨兵鬪者皆陣列在前

구자호신법을 전개할 때 읊는 **주문**이다. 진陣→진陳, 열列→열烈, 전前→행行·참斬 등 종파에 따라 일부 한자가 다르기도 하다. '전투에 임하는 병사들이여, 진을 짜 앞으로 나아가라', 즉 '전투 시에는 선두에 서서 대항해야 한다'라는 의미로, 사기를 고무시키고 승리로 이끄는 효과가 있다고 전해진다. 낮에는 태양, 밤에는 달을 향해 **인**을 맺으면 **주력**이 증폭된다고 한다.

도인 刀印

오른손 검지와 중지를 제외한 다른 손가락을 접은 형태의 인이다.

조구자 무九字

오른손으로 **도인**을 맺고 아홉 자를 읊으며 허공에 대고 세로로 네 번, 가로로 다

---

[1] 일본어로 '火(靈)が足りる'라고 쓰고 '히가타리루'라고 읽는데, 이를 줄이면 '火足り手'라고 쓰고 '히다리테'로 읽어 일본어의 왼손과 발음이 같아진다.

구자호신법

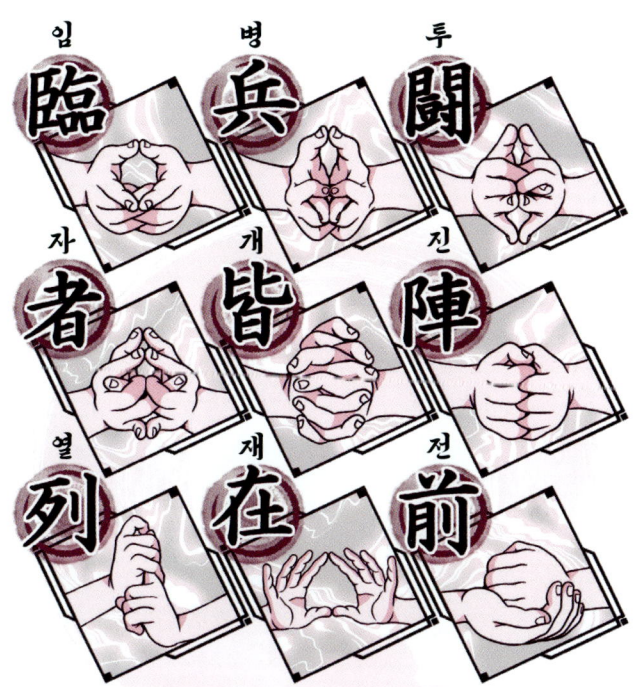

임 臨
병 兵
투 闘
자 者
개 皆
진 陣
열 列
재 在
전 前

조구자

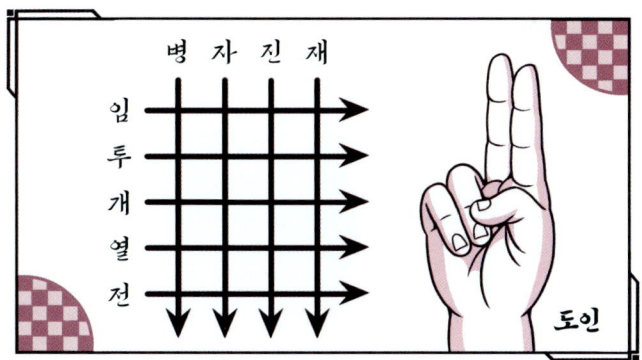

병 자 진 재

임 투 개 열 전

도인

섯 번 교차하는 선을 긋는다.

관련어 구자九字, 조구자호신법早九字護身法

구자절법
조구자를 가리킨다.

마귀 쫓기
마귀를 쫓는다. **구자절법** 등 악귀를 퇴치하는 술법이다.

육갑비축 六甲秘呪
조구자의 바탕이 된 **도교**의 비술이다. 도교의 **마귀 쫓기 주문**이 일본으로 넘어와 **음양도**와 **밀교**, **슈겐도**에 도입되었다.

일자일묘 一字一妙의 비법
구자절법을 한 단계 증폭시킨 비술이다. 왼손바닥에 '끊을 절切'자를 쓰고, 오른손을 쥐고 '제여원적諸餘怨敵 개실최멸 開悉摧滅'이라고 일곱 번 외친 뒤 적을 향해 구자절법을 시전하면 적을 물리칠 수 있다.

묘구자 妙九字
허공에 특수한 형태의 '묘할 묘妙' 자를 쓰는 구자법을 말한다. '묘법연화경 서품제일妙法蓮華經序品第一'이라는 아홉 자를 외치며 허공에 9획으로 된 '묘할 묘' 자를 그린다. 사악한 기운을 없애고 악귀를 조복할 수 있다.

두파칠분 구자 頭破七分九字
묘구자 중에서도 그 힘이 특히 강력한 것이다. '묘법연화경 두파칠분妙法蓮華經 頭破七分'이라는 아홉 자를 읊으며 허공에 9획으로 된 특수한 '묘할 묘妙' 자를 그린다. 그러면 곧바로 귀자모신鬼子母神이 나타나 순식간에 악귀나 사신邪神의 머리를 일곱 등분한다. 이 구자법으로 인해 지옥에 떨어진 악귀는 결코 빠져나오지 못한다고 한다.

묘구자   두파칠분 구자

십자절법
구자절법에 한 자를 더 추가해 가로세로로 다섯 번씩 벤다. 승리를 염원할 때는 '이길 승勝', 적에 대항할 때는 '클 태太' 자를 사용하는 등 열 번째 글자는 목적에 따라 달라진다. 마지막 글자를 외치며 세로로 내리친다.

금술·십자 十字의 비법 ①
열 자를 베는 **주법**이다. 이 주법은 사령을 물리치는 데 유효하며, 그 힘이 매우 강력하므로 함부로 사용해서는 안 된다. 오른손으로 **도인**을 맺고 '포외군진중 중원실퇴산怖畏軍陣中 衆怨悉退散'이라는 열 자를 하나씩 읊으며 '여덟 팔八' 자를 다섯 번(총 10획) 벤다.

관련어 구자십자九字十字

금술·십자의 비법 ②

열 자를 베는 **주법**으로, **마귀 쫓기**에 효과적이다. 오른손으로 **도인**을 맺어 이마에 갖다 대고 '야쓰루기야^{八劍や}, 나하노야이^{波奈の刃} 바노 고노쓰루기^{のこの劍} 무카우아쿠마오나기하^{向かう惡魔を薙ぎ} 라우나리[1]'^{祓うなり}라고 외친다. 그리고 '천지현묘행신변통역승天地玄妙行神変通力勝'이라는 열 글자를 한 자씩 읊으면서 특정 순서대로 **도인**을 맺는다. 악한 인연을 끊어내고 싶다면 마지막의 '이길 승勝' 자 대신 '떠날 리離' 자를, 병마를 물리치고 싶다면 '다스릴 치治' 자로 바꾸어 읊는다.

포마怖魔의 인

마귀 쫓기의 **인**이다. 마귀의 기척이 느껴지면 오른손으로 주먹을 쥐고 엄지(또는 검지)만 기척이 느껴지는 방향을 가리키며 천수관음보살의 **진언**을 읊는다. 마귀의 무리를 항복시키고 해산시키는 힘이 있다.[2]

---

1   [번] 여덟 개의 검이여, 나하의 칼날로 만든 이 검으로 저 악마를 쓰러뜨리리라.
2   포마(怖魔)는 비구(比丘)를 달리 이르는 말이며 마귀(魔鬼)를 두렵게 한다는 뜻이다.

식신 式神

음양사의 명을 따르는 **귀신**鬼神이다. 사람이나 새 등의 모습으로 자유자재로 변신하고 **주력**을 가진다.

관련어 식式의 신. 식式

식 다스리기

음양사가 **주물**呪物(**식신**)을 사용해 **저주**를 거는 일이다.

사귀신법 使鬼神法

귀신을 사역해 공격과 방어를 행하는 술법이다. 귀신이란 초인적인 힘을 가지는 신이나 사람, 또는 동물의 혼령 등을 가리킨다. **아베노 세이메이**安倍晴明의 **식신**, **엔노 오즈누**의 **젠키**前鬼 · **고키**後鬼, **이자나기류**의 **식왕자**式王子 등이 유명하다. 일반적으로는 **여우**나 **작은 뱀** 등의 **빙의귀**를 보내어 원한이 있는 적의 몸을 조금씩 갉아 먹는다.

소귀법 召鬼法

오니鬼를 조종하는 **도교**의 술이다. 술사는 인간보다 힘이 센 귀신을 부리며 여러 가지 일을 시켰다고 한다.

식신 반환

음양사가 **저주**의 대상에게 보냈던 **식신**이 되돌아오는 일을 뜻한다. 이때 식신은 공격력이 두 배가 되어 돌아오므로 저주를 시전한 술사는 큰 타격을 입는다.

호법 동자 護法童子

슈겐자와 **밀교승**의 명령에 따라 악령으로부터 지켜주는 **귀신**이다. 사람이나 동물의 혼백, 오니, 요괴, 용신 등 다양한 모습을 하고 있다. **엔노 오즈누**의 **젠키·고키**, 천태밀교天台密敎의 승려인 **쇼쿠**性空의 **오쓰乙·와카**若 등이 유명하다.

호법 동자법 護法童子法

슈겐자와 **밀교승**이 **호법 동자**를 소환해 부리는 술법이다.

식법 式法

이자나기류의 기도사인 **다유**太夫가 식(**식신**)을 부리는 **주술**이다. 식법을 시전하는 일을 '식을 치다', '식을 시전한다' 등으로 표현한다.

인형 기도 人形祈禱

고헤이 인형御幣人形을 이용해 **조복**[1]하는 **이자나기류**의 **주술**이다. 먹실로 만든

활시위에 작은 화살을 걸어 인형을 향해 쏘는 '산법柵法', 모루 위에 인형을 놓고 쇠망치로 때리는 '천신법天神法', **못**이나 **바늘**을 인형의 급소에 박아 넣는 '침법釘法' 등이 있다.

전지성병술 剪紙成兵術

종이로 만든 인형을 조종하는 **도교**의 **방술**이다. '종이를 잘라 병사로 만든다'라는 뜻이다.

영법사술 影法師術

자신의 영법사를 만들어 내 싸우는 **요술**이다. **다이라노 마사카도**平將門가 사용한 것으로 알려져 있다. 고칸合巻[2] 《에칸반코모치야마우바絵看板子持山姥》에는 다이라노 마사카도의 유복자인 **다이라노 요시카도**平良門가 영법사술을 사용해 거미를 조종하는 **요술사** 구로쿠모 황자와 술법의 실력을 겨루는 장면이 그려져 있다.

해골 사역법 髑髏使役法

해골을 매개로 혼령을 소환하는 술법이다. 귀자모신의 힘으로 소환한 해골을 사역해 힘을 얻을 수도 있고 궁금한 것을 물어볼 수도 있다. 이때, 해골은 질문에 반드시 대답해 준다고 한다. 단, 술법이

---

1 몸과 마음을 고르게 해서 여러 가지 악행을 굴복시키는 것, 혹은 부처에게 기도해서 부처의 힘으로 원수나 악마를 굴복시키는 것을 뜻한다.

2 일본 문학 장르 중 하나로 에도 시대의 삽화가 실린 장편 소설이다.

새어나가거나 **저주가 되돌아오면** 목숨을 보장할 수 없다.

뇌법 雷法
우레를 다스리는 **방술**이다. **도사**道士는 **주문**을 읊어 벼락신장이나 그 병사들을 부리며 온갖 요사함을 내쫓는다.

주문 공격 (신토)

주 呪 · 주사 呪詞
신에게 기도해 **언령**의 힘으로 상대방을 저주하는 일을 가리킨다. 《**일본서기**日本書紀》에서는 진무 덴노神武天皇가 사용했다고 전해진다(**이쓰노카시리 저주**嚴呪詛).
→ 방어술과 관련된 내용은 40쪽 참조

신주 神呪·神咒
주문을 가리키는 말이다.

축사 祝詞
신에게 기도하거나 의식을 거행할 때 바치는 말이다. '빌 축祝' 자는 '신령이 들어온(**빙의된**)' 상태를 가리킨다. 액막이 행사 때 읊는 '하라에코토바祓詞' 등이 여기에 해당한다. **언령**이 담겨있으므로 절대로 잘못 말해서는 안 된다.

제문 祭文
신에게 바치는 말로, **신토**에서 사용하는 **주문**이다.
관련어 축사, 주사

신가 神歌
신에게 바치는 노래로, **신토**의 주가呪歌에 해당한다.

물리쳐주소서, 정화해 주소서
정화 의식을 거행할 때 읊는 하라에코토바다. 삿된 것을 물리치고 정화시켜 달라는 뜻이다.

두렵고도 두렵다
축사의 말이다. '감히 말씀드리겠다' 혹은 '아뢰다'라는 의미로 신에게 기도할 때 사용한다.

아마테라스오미카미 天照大御神
십언신주十言神咒라 불리는 **주문**이다. 일본 최고신인 아마테라스오미카미天照大御神의 이름 열 글자[3]를 반복해서 읊으면 사악한 기운이나 요괴를 물리칠 수 있다.

도호카미에미타메 トホカミエミタメ
이 여덟 자를 읊으면 사악한 기운을 물

---

3 외래어 표기법에 따라 아홉 글자가 되었으나 일본어 원문을 그대로 옮기면 '아마테라스오오미카미'이므로 열 글자다.

리치고 마물을 퇴치할 수 있다고 하는 **주문**이다. '도호카미에미타메啄普加身依身多女'라는 팔방 제신의 앞글자를 따서 만들었다는 설이 있다.

관련어 오대 신주五大神咒, **삼종 하라에코토바**, 아마쓰하라에

아지메법 安知女法

빙의된 악령이나 사령을 소멸시키는 **주문**이다. **가구라**神樂의 한 구절로, '아지메, 오.오.오.오'라고 크게 외친 다음 '노보리마스, 도요히루메가 미타마호스, 모토와카나호코, 스에와키호코, 모토와카나호코, 스에와키호코¹'라고 묵창한다.

관련어 아지메 작법安知女作法

요괴를 위협하는 신가

요괴에게 물러나라고 강하게 압박하는 의미의 **신가**다. '온카미오 무코니타테테 이노루나라 이카나루아쿠마모 치리토오 모와즈²'라는 노래다.

요괴 퇴치를 기원하는 신가

요괴를 설득하기를 포기하고 신에게 요괴 퇴치를 부탁하는 **신가**다. '모노노케오 히키하나시테조 **아즈사유미** 히키토리타마에 교노키키가미³'라는 노래다.

요괴 퇴치를 기원하는 조왕신 제문

조왕신에게 요괴 퇴치를 비는 **제문**이다. '구와노 유미, 요모기노야오못떼텐치시호헤이하라에바, 쇼마, 쇼겐진와타이카이, 다이치노소코에이오소산⁴'

여우 혼령을 굴복시키는 신가

'나쓰와키쓰 네니나쿠세미노 가라코로모 오노레오노레가 미노우에니키요⁵'라는 **신가**神歌로, 기쓰きつ와 네네를 나누어 발음하면 **언령**의 힘으로 **여우**⁶를 굴복시킬 수 있다.

주문 공격
(음양도·신선도·기타)

급급여율령 急急如律令

음양사가 의식을 거행할 때 읽는 **제문**에서 마침표 역할을 하는 **주문**이다. 원래는 '서둘러 율령(법률)과 같이 행하라'라는 명령이었으며, 중국에서 '서둘러 명령이

---

3 [번] 오늘의 기키가미에게 비오니, 가래나무 활로 원령을 쏠 터이니 떨어뜨려 주소서.
4 [번] 뽕나무로 만든 활로 천지 사방에 쑥으로 만든 화살을 쏘아 모든 악마, 장애신을 바다와 땅으로 떨어뜨려라.
5 [번] 여름이 오면 소리 내어 오는 매미의 허물을 입으라.
6 여우는 일본어로 기쓰네(きつね)다.

1 [번] 솟아오르는 도요히루메가 그 혼령을 드러내네. 쇠창은 원래 나무창이네, 쇠창은 원래 나무창이었네.
2 [번] 천지신명께 비나니 어떠한 악마도 무섭지 아니하도다.

실현되기를'이라는 의미로 사용되어왔다. 중국의 기록에 따르면, 뇌신의 권속 중에는 벼락이 칠 때 함께 떨어지는 '령零'이라는 신이 있었다고 한다. 이 '떨어질 령' 자와 '하여금 령令' 자의 발음이 같으므로 일이 빨리 이루어진다고 여겼다. 이 말이 일본으로 전해져 음양사 사이에 확산되면서 독립적인 주문이나 **부주**로 사용하게 되었다고 한다. **음양도** 외에도 **슈겐도**, **밀교** 등에서도 사용된다.

원거리 공격법

손을 대지 않고도 멀리 떨어진 상대를 쓰러뜨릴 수 있는 **신선도**의 **주문**이다. 주문을 읊기만 해도 그 즉시 사람을 기절시킬 수 있다고 한다.

악마를 쫓는 주문

신선도에 전해 내려오는 악마를 달아나
付くも不肖、 付か
게 만드는 **주문**이다. '쓰쿠모후쇼, 쓰카
るるも不肖、 一時の夢ぞかし。 生
루루모후쇼, 이치지노유메조카시. 세이
は難の池水つもりて淵となる。 鬼
와난노이케미즈쓰모리떼후치토나루. 기
神に横道なし。 人間に疑いなし。 教
진니오도나시. 닌겐니우타가이나시. 교
教化に付かざるに依りて時を切ってすゆ
카니쓰카자루니요리떼토키오킷떼스유
るなり。 下のふたへも推してする。
루나리. 시타노후타에모오시테스루[7]'라고
외치며 발바닥의 세 군데에 뜸을 놓는다.

7 〔번〕 붙는 것도 무심결에 달라붙는 것도 불행하구나. 한낱 꿈인 것을. 생은 어려움이 모여 깊은 강물을 이루는 것. 귀신은 도리에 어긋나지 않고, 사람은 의심이 없다. 교화에 따르지 않으니 시간을 뛰어넘어 머물러 있을 수 밖에.

여우 혼령에게 거짓말하기

'**추타귀파나나귀**追打鬼婆羅羅鬼, 호쇼보法性房의 일족이로다'라는 **주문**을 읊는다. 호쇼보는 **원령**으로 변한 **스가와라노 미치자네**菅原道真의 영혼을 잠재운 천태**밀교**의 스님인 손이尊意를 가리킨다. 여우 혼령에게 그의 제자라고 선언하면, 혼백이 두려워하며 도망간다.

고등어를 먹었다, 고등어를 먹었다

덴구를 격퇴하는 **주문**이다. 고등어는 덴구가 싫어하는 음식이라고 한다.

포마드, 포마드, 포마드 pomade, pomade, pomade

도시 전설 속 요괴인 입이 찢어진 여자는 만나는 사람마다 "나, 예뻐?"라고 묻는다. 이때 이 **주문**을 읊으면 이를 들은 입이 찢어진 여자가 도망간다.

주문 공격 (불교·밀교)

진언 眞言

불교에서 진실의 말로 여기는 **주문**이다. **범자**梵字로 기록된 경인데, 범어梵語(산스크리트어) 그대로 읽는다. 진언을 읊으면 신불의 가호를 받는다고 한다. 진언은 신불마다 각자 다르다.

만트라 mantra

범어로 된 **진언**을 가리킨다.

범자 梵字

범어를 적는 문자를 말한다. 모든 범자에는 **주력**이 깃들어있어 **마귀를 쫓거나** 조복하는 효과가 있다. 몸에 지니고 있으면 신불의 가호가 깃든다고 여겨 부적이나 **주부** 등에도 쓰였다. 또한 태어난 **간지**에 해당하는 범자를 지니고 있으면 온갖 재난을 없애준다.

다라니 陀羅尼

밀교의 **주문**이다. 말에 **주력**이 깃들어있다고 한다.

옴

진언의 제일 앞에 오는 **주문**이다. 이 뒤에 불교에 귀의해 부처를 믿겠다는 선언이 따라온다.

나마크 사만다 보다난

모든 부처에 대한 귀명을 나타내는 정형화된 **진언**이다. 이를 한 글자로 줄이면 '**옴**'이 된다.

소와카

진언의 말미에 붙는 **주문**으로 '성취시키다'라는 의미다.

한자 표기법 娑婆訶, 娑婆呵, 蘇婆訶 등

종자 種字·種子

밀교에서 부처나 보살을 나타내는 **범자**다.

키리크

간지의 쥐, 개, 돼지를 가리키는 **범자**다. 쥐는 천수관음보살, 개와 돼지는 아미타여래의 상징이다.

타라크

간지의 소, 호랑이를 가리키는 **범자**로, 허공장 구문 지법보살을 뜻한다.

만

간지의 토끼에 해당하는 **범자**로, 문수보살을 뜻한다.

안

간지의 용, 뱀에 해당하는 **범자**로, 보현보살을 뜻한다.

사크

간지의 소에 해당하는 **범자**로, 세지보살을 뜻한다.

반

간지의 양, 원숭이에 해당하는 **범자**로, 대일여래를 뜻한다.

칸

간지의 닭에 해당하는 **범자**로, **부동명왕**

을 뜻한다.

키리크

사크

타라크

반

만

칸

안

나마크 사만다 바자라단 칸

부동명왕의 **진언**이다. 이를 읊으면 번뇌를 없애고 고난을 극복할 수 있는 힘이 끓어오른다.

수능엄다라니 首楞嚴陀羅尼

악마를 굴복시키는 기백이 담긴 글귀로, 범어로 작성되어 있다. 요괴 퇴치에 적합한 주문이다.

마계게 魔界偈

'게偈'는 **밀교**에 전해 내려오는 시 형식의 경문으로, 마물을 퇴치하는 **주문**이 담겨있다. 이를 계속 읊으면 사람에게 씌인 마물이 소멸된다고 한다.

천마게 天魔偈

마계게를 가리키는 말이다.

반야심경般若心經 읊기

《반야심경般若心經》의 정식 명칭은《반야바라밀다심경般若波羅蜜多心經》이다. 마물을 쫓아낼 정도의 **주력**을 가진 불교의 경전이다. 삼장법사가 이 경전을 읊어 요괴의 위협에서 벗어났다고 한다.

색즉시공 공즉시색 色卽是空 空卽是色

《반야심경》에 나오는 문구다. '색色'은 '형태가 있는 것', '공空'은 '실체가 없음'이라는 의미다 '이 세상에 형태가 있는 모든 것은 실체가 없다. 실체가 없는 것 역시 모두 형태를 가지고 있다'라는 사상이다.

신불의 힘을 빌려 공격
(조복)

조복

신불의 힘을 빌려 악령이나 악귀, 적 등을 공격하거나 천재지변이나 인재를 극복한다.

관련어 항복

항복

신불의 힘을 빌려 악마 등을 물리친다.

관련어 조복

아비차로가법 阿毘遮嚕迦法
조복, 항복을 가리킨다.

항마 降魔
악마를 항복시키는 일이다. 악마를 굴복시킬 때 나타내는 **부동명왕**의 성난 표정을 가리켜 '항마상'이라고 한다.

사마항복 四魔降伏
사마란 인간을 악마의 세계로 떨어뜨려 죽음에 이르게 하는 네 가지의 마물로, 번뇌마煩惱魔(번뇌를 낳음)·오음마五陰魔(몸과 마음을 어지럽힘)·사마死魔(생명을 빼앗음)·천마天魔(제육천마왕. 선행을 방해)를 가리킨다. 사마항복은 이 사마를 항복시키는 일을 가리킨다.

호마 護摩 · 호마법 護摩法
불 속에 공물을 던져 신불에게 공양하는 **주법**이다. 향목을 태운 화로에 오곡五穀, 오향五香, 향유香油 등을 던지고 기도한다. 조복법(**사종법** 중 하나)에 따라 원적을 모조리 태우고 나면 조복할 수 있다.

가지 기도 加持祈禱
신불의 가호를 비는 불교의 **주법**이다. 신불로부터 '부여받는加' 초월적인 힘과 본인이 '지닌持' 신심을 하나로 모으는 일을 가지加持라고 한다.

부동명왕법 動明王法
부동명왕에게서 힘을 빌리는 조복법이다. 대일여래의 화신이자 맹렬히 타오르는 화염 속에 있는 부동명왕은 온갖 요마를 퇴치하는 신이다. **호마**를 태워 원적의 조복을 비는 '부동호마법不動護摩法', 사령이나 야생 여우 등의 **빙의귀**를 **조복**하는 '부동명왕 사기 가지 不動明王邪氣加持', 화계주火界呪라는 **다라니**를 읊어 일체의 마군을 태워 없애는 '부동명왕 비주 일절 성취법' 등 다양한 **주법**이 있다.

대위덕명왕법 大威德明王法
대위덕명왕의 힘을 빌리는 원적 조복법이다. **부동명왕법**보다 위력이 세다고 알려져 있는데, 이 **주법**을 시전하면 상대방이 피를 토하며 절명할 정도라고 한다.

다기니귀 항복법 茶枳尼鬼降伏法
부동명왕법 중 하나인 '부동능연육월법 不動能延六月法'이라는 **주법**이다. 인도에서는 사람에게 **저주**를 내려 6개월 안에 죽이는 다기니귀¹라는 요귀를 항복시켜 목숨을 건진다.

미타법 彌陀法
아미타여래의 가호로 모든 악귀를 소멸시키고 왕생을 약속하는 궁극의 **다라니**다.

---

1   범어 발음으로는 다키니(ḍākinī)이다.

문수보살법 文殊菩薩法

문수보살의 힘을 빌리는 조복법으로, '육자문수법六字文殊法'이라고 한다. **인**을 맺고 '옴 바 케이 다 나 모'라는 여섯 자를 읊으면 마물을 **저주**로 조복하고 소멸시킨다.

비사문천법 毘沙門天法

군신인 **비사문천**毘沙門天의 힘을 빌리는 조복법이다. **진언**은 '노마크 사만다 보다 난 베이시라만다아 **소와기**'다. 특히 반역을 꾀한 원적을 주살할 경우, 솔잎을 **호마**해 원적의 머리나 심장을 으깬다는 느낌으로 금강저를 내리치면서 '바즈라 지시쓰 밤'이라는 진언을 외치면 원적은 죽은 것과 마찬가지인 상태가 된다.

금강야차명왕법 金剛夜叉明王法

금강 **야차**의 힘을 빌리는 조복법이다. 금강 야차의 **진언**을 1,080번 읊으면 마물이 굴복해 순종하게 된다고 한다.

항삼세명왕법 降三世明王法

항삼세**명왕**의 힘을 빌리는 조복법이다. 겨자씨를 한 알씩 태우면서 **진언**을 1,080번 읊어 원적에게 마물이 씌게 하는 **주법** 등이 있다.

생살여탈법 生殺與奪法

항삼세**명왕**의 힘을 빌려 원적의 생사를 좌지우지하는 무서운 주살법이다. **진언**을 108번 읊고 원적 역할을 하는 **인형**을 태우면 원적이 산 채로 죽는다. 그 뒤, 정해진 시간 안에 항삼세명왕의 본존 앞에 앉아 진언을 108번 읊으면 원적을 다시 소생시킬 수도 있다.

관련어 항삼세주살법降三世呪殺法

청면금강법 靑面金剛法 (조복)

경신庚申의 본존으로 모시는 청면금강의 힘을 빌린 **사마항복**의 법이다. '옴데이바 야키시야 반다반다 카카카카카 소와카'라는 **진언**을 영창하면서 성난 표정을 지으며 시계 방향으로 **호마단**을 돈다.

진장야차법 鎭將夜叉法

진장 **야차**는 **비사문천**의 다른 이름이다. 비사문천의 힘을 빌어 전쟁이나 반란 등 불온한 기운을 진압하는 조복법이다.

금강동자법 金剛童子法

성난 표정의 **호법 동자**인 금강동자의 힘을 빌린 항복법이다.

빙의 공격

빙의 憑依

신이나 정령, 영적인 존재가 사람에게 붙는 것을 가리킨다. 이렇게 사람에게 붙은 것을 **빙의귀**라 부른다.

빙령술 憑靈術

혼령을 몸 안으로 불러와 **빙의**된 신령의 능력으로 **주술**을 사용한다.

관련어 빙의 주술

접신·강신

샤먼이 신령 등에 **빙의**된 상태를 말한다.

신내림

샤먼이 **접신**한 상태에서 혼령의 말을 전하는 **주술**을 가리킨다.

강령술 降靈術

영적인 존재를 불러내는 **주술**이다. 현대 일본에서는 **곳쿠리 상, 혼자서 술래잡기** ひとりかくれんぼ 등의 심령 게임으로 발전했다.

관련어 초령술招靈術

영매 靈媒

무당, 무녀등 신불이나 영적인 존재와 의사소통할 수 있는 술사다.

요리마시 寄坐

샤먼이 **신내림**을 할 때, 신령이 머무르기 위해 마련된 아이나 **인형**을 가리킨다.

관련어 요리와라憑り童

아미사법 阿尾舍法

악령을 퇴치하는 **빙의 주술**이다. 일고여덟 살 정도의 아이 **요리마시**에게 악령이나 사령을 **빙의**시킨다. 그런 다음 정체를 밝혀 퇴치한다.

관련어 빙의 가지, 빙의 기도

금강 야차 아미사법

금강야차 **명왕**의 힘을 빌리는 비전의 **아미사법**이다. 아미사법과 방법은 똑같지만, 신에 빙의된 아이들이 삼계三界와 과거, 현재, 미래의 일을 모두 말해준다.

빙의 기도

아미사법, 빙의 가지의 다른 말이다.

교화문 教化文

빙의 기도에 사용되는 **주문**이다. **빙의**된 악령을 교화(불도를 가르쳐 이끄는 일)하기 위한 말이다. 각각의 혼령에 맞는 주문이 있다.

오시라 놀음

일본 도호쿠 지방에서 행해지는 **신내림** 의식이다. **오시라 님**·오시라 신이라 부르는 남녀 한 쌍의 신상을 만들어 공양하는 **주술**적 의례다. **무녀**가 빙의를 준비하는 의식이라는 설도 있다.

공수의 술·
살아있는 것의 조종·소환술

공수

술사가 귀신이나 혼령을 **요리마시**에 강림시켜 말을 전하는 술이다. 또는 **무녀** 등이 신령이나 사령을 소환해 자신의 몸에 **빙의**시켜 말하는 것을 가리킨다.

너구리의 공수

사람의 말을 할 줄 아는 **너구리**의 혼령을 소환해 미래를 묻는 술이다.

이즈나법 飯綱法

이즈나(**대롱여우**와 비슷한 몸집이 작은 **여우**)라는 작은 마수를 조종하는 요술이다. 사람을 홀리거나 마음을 읽거나 물건을 훔치게 하는 등, 이즈나를 마음대로 부릴 수 있다. 나가노현 **이즈나산**의 이즈나 곤겐飯綱権現과 깊은 관련이 있다고 한다. 이즈나법은 **외법**으로, 이를 배운 자는 죽은 뒤 **다기니천**에게 신체의 일부를 바쳐야 한다고 한다.

관련어 이즈나의 법

우에스기 겐신 上杉謙信과
다케다 신겐 武田信玄의 주술 대전

가와나카지마 전투川中島の戦い는 우에스기 겐신과 다케다 신겐이 서로 **이즈나법**을 구사한 **주술** 전투였다고 한다.

덴구 사역법

덴구를 아군으로 만들어 그 힘을 이용하는 술이다. **아타고산**의 다이덴구大天狗인 다로보太郎坊를 소환하는 '아타고 가스미법', **히코산**의 부젠보豐前坊를 소환하는 '히코산 부젠보법' 등이 있다.

덴구 비절술 天狗飛切術

덴구가 높이 뛰어올라 적을 베는 술법이다. 같은 이름의 검술명도 있다.

덴구경 天狗經

48**덴구**의 이름이 적혀 있는 경문이다. 강한 **주력**을 가진 자가 읊으면 덴구가 나타나 부릴 수 있다고 한다. 하지만, 덴구의 사역은 **외법**으로 여겨졌다.

영호술 靈狐術

여우, 여우의 혼령(정령, 신의 권속), **백호신白狐神** 등 **여우**를 마음대로 조종하는 술법이다. **저주**를 내려 상대방을 **여우에 빙의**시킬 수 있었다.

묘신술 猫神術

죽은 **고양이**의 혼을 고양이신으로 만들어 자기 뜻대로 부릴 수 있었다고 한다. 다만, 물에 취약하므로 고양이신에 빙의된 사람은 물로 공격하면 빙의에서 벗어

난다고 한다. 고양이를 사용한 고술蠱術
이다.

관련어 묘고猫蠱

해골술

다키야샤히메滝夜叉姫의 특기인 해골 소
환 **요술**이다. 소환된 해골들이 무리를 지
어 적을 덮친다.

두꺼비술

지라이야児雷也, **나나쿠사 시로**七草四郎
등이 잘 다루는 **요술**이다. **두꺼비**를 소환
해 공격하거나 두꺼비로 변신해 무지개
를 토하거나 공중으로 뛰어오른다.

뱀술

커다란 **뱀**을 소환해 자유자재로 부리는
술법으로, **오로치마루**大蛇丸의 주특기다.

민달팽이술

커다란 민달팽이를 소환해 조종하는 술
법으로, **쓰나데**綱手의 주특기다.

거미술

거미를 조종하는 **요술**로, **와카나히메**若
菜姫, **쓰치구모 다로**土蜘太郎 등의 주특
기다. **인**을 맺고 **주문**을 읊어 거대한 거
미를 소환해 공격한다. 거미와 미녀가 관
련이 있는 이야기도 많다.

나비술

나비를 조종하는 **요술**로, **후지나미 유카
리노조**藤浪由縁丞의 주특기다. 무심하게
날아다니는 나비는 예로부터 죽음을 연
상시키는 생물로 여겨져 왔으며, 사뿐사
뿐 날아다니는 모습을 보고 방황하는 사
자의 영혼이라 믿었다. 나비술은 거대한
나비를 소환한다.

쥐술

쥐를 소환하는 **요술**로, **시미즈 요시타카**
美妙水義高의 주특기다. 거대한 쥐를 소
환해 추격자의 길을 가로막는다.

원령이 쥐떼를 소환하다

원령이 **쥐떼**를 소환시키는 술법도 있다.
라이고頼豪는 요괴인 뎃소鉄鼠로 변해
팔만사천 마리나 되는 쥐를 소환하기도
했고, 남편인 이베에게 배신당한 오사
와의 원령은 매일 밤 입에서 무수히 많은
쥐를 토해내 이베에를 괴롭히기도 했다.

물건을 이용한 공격

고독 蠱毒

독충의 독으로 **저주**하는 사법이다. 우선
수십 마리의 도마뱀, **뱀**, 거미, 지네, 전갈,
개구리, 메뚜기, 사마귀 등을 작은 그릇에
넣어 서로 뜯어먹게 한다. 끝까지 살아남

은 한 마리를 죽여 제사를 지낸 뒤 그 독으로 **저주**를 내려 죽인다. 단, 고독을 만드는 데 실패하거나 원적에게 술을 간파당하면 시전한 쪽이 고독에 당하게 된다.

관련어 무고巫蠱, **고술**蠱術

무고 巫蠱

주법으로 원적을 저주하는 일이다. 혹은 사법인 **고독**을 가리킬 때도 있다.

기시귀법 起尸鬼·起屍鬼法

고독의 일종으로, 곤충이나 동물 대신 사람의 영혼을 사용한 술이다. 흉악범이나 살인자의 영혼을 소환해 상대방에게 보낸다.

관련어 기시귀의 법

금잠고 金蚕蠱

고독의 일종으로, 값비싼 비단을 먹인 금잠을 길들여 고술에 이용한다. 이 금잠은 특별한 영력을 가진 누에로, 한 번 기르기 시작하면 절대 떨어지지 않아 종국에는 누가 사육을 당하는 것인지 알 수 없게 된다고 한다.

쏘기·베기

귀신이나 **빙의귀**를 퇴치하려면 활을 쏘거나 검을 휘둘러 위협하는 방법이 효과적이다.

관련어 히키메법蟇目法, **명현**鳴弦(현 튕기기)등

명현 鳴弦

활의 현을 손으로 튕겨 사기와 원념, 원령을 쫓는 **주법**이다.

관련어 쓰루우치弦打, 유미즈루우치弓弦打

히키메 蟇目

나무로 만든 화살촉으로 구멍이 뚫리고 가운데가 텅 비어있다. 이것을 쏘면 구멍으로 바람이 들어가 자연스럽게 소리가 난다. 이 소리에 요마를 쫓는 영력이 있다고 여겼다. 히키메라는 명칭은 화살촉 부분이 두꺼비의 눈과 비슷해서 붙여졌다는 설과, '히비키메(울림)'의 발음에서 왔다는 설이 있다.

히키메 제의

대형 **히키메**로 활을 쏘는 퇴마술이다. 두꺼비는 밤에도 곤충을 잡아먹는다는 사실에 착안해 밤에 두꺼비의 울음소리와 비슷한 소리를 내는 **히키메**를 쏴 요마를 퇴치한다.

활 기도

활을 이용한 **이자나기류**의 **주술**이다. 활 줄을 튕겨 악령을 내쫓는 **히키메**법에서는 물이 가득 담긴 그릇에 비친 태양을 쏜다고 한다.

인형 주술 人形呪術

인형을 사용한 술식이다. 사람에게 **저주**

를 내려 죽이고자 할 때는 **염매** 인형이
나 **밀짚 인형**, **삿된 것**을 없애고 **정화**할
때는 **인형**이나 **가타시로** 등을 사용한다.

추령 芻靈

인형의 한 종류다. 고대 중국에서는 누군
가가 죽었을 때 사람 대신 풀이나 짚으
로 만든 추령이라는 이름의 인형을 매장
했다. 제웅이라고도 한다.

밟기

의뢰자 대신 준비한 **인형**이 원적의 이
름이 적힌 종이를 밟게 한다. 원적을 대
신할 인형을 준비할 때는 인형의 머리는
부동역신不動疫神이, 배는 부동상不動像
이 밟게 한 뒤 태워 버린다.

종이 나비

하지나미 유카리노조의 주특기인 **나비
술**이다. 종이로 나비를 접어 부채질하면
적을 향해 떼 지어 날아간다. 유카리노
조가 **인**을 맺어 **주문**을 읊으면 거대해진
종이 나비가 공격했다고 한다. 큰 피해를
주는 기술은 아니지만, 베어도 죽지 않는
종이 나비는 적을 쉽게 지치게 한다.

달걀 봉인

봉인물의 일종으로, 저주할 상대방을 병
마로 괴롭히는 술이다. 달걀에 구멍을 뚫
고 증오하는 상대방의 이름을 적은 뒤
땅에 묻는다. 이 달걀이 땅속에서 썩으면
이름이 적힌 상대방은 저주에 걸린다.

신편법 神鞭法

채찍으로 적을 때려 죽이는 조복법이다.
마리지천의 **주법**으로, 채찍으로 허공에
범자를 쓰거나 때리면 원적이 소멸된다
고 한다.

망초 태우기

망초란 불전 앞에 놓인 붓순나무를 가리
킨다. 마귀는 그 냄새를 싫어하기 때문에
망초를 태우면 **고독**, **이즈나법** 등에 의한
빙의귀가 소멸한다고 한다. 고독 봉인에
는 양하[1]도 효과적이라고 한다.

한약으로 요괴 퇴치

요괴에 홀린 사람에게 한약을 먹여 요괴
를 퇴치하는 방법이다. **여우 빙의**에 효과
적인 여우 빙의귀 묘약도 있다고 한다.

저주하기

저주 呪詛

① 신불에 빌어 상대방을 저주하는 일이
다. 일단 저주를 하면 상대방이 아무리
멀리 떨어져 있어도 효과를 발휘하는데,

---

1   생강과 식물의 하나다.

누군가에게 **저주**하는 모습을 들키면 그 효과가 사라진다고 한다.

② **주문**을 읊어 사람을 저주하는 일이다. 『**고사기**古事記』에는 다음과 같은 저주의 **주법**이 실려 있다. 이즈시강의 돌과 소금을 섞어 대나뭇잎으로 싼 다음 '고노타케노하가아오무가고토쿠, 고노타케노하노시나유루가고토쿠, 아오미나에요[2]'라고 주문을 읊는다. 그리고 하나의 대나무 마디로 엮은 대바구니에 놓아두면 상대방은 저주에 걸린다고 한다.

염매 厭魅

사람을 저주해 죽이는 일이다. 저주하는 상대방을 대신하는 **인형**에게 상처를 입혀 상대방을 공격하는 술이다. **감염 주술**感染呪術과 **유감 주술**類感呪術, 두 종류가 있다.

관련어 공감 주술共感呪術

공감 주술

염매를 가리킨다. 영국의 사회학자 제임스 프레이저가 이름 붙였다.

감염 주술

염매 중 하나다. 저주하고픈 상대의 머리카락이나 손톱, 피, 몸에 걸치고 있던 옷 등에 가한 행위가 상대방에게도 영향을 미친다.

유감 주술

염매 중 하나다. **밀짚 인형**, 사진 등을 저주하고픈 상대로 간주하고 상처를 입히면 상대방에게도 그 영향이 나타난다.

물러가라, 물러가라

염매할 때 사용하는 **주문**의 일종으로, '사라져라', '죽어라' 등의 의미다. 붓으로 종이의 정가운데에 '체혼躰魂'이라고 적은 **부적**을 만든다. 그리고 양 검지로 글자의 좌우를 누르고 저주하고픈 상대방의 이름과 '물러가라, 물러가라'라는 **주문**을 천 번 읊는다. 이렇게 사념을 담아 만든 부적을 **밀짚 인형** 안에 넣는다. 복숭아나무로 만든 화살로 인형 안에 있는 글자를 관통하도록 천 번을 찌르면서 다시 '물러가라, 물러가라, 이 활에 물러가라'라고 외친다. 마지막으로 끝에 소금을 바른 화살이 박힌 밀짚 인형을 똑바로 눕혀 땅에 묻으면 백일 후 **저주**가 발동된다고 한다.

'물러나라' 주언

『**고사기**』에 나오는 다카기노카미高木神의 **주문**이다. '물러나라'는 '죽어라'라는 뜻을 지닌 **저주**의 **언령**이다.

---

2 〔번〕 이 대나뭇잎이 푸르게 변하는 것처럼, 이 대나뭇잎이 시들어 가는 것처럼, 그렇게 변하리라.

축시의 참배 丑の刻参り

밀짚 인형을 사용해 사람을 저주하는 의식이다. 소복 차림에 무명천 한 필을 짊어지고 머리에 촛불 세 개를 꽂은 띠를 두른다. 얼굴이나 몸은 붉게 칠하고 7일 동안 축시(오전 1~3시)에 **신사**의 신목神木이나 **도리이**鳥居에 밀짚 인형을 **못**으로 박는다. 7일째 되는 날 참배를 끝마치면 주력이 발동한다. 이때, 드러누운 소가 나타나기 때문에 두 다리를 벌리고 서 있어야 할 때도 있다. 교토의 기후네 신사貴船神社가 유명하다.

못 박기

저주 인형에 **못**을 박아 **저주**를 건다. 못을 이용한 저주는 '저주 못 **주법**'이라고 한다.

못 찌르기

저주 인형 등을 **못**으로 찔러 **저주**를 건다.

와타쓰미의 저주

『**고사기**』에 나오는 바다의 신 와타쓰미의 **저주**법이다. '이 낚싯바늘은 불행의 낚싯바늘, 초조함의 낚싯바늘, 빈곤의 낚싯바늘, 어리석음의 낚싯바늘'이라는 **주문**을 읊으며 낚싯바늘을 뒤집으면 상대방은 가난해진다. 야마사치히코山幸彦와 우미사치히코海幸彦 설화에서 와타쓰미가 형에게 낚싯바늘을 돌려주려던 야마사치히코에게 알려줬다.

이쓰노카시리 嚴呪詛

원적을 격렬하게 **저주**하는 술이다. 술이 발동되면 직접 나서지 않아도 적이 패배한다고 한다. 『**일본서기**日本書紀』에 따르면 진무 덴노神武天皇의 꿈에 천신이 나타나 '이쓰노카시리를 하라'고 말했다고 한다.

저주 제의

신에게 기도하는 **저주**의 술이다. 자신이 건 것과 똑같은 저주가 되돌아올 때가 있다.

저주의 제문

이자나기류에 전해 내려오는 『**이자나기 제문**いざなぎ祭文』에 나오는 **저주**의 이야기다. 여기에 등장하는 다양한 **저주**법은 오늘날까지도 전해지고 있다고 한다.

육자경법 六字經法

육자**명왕**六字明王에게 기도해 적을 주살

하는 **주법**이다. 육자명왕은 일본 고유의 부처로 **저주**에 특화되어 있다. 이 육자경법은 '궁극의 비법'으로 여겨지기도 한다. 천호·지호·**인형**의 삼류형(종이 등으로 만든 인형)으로 가지를 올린 뒤 **호마**한다. 이에 대항하는 비법으로 **육자하림법**六字河臨法이 있다.

관련어 육자법六字法

해골 주살법

해골을 이용해 상대방을 주살하는 술이다. 겨자씨나 젖 등에 자신의 피를 섞어 만든 특수한 혼합액과 해골을 준비한다. 이 혼합액으로 해골에 상대방의 이름과 특정한 **범자**를 적고 **진언**을 8,000번 읊는다.

애염명왕법 愛染明王法

인도에서 애염**명왕**은 사랑의 신이다. 하지만 사랑 때문에 생긴 질투의 감정에 **저주**의 효과가 있다고 여겨져 사람을 저주해 죽이는 **주법**에 이용되었다.

군승비주 軍勝秘呪

미나미규슈 지방을 중심으로 **슈겐도**에 전해 내려오는 주살 비법이다. 사냥개의 머리를 산 제물로 바쳐 **호마**하면 상대방을 주살할 수 있다. **오유라 소동**お由良騷動에도 이용되었다.

입의 저주

음식이나 차에 **저주**를 걸어 원적에게 먹이거나 마시게 하면 상대방은 복통으로 쓰러져 죽는다고 하는 **주법**이다. 여기서 '입'은 **저주**라는 뜻의 **언령**을 의미한다. 입의 저주는 해제할 수도 있다. **저주반환**으로 술을 격파하면 반대로 저주를 보낸 인물이 죽을 수도 있다. 특히 강력한 힘을 가진 것을 후이구치フイグチ라고 한다.

도카푸치 トカップチ

땅을 빼앗긴 크로복클[2]이 떠나면서 남긴 **저주**의 말이다. 일본 홋카이도의 도카치十勝라는 지명은 이 '도카푸치Tokapci(물은 마르고 물고기는 썩으리라)'에서 유래했다고 한다. 홋카이도 도카치 지방에 전해 내려오는 전설이다.

고토리바코 コトリバコ·子取り箱

시마네현에 전해 내려오는 **주물**을 사용해 사람을 저주하는 **주법**이다. 아이의 신체 일부를 넣는 등 특수한 방법으로 만들어진 상자인데, 가지고 있기만 해도 **저주**가 발동한다. 현재 일본에 두 개의 고토리바코가 남아있다고 한다.

---

1   일본어로는 구치(グチ)라고 쓴다.
2   Korpokkur. 아이누 민족보다 먼저 살았다고 여겨지는 조그맣고 날쌔며 손재주가 좋은 소인족을 가리킨다.

체인 메일 chain mail

이 메일을 받은 뒤 다른 사람에게 보내지 않고 무시하면 불행이 찾아온다는 이 메일판 **저주**다. 과거에는 '행운의 편지'라는 이름으로 유행했는데, 일정 기간 내에 같은 내용의 편지를 많은 사람에게 보내지 않으면 불행이 찾아온다는 내용이었다.

저주 반환·무효화

저주 반환

누군가가 보낸 **저주**나 **빙의귀**를 그 사람에게 되돌려 보낸다. 보낸 사람은 자신이 날린 저주를 받고 괴로워하다가 목숨을 잃기도 한다.

밀짚 인형을 사용한 저주 반환

밀짚 인형의 몸 전체에 저주하는 문구를 적어 넣고 **가지 기도**를 올린다. 이때 목검으로 인형에 **못**을 박아 넣는데, 성공하면 **저주**를 보낸 사람의 머리가 산산조각이 난다. **여우 빙의**와 같이 **빙의귀**를 쫓을 때도 유효하다.

인형을 이용한 저주 반환

인형을 만든다. 여기에 **범자**를 적어 넣고 기도해 **빙의**령이 옮겨가게 한다. 주가를 부르며 이 인형을 강에 흘려보내면 **저**주는 보낸 사람에게 되돌아간다.

저주 반환의 비언

받은 **저주**를 상대방에게 되돌리는 **주문**이다. 무의식중에 날아온 저주를 되돌릴 수 있다. '시카시쿠마 쓰루세미노 이토 모레토오루 아리시후에 쓰미히토노 노 로이토쿠'.

저주 呪詞

신에게 기도해 **연령**의 힘을 이용하는 **주술**이다. 저주를 받았을 때 이 술을 이용하면 **재앙**을 피할 수 있다고 한다.
→ 공격의 술과 관련된 '저주'는 25쪽 참조

우라시키 裏式

이자나기류의 **저주 반환**이다. 저주를 받았을 때 식(**식신**)을 이용해 **저주**를 **조복**한다.

반환의 바람 일으키기

이자나기류에서 표현하는 '**저주 반환**'이다.

부동왕 생령 반환

이자나기류에 전해지는 **저주 반환**이다. '반대로 부동왕(**부동명왕**)을 **식왕자**에 소환하고 악령이나 **저주**를 보내오는 적에게 혈화血花를 꽃피게 해 주살하라'는 내용의 법문을 읊은 뒤, 열두 개의 **고**

헤이 인형에 **못**을 박아 넣는다.

천도혈화식 天道血花式
이자나기류에 전해지는 **저주 반환**의 법문(**주문**)이다. '나무 천도 혈화 붕괴의 대신'라는 신을 '지리마쿠사의 왕자(**식왕자**)'로 소환한다. 이 대신이 가진 검으로 재앙을 불러오는 **저주**를 산산조각을 낸다.

육자하림법 六字河臨法
육자경법에 대항하기 위해 만든 것으로, **저주 반환**에 특화된 **밀교**의 비법이다. 시전 방법은 육자경법과 거의 비슷하지만, 육지가 아닌 배 위에서 시전한다는 점과 **인형**을 태우지 않고 강에 흘려보낸다는 점이 다르다.

입의 저주 반환
그릇 안에 엄지를 담그고 마신다. 만일 먹으면 안 되는 음식물이라면 내용물이 끓어오르므로 입에 대서는 안 된다. 간파하는 것만으로 **저주 반환**이 되므로 **입의 저주**가 시전자에게 되돌아간다.

손가락 핥기
뱀을 가리켰을 때, 뱀의 **저주**를 무효화하는 방법이다. 잘못해서 뱀을 가리켰다면 그 손가락을 핥기만 해도 뱀의 저주를 피할 수 있다. 그 손가락에 침을 뱉거나 깨물거나 다른 사람이 때리게 하는 방법도 있다.

손가락 원 끊기
뱀을 가리켰을 때, 뱀의 **저주**를 무효화하는 방법이다. 엄지와 검지로 만든 원을 다른 사람이 끊게 한다.

의식 보기
축시의 참배 등, 저주하는 현장을 목격하면 **저주**를 무효화할 수 있다.

포박·해박

묶기
숙련된 술사는 **빙의귀**나 악령의 움직임을 **주력**으로 묶어 봉인할 수 있다. 이를 가리켜 영박법靈縛法이라고 한다. 한편, 성취를 기원하며 지장보살을 밧줄로 묶는 '**지장보살 포박**'처럼 '묶는' 행위가 **발원**에 사용되기도 한다.

금주 禁呪
도교에서 행하는 **저주 반환**의 일종이다. **도사**가 염력으로 **독사**의 공격을 저지하는 **결박술**이다. 나아가, **저주**를 받았다면 마귀를 정화하는 **칼** 등의 무기를 자유자재로 다룰 수도 있다고 한다.

금인 禁人

사람에게 **금주**를 행하는 술이다. 중국에는 금주와 관련된 전설이 있다. 어느 날, 서선고徐仙姑라고 하는 여자 신선이 절에서 하룻밤을 묵게 되었다. 그날 밤, 부정한 마음을 품은 중들이 그녀를 덮치려고 하자 마치 **결박**을 당한 것처럼 그 자리에서 꼼짝달싹하지 못했다. 다음 날 아침, 서선고가 절을 나설 때까지 중들은 손 하나 까딱하지 못하는 것은 물론 입도 뻥긋하지 못했다고 한다.

부동명왕 포박법

부동명왕의 힘으로 상대방을 움직이지 못하게 하는 술이다. 악령이나 악귀 등을 속박해 **조복한다**. **엔노 오즈누**가 가쓰라기산에서 **히토코토누시**一言主神를 속박할 때도 이 포박법을 사용했다고 한다.

관련어 부동법不動法, 결박법

부동명왕 해박법

부동명왕 포박법을 푸는 방법이다. **진언**이나 **다라니**를 읊고 마지막에 손가락을 튕겨 소리를 낸다(탄지彈指). **구자호신법**, **십자절법**의 속박을 풀 때도 마찬가지다.

관련어 해박법解縛法

박입법 縛入法

아미사법으로 소환한 혼령을 소년 소녀의 몸에 묶어둔다. 혼령을 몸에 들여보낼 때 '자쿠 움 밤 코쿠'라는 **진언**을 읊는다. 이 진언은 갈고리로 낚아서 새끼줄로 망을 치고 쇠사슬로 묶어 종을 울려 깨운다[1]는 의미다.

지박법 止縛法

기도 중, 흉폭해져 미쳐 날뛰는 혼령을 재빨리 속박하는 방법이다. 다만 함부로 사용해서는 안 된다.

도둑 포박술

도둑을 붙잡거나 신벌을 내리는 술법이다. 우선 **목욕재계**를 한다. 그리고 도둑의 발자국이 찍힌 흙을 하루 세 번, 일주일 동안 불로 태운 뒤 **신사** 경내에 묻는다.

마귀 봉인

봉인술 封印術

주문이나 **주구**, **부적** 등을 사용해 악령이나 악귀 등을 특정 장소에 가둬두는 술법이다.

봉인물

악령이나 악귀 등을 용기 속에 봉인하는 것을 가리킨다. 봉인하는 용기에 따라

---

1   인도의 고대인들이 동물이나 야수를 잡아 길들이는 순서로 이를 상징화한 것이 금강계 만다라의 동서남북 문지기 사섭보살이다. 구(갈고리), 색(밧줄), 쇄(자물쇠), 령(방울)로 넷이다.

'통 봉인', '나무통 봉인', '판자 봉인' 등으로 부른다.

통 봉인

악귀 등을 죽통에 봉인하는 **봉인물**의 일종이다. 우선 죽통을 세로로 잘라 직사각형 모양의 뚜껑을 만든다. 귀신에 홀린 사람의 숨을 불어넣은 인형을 죽통 안에 넣은 뒤 베실로 묶어 봉인한다. 죽통 대신 항아리나 병을 쓰기도 한다. 통 봉인은 **이즈나법** 등에 사용되었다.

쓰쿠모가미 봉인

쓰쿠모가미付喪神를 봉인하기 위한 **마귀 쫓기 주문**이다. 음력에서는 입춘이 한 해의 시작이다. 그래서 입춘 전에 오래된 물건을 골목에 버려 쓰쿠모가미로 변하는 것을 막았다고 한다.

저주의 구분

이자나기류에 전해 내려오는 **주법**이다. 사람의 몸 안이나 땅속에 숨겨진 위험한 저주(샀된 것)를 발견하면 소환해 '제물'에 봉인하고, 일본과 당나라(중국), 천축(인도)의 사이에 있다는 '저주의 신사'로 흘려보낸다.

마귀 퇴치

해오법 解忤法

주금사가 부리는 술법이다. 몸 안에 들어온 마귀나 악귀가 주는 위해로부터 해방시켜준다. 도적과 같은 악한 자들에게 조종당하지 않도록 보호할 수도 있다.

지금법 持禁法

사람의 몸 안에 들어오는 온갖 악귀로부터 몸을 지키는 **주술**이다. 주금사가 지팡이나 **검**을 손에 쥐고 **주문**을 읊으면 몸 안의 기의 움직임을 일시적으로 멈추게 할 수 있다고 한다. 악귀나 마귀뿐 아니라 독충, 맹수, 도적 등도 물리칠 수 있다고 한다.

→ 신체 능력 향상의 효과는 67쪽 참조

구나 驅儺

악귀를 내쫓는 **음양도**의 의식이다. **음양사**는 제문을 읽고 귀족은 **복숭아나무**로 만든 활에 갈대로 만든 화살을 메겨 창과 방패를 들고 있는 방상시方相氏(곰의 가죽을 뒤집어쓰고 황금사목의 가면을 쓴 주사)를 향해 쏜다. **아베노 세이메이**도 거행했었다고 한다. 원래는 연말 행사였는데, 에도 시대에 들어와 입춘 전날로 시기가 바뀌었다. 구나는 오늘날 입춘 전날 콩 뿌리기 행사의 원형이다.

공양물

신에게 바치는 공물이다. **귀신**이 성불하도록 음식을 올리고 경문을 읽는 행위는 **밀교** 수행 중 하나다.

마귀 쫓기 비문

마귀의 기운이 느껴질 때 읊으면 좋은 **주문**이다. '아메키루, 쓰치키루, 핫포키루, 덴니야치가이, 치니주노후미, 히온, 이치모주주, 니모주주, 산모주주, 욘모주주, 고모주주, 로쿠모주주, 홋킷떼하나쓰, 산비라리'

요괴를 진정시키는 신가

요괴를 설득하기 위한 **신가**다. '도시오 헤테 미오사마타구루 아라미사키 교요 리아토와 **다타리**니스나요¹'

가래나무 활 신가

망령을 공양하는 **신가**다. '시료오키리테 하나테요 **아즈사유미** 히키토리타마에쿄 노모지²' 중 맨 앞 '사령死霊'의 부분을 '**생령**'으로 바꾸면 생령 퇴치에도 사용할 수 있다.

덴구 신가 天狗神歌

덴구의 힘으로 요마를 퇴치하는 **신가**다.

'아라시후쿠토야마노카제니시코리나스 무코아쿠마오후키카에세케리³'

천수관음법 千手観音法

천수관음의 힘으로 마를 없애는 **주법**이다. 천수관음은 '대련화왕大蓮華王'이라고도 불리는데, 천 개의 손과 눈은 중생을 구제하는 자애로움을 나타낸다. 관세음보살의 **진언**은 '옴 바자라 다루마 키리크'다.

엽의관음 진택법 葉衣観音鎭'宅法

오래된 집에서 일어나는 **심령 현상** 등의 기괴한 현상을 기도로 진압하는 **주법**이다.

도게누키 지장보살

도쿄 고간지高岩寺에서 모시고 있는 지장보살이다. 어느 병약한 여성이 지장보살화 만 장을 흘려보내는 '가와세가키川施餓鬼' 공양을 했더니 꿈에 지장보살이 나타나 베개맡에 있던 요마를 쫓아내 줬다고 한다.

대롱여우로 마귀 쫓기

대롱여우를 죽여 검게 태운 뒤 집에 둔다. 그러면 재앙이 사라지고 **마귀를 쫓을** 수도 있다.

1 [번] 세월이 흘러 몸이 늙었구나, 용맹한 신이여. 오늘 이후로는 재앙을 일으키지 말아라.
2 [번] **가래나무 활**이여, 사령을 잘라 해방시켜라, 경문의 문자를 받아주소서.
3 [번] 폭풍우를 불러오는 도야마의 바람으로 저 악마들을 날려버려라.

가난뱅이 신의 장례식

가난뱅이 신을 집에서 쫓아내기 위한 의식으로, 에도 시대에 행해졌다. 섣달 그믐날에 세 개의 조각물을 만들고 공물과 함께 강물에 흘려보내는 장례식을 지내면 가난뱅이 신이 집을 나간다고 한다.

역경 던지기

고대 중국의 점술서인 《역경易經》으로 마귀를 물리친 일화가 있다. 옛날옛적에 한 남자가 괴물에게 습격을 당했다. 이때 남자가 옆에 있던 《역경》을 던졌더니 괴물은 종이 인형으로 변했다. 다음 날, 남자는 어느 술사의 세 아이가 목숨을 잃었다는 소리를 들었다. 사실, 그 술사가 남자에게 원한을 품고 **전지성병술**을 이용해 자기 아이들의 혼을 인형에 담아 공격한 것이다. 하지만, 남자가 던진 《역경》이 괴물을 퇴치하는 바람에 아이들의 혼이 원래의 몸으로 돌아가지 못하게 되었다고 한다.

요괴 퇴치법

요괴 중에는 이름을 불러 퇴치할 수 있는 것이 많다. 요괴인 우완의 기운이 느껴지면 '우완'이라고 외치고, 화장실에서 볼 수 있는 간바리뉴도가 나오면 '간바리뉴도^{がんばり入道} 호토토기스^{ほととぎす}'라고 말하면 사라진다.

가시마 씨에게 대답하기

도시 전설로 유명한 가시마 씨라는 혼령이 '손을 내놓아라'라고 한다면 '지금 사용 중입니다'라고 대답한다. '다리를 내놓아라'라고 한다면 '지금 필요합니다', '그 이야기를 누구에게 들었는가'라고 한다면 '가는 가면의 가か, 시는 시체의 시シ, 마는 악마의 마マ'라고 대답하면 사라진다.

아교 씨에게 대답하기

아교 씨는 노파의 모습을 한 괴인으로, 방과 후 학교에 나타난다는 도시전설이 있다. 아교 씨가 '아교 씨, 작업 후, 어떻게?'라는 질문을 했을 때 아あ행의 세 번째 글자인 '우う', 사さ행의 다섯 번째 글자인 '소そ'⁴를 연결해 '거짓말うそ'라고 대답하면 사라진다고 한다.

바바사레 퇴치법

바바사레는 낫을 들고 있는 노파의 모습을 한 괴인으로, 도시 전설로 잘 알려져 있다. 바바사레가 집으로 찾아와 대문을 두드렸을 때 '바바사레'하고 세 번 외치면 돌아간다고 한다.

---

4   아교 씨의 '아', 작업을 뜻하는 일본어(さぎょう, 사교)의 '사'로 추정된다.

빙의귀 제거·빙의시키기

빙의귀·빙의물 제거

빙의귀·빙의물은 사람의 몸에 붙어 떨어지지 않는 사악한 혼령이다. **주술**을 이용하면 빙의귀를 보내거나 빙의 상태에서 해방시킬 수 있다.

관련어 **생령**, 사령, **원령**, 동물의 혼령 등

송신 送神

봉인된 **빙의귀**가 두 번 다시 나쁜 짓을 하지 못하도록 훈계하고 원래 있어야 할 곳으로 돌려보내는 의식이다.

사기 가지 邪氣加持

한 몸이 된 신불의 힘을 빌려 **빙의귀**를 물러나게 한다. 빙의귀가 씌인 사람의 양 엄지발가락에서 새끼발가락까지 **금강저** 金剛杵로 꽉 누르는 의식 등이 있다. 남자는 오른쪽 새끼발가락, 여자는 왼쪽 새끼발가락을 통해 도망친다고 한다.

육제염불 六齋念佛

춤을 추며 **여우** 등 **빙의귀**를 떨어뜨리는 술이다.

염주 쫓기

염주를 사용해 **빙의귀**를 떨어뜨리는 술로, 일련종日蓮宗에 전해지는 기도법이다. 빙의된 사람의 손에 염주를 감은 뒤 기합을 외치며 한 번에 벗겨낸다.

'쌀 미米'자 핥기

원숭이에 빙의되면 공복이나 어지럼증을 느끼게 되는데 손에 '쌀 미米'자를 적고 핥으면 된다.

요시다 신사의 특수 기도

요시다 신사는 **빙의귀**를 없앨 수 있는 비전의 특수 기도를 올리는 곳이다. '최고이자 최후의 기도소'라고 일컬어지는 다이겐구大元宮에서 거행한다.

진검기도법 眞劍祈禱法

검으로 베는 시늉을 하며 **빙의귀**를 쫓는 술법이다.

고양이 보내기 주법

고양이가 내리는 **재앙**이 느껴질 때는 '고양이 묘猫' 자를 적은 판자를 **사거리**에 세워두면 사라진다고 한다.

여우 제거 주법 ① (기본 제령)

빙의된 여우를 쫓아내는 **밀교** 최고 수준의 **가지 기도**다.

관련어 **야생 여우** 가지법

여우 제거 주법 ② (활 정화)

과녁과 사대 사이에 **여우에 빙의된 것**을

눕히고 화살로 쏘는 방법이다. 그러면 **빙의귀**는 놀라 도망간다.

여우 제거 주법 ③
(사거리에 버리기)
여우에 빙의된 것의 등에 '개 견犬' 자를 세 번 쓴 뒤 정신을 집중해 등을 때리면 **빙의귀**가 떨어져 나간다. 떨어져 나온 **여우**는 사거리에 두거나 죽통, 항아리 등의 주기에 넣어 **사거리**에 묻는다.

여우 제거 주법 ④ (주가 영창)
빙의귀를 떼어내는 주가는 그 종류가 다양하다. 일본 전통 문학 장르 중 하나인 '교카狂歌'에도 그 흔적을 찾아볼 수 있다. 또한 **여우에 빙의된 것**은 **백인일수**百人一首를 두려워하므로 이를 읽어 퇴치하는 방법도 있다.

여우 제거 주법 ⑤ (주가 붙이기)
'나쓰모키쓰 네니나쿠세미노 가라코로모 오모이케히노 미노우에에키요[1]'라는 주가를 적어 방에 붙인다. 여우를 뜻하는 '기쓰키쓰', '네ね'가 띄어쓰기로 분리되었으므로 **여우**가 도망간다고 한다.

여우 제거 주법 ⑥
(강에 흘려보내기)
삿갓을 쓰고 강물에 들어간다. **여우**는 물에 젖기를 싫어하므로 몸을 타고 위로 올라가게 된다. 머리끝까지 강물에 푹 담그고 쓰고 있던 삿갓을 물에 흘려보내면 머리 꼭대기에 올라타 있던 여우는 갈 곳을 잃고 삿갓에 탄 채 흘러가 버린다.

여우 제거 주법 ⑦ (뜸 뜨기)
여우에 빙의된 사람의 특정 혈에 뜸을 뜨는 **주법**이다. 뒷박에 쑥을 담아 태워도 뜸을 뜨는 것과 같은 효과가 있다.

---

1 〔번〕 여름은 여우가 아닌 매미가 우는 계절이니 매미의 허물을 입고 있으라.

주술의 기본 용어

음양의 술식

화투·소환
봉료의 술식

부주·눈법·예지
예언의 술식

음사·아도쿠치
이형의 생물체

주구·무기·부적
금기의 양식

이계·결계
저격·이야기

여우 제거 주법 ⑧ (미나모토노 다메토모源為朝의 짚신 신기)

미나모토노 다메토모源為朝라는 무장의 **짚신**을 신고 **여우에 빙의된 사람**의 집에 들어가면 여우의 혼령이 '무서운 사람이 들어왔다!'라고 허둥대며 떨어져 나간다고 한다.

여우 제거 주법 ⑨ (유부로 유인하기)

유부 등 **여우**가 좋아하는 음식으로 혼령을 유인해 **주술**로 죽통 등에 봉인하고 강에 흘려보내거나 사거리에 버린다.

여우 제거 주법 ⑩ (음침陰針으로 찌르기)

발의 특정 혈에 음침陰針(남침男針과 여침女針으로 이뤄진 침)을 찔러 **빙의귀**를 내쫓는 **주법**이다.

적에게 여우를 빙의시키는 주법

산속에서 여우 악령에게 팥밥을 공물로 바치고 기도한다. 소원이 이뤄지면 공물은 사라지고 얼마 지나지 않아 상대방은 **여우**에 홀리게 된다.

삿된 것 퇴치
(신토 계통·음양도 계통)

액막이

① **목욕재계**, **가타시로形代**에 빙의시키기 등 심신에 붙은 **삿된 것**이나 죄를 흘려보내 정화하는 **신토**의 의식이다. '액막이'와 '퇴치'의 발음이 비슷해 뜻이 통한다고 본다.[1] 일본 신화에서 죄를 저지른 **스사노오**가 **다카마가하라高天原**에서 추방된 것이 기원으로 보인다.

관련어 나고시노 하라에夏越の祓

② **음양사**가 주관하는 의식이다. 인형이나 의복 등의 **나데모노撫物**에 의뢰자의 삿된 것을 옮겨 강물에 흘려보낸다.

삿된 것

재액의 원인이라 여겨지는 것이다. '삿된 것穢れ'은 '생기를 잃은 상태気枯れ'와 그 발음이 같다.[2] 기는 생명력을 뜻한다. 즉, 사람의 생명력은 기가 마르면 생기를 잃은 상태가 되는데, 이를 정화하는 의식(제사)을 통해 신과 이어져 생기를 되찾는다는 흐름으로 순환하고 있다고 한다.

관련어 죽음, 죄, **저주** 등

---

1   액막이(祓)는 하라에(はらえ), 퇴치(払い)는 하라이(はらい)로 발음한다.

2   일본어로 삿된 것과 생기를 잃은 상태는 게가레(けがれ)로 같다.

부정 탐

삿된 것에 닿은 사람이나 물건과 접촉하면 삿된 것이 옮는다고 여겨지는 개념이다.

목욕재계

바다나 강에서 몸을 깨끗이 해 **삿된 것**을 씻어내는 의식이다. **신사**에서 손을 씻는 행위는 이러한 목욕재계를 간소화한 것이다. 일본 신화에서 **이자나기**가 황천국黄泉の国[3]에서 묻은 삿된 것을 강물에 씻어낸 것에서 기원했다고 여겨진다.

계불 禊祓

액막이와 **목욕재계**가 합쳐진 것으로, 말 그대로 액을 막는 제사다. **삿된 것**에 대항하는 술식이다.

관련어 수불修祓

하라에노고토바 祓詞 ·
오하라에노고토바 大祓詞

하라에노고토바祓詞는 신과 대화하기 위한 **주문**으로, 신에게 제사를 지내기 전에 반드시 읊는다. 반면, 오하라에노고토바大祓詞는 나카토미노하라에中臣祓라고도 하는데, 오하라에시키大祓式(**삿된 것**이나 죄를 정화하는 제사)에서도 사용되는 주문이다.

3   지하 세계, 저승을 뜻한다.

나카토미노하라에 中臣祓

오오하라에노고토바大祓詞의 다른 이름이다.

삼종 하라에노고토바 ·
삼종 오하라에

나와 다른 사람의 **부정함**을 정화하는 삼종 **주문**을 가리킨다. '도호카미에미타메吐普加身依多女', '간곤신존 리콘다켄寒言神尊利根陀見', '하라이타마이키요메데타마우波羅伊玉意喜余目出玉', 이 세 가지가 있다. '**도호카미에미타메 정화해 주시고 깨끗하게 해주소서**'라고만 읊기도 한다.

히후미 신가

47개 음으로 이루어진 **주문**으로, 모든 재액이 길한 것으로 바뀐다고 한다. **아마테라스**가 아마노이와토天岩戸에 몸을 숨기고 있을 때, 아메노우즈메アメノウズメ라는 신이 노래를 부르며 춤을 추었다고 전해진다. '히후미요이무나야고ひふみよいむなやこ 토모치로라네시키루유이쓰와누소오타ともちろらねしきるゆゐつわぬそをた 하쿠메카우오에はくねがうおゑにさりへ 니사리헤테노마스아세はくねがうおゑにさりへてのすあせ 에호레케へぼけれ'. 여기서 '히후미요이무나야 一二三四五六七八九十'는 **십종신보**十種神宝를 나타낸다는 설이 있다.

정화

음양사가 거행하는 **액막이**의 일종이다. **하라에구시**祓串라 불리는 가늘고 긴 나무에 종이를 붙인 **고헤이**를 집 안에 꽂아 두면 일정 기간 액막이 효과를 볼 수 있다.

나나세노하라에 七瀬祓

음양사가 거행하는 **액막이**의 일종으로 강이나 호수 등 물이 모여드는 일곱 장소에서 거행된다. **인형**이나 **나데모노**에 덴노가 숨을 불어넣으면 **삿된 것**이 이동하는데, 이를 물에 흘려보낸다.

가린노하라에 河臨祓

음양사가 거행하는 **액막이**의 일종으로 강이나 호수 등 물가에서 한다. **인형**에 **삿된 것**을 옮겨 '육합 중에 남두와 북두, 옥녀가 있으니 좌청룡 우백호, 앞에는 주작, 뒤로는 현무, 앞뒤를 보필한다. 급급여율령南斗北斗三臺玉女 左青龍右白虎前朱雀後玄武 前後翼輪急急如律令'이라는 **주문**을 읊고 물에 흘려보낸다. **나나세노하라에**와 동시에 거행되기도 한다.

씨앗 뿌리기

곡물을 뿌려 **삿된 것**을 없애는 **음양사**의 **주법**이다.

이세류하라에 伊勢流祓

이세신궁에서 행하는 **액막이**의 일종이다. 이세신궁은 주로 국가나 각 지역을 위한 공적인 액막이 행사를 담당했으나,

시대가 바뀌면서 일반 백성을 위해 이세류伊勢流라 불리는 액막이를 거행했다.

대마봉사식 大麻奉祀式

신토 계통인 **신궁 대마**神宮大麻(**액막이** 대마)를 이용해 **삿된 것**을 물리치는 방법이다. 이세신궁의 부적으로 부정을 정화하는 효과가 담겨있다.

도리후네 鳥船

신토의 **액막이 제사** 중 하나이다. 도리후네鳥船란 신이 타는 배를 가리키는데, 구령과 함께 노를 젓는 시늉을 하면 몸과 마음에 힘이 솟아난다고 한다.

나가시히나

히나 인형은 **삿된 것**을 옮겨 강이나 바다에 흘려보낸다. 히나마쓰리는 원래 인형에 죄나 삿된 것을 옮겨 강물에 흘려보내는 액 쫓기 의식에서 유래한다.

관련어 히나나가시雛流し, 히나오쿠리雛送り

삿된 것 퇴치
(호흡법)

호흡

옛 신토에 전해 내려오는 **주술**적인 호흡법이다. 양손을 가슴 가운데로 모으고 두 엄지를 세워 가슴에 붙인다. 입으로 숨을

짧게 내뱉고, 코로 길게 숨을 들이마시며 **단전**에 **기**를 모은다. 쌓인 기운을 천천히 입으로 내뱉는데 완전히 내뱉었다면 다시 코로 길게 숨을 들이마시고 입으로 내뱉는다. 세 번째로 호흡할 때는 '후, 후, 후'하는 소리를 내면서 온몸으로 숨을 내뱉는다. 이를 반복하면 온몸에 기운이 가득 찬다. 닌자의 호흡법에는 '삼중 호흡'이 있다.

→ 닌자의 '호흡'에 대해서는 86쪽 참조

호흡법

옛 신토에 전해오는 **주법**으로, 숨을 내쉬면서 죄와 **삿된 것**, 병과 사악한 기운을 없앤다. **이자나기**가 안개를 불어 날려버렸다는 것과 연관이 있다고 한다.

기 방출

신토에서 이부키도누시気吹戸主라 불리는 전쟁의 신이 온 세상의 **삿된 것**을 황천국으로 보낼 때 사용한 **주법**이다.

호흡법으로 정화하기

호흡법을 사용해 사기를 정화하는 비전이다. '가미노미이키와와가이키, 와가이키와카미노미이키나리. 미이키오못떼 神の御息は我が息、　　　 我が息 　は神の御息なり。　御息を以て 후케바케가레와아라지. 노코라지. 아나 吹けば穢れは在らじ。 残らじ。 阿 스가스가시, 아나스가스가시'[1]라는 **주문** 那清々し、　阿那清々し。 을 세 번 영창하고 마물에 씐 사람의 어깨에 있는 힘껏 숨을 불어넣는다. 그러면 사기는 사라지고 좋은 기운을 불러올 수 있다.

삿된 것 퇴치
(기타)

호흡 가지의 비법

호흡을 불어넣어 **삿된 것**이나 악령, 병마 등을 없애는 **주법**이다.

태우기

삿된 것을 불에 던져 없애는 행위다. 망상이나 미련을 전소시켜 정화하는 효과가 있다. **저주** 때문에 불로 태우기도 한다.

사기 정화의 비주

사기나 요기를 없애는 **주문**이다. '신의 불꽃 세이메이여, 신의 물 세이메이여, 신의 바람 세이메이여'라고 세 번 외친다.

소금 뿌리기

마귀 퇴치 주문이다. 사악한 기운이 느껴지면 본인의 몸은 물론, 주변에 **소금**을

---

1 [번] 신의 숨결이 곧 나의 숨결이요, 나의 숨결이 곧 신의 숨결이로다. 숨을 불어넣으면 삿된 것이 모두 사라진, 부드럽고도 시원하구나, 부드럽고도 시원하구나.

주술의 기본 용어

공간의 주술

회복·소생 보조의 주술

특수 능력·예지 예언의 주술

죽음·이능력자 이형의 존재

저주·무기·부적

이계·경계 금기의 영역

서적·이야기

뿌린다. 소금 뿌리기는 바닷물로 **목욕재계**하는 행위를 간소화한 것이다.

관련어 소금 절이기

소지품 버리기

가지고 있던 물건에 **삿된 것**을 옮아가게 하면 **나데모노**가 된다. 이 나데모노를 버려 액을 떨어뜨리는 **주문**이다. **빗**, 손수건, 동전을 **사거리**나 마을 외곽에 몰래 묻을 수도 있다. 경솔하게 물건을 주우면 버려진 액이 주운 사람에게 옮아간다고 여겼다.

엔가초

아이들이 놀다가 부정한 것에 닿았을 때 검지와 중지를 교차시키고 '엔가초'라고 외치며 세 발 뒤로 물러서 침을 뱉는 **주문**이다.

악몽 쫓기

악몽 惡夢

불길한 꿈, 무서운 꿈이다. 원래 꿈은 신불이나 혼령과 인간계를 잇는 통로라 여겼다. 꿈의 내용을 초자연적 존재가 내리는 계시라고 생각해 의미를 찾으려고 하는 것이 **꿈점**이다.

염몽 厭夢

불길한 꿈, 무서운 꿈이다.

관련어 악몽惡夢, 몽마夢魔

속박

의식은 있는데 몸이 움직이지 않는 상태다. 밀교의 **부동명왕**이 사용하던 **부동 속박법**이 변형된 것이다.

악몽 퇴치

악몽을 길몽으로 바꾸는 **주문**이나 주가를 읊는 '꿈 바꿔치기', 악몽을 강에 흘려보내는 '꿈 흘려보내기' 등이 있다.

꿈 바꿔치기

악몽을 꿨을 때 그 꿈이 현실이 되지 않도록 주문을 외는 것을 말한다. '악몽은 초목에 붙어라, 길몽은 보물이 되어라惡夢着草木吉夢成寶王'라는 **주문**을 읊는다.

꿈 흘려보내기

악몽을 꿨을 때 일찍 일어나 '긴 밤, 긴 잠에서 눈을 뜨니 물살을 탄 배의 소리 좋을시고'라는 회문을 강에 흘려보내면 무효화할 수 있다는 **주문**이다. 강은 바다로 통하고, 바다는 명계와 통한다고 믿었으므로 **삿된 것**이나 악몽을 강물에 흘려보내면 명계로 간다고 믿었다.

귀신의 이름을 세 번 부르기

악몽을 꾼 다음 날 아침에 악몽을 가져온 **귀신**의 이름인 '임월천광臨月天光'을 세 번 부른다. 정체를 간파당한 귀신이 악몽을 길몽으로 바꿔준다고 한다. **꿈 바꿔치기**의 일종이다.

바쿠에게 악몽 먹이기

바쿠는 꿈을 먹는 요괴다. **악몽**을 꾼 다음 날 아침에 동쪽을 향해 '바쿠에게 주겠다'라고 세 번 외치면 무해화할 수 있다고 여기는 **주문**이다. 동쪽은 해가 뜨는 방향이므로 마귀를 없애는 힘이 있다고 믿었다.

면와시법 眠臥時作法

오른쪽 겨드랑이가 아래로 가게 눕고 발을 겹치는 등 **염몽**을 꾸지 않기 위한 자세다.

마귀 쫓기·액 쫓기

마귀 쫓기

마물이나 악귀가 들지 않도록 미리 피하거나 **결계**를 쳐 사전에 대책을 취하는 **주법**이다.

부정한 말

사용해서는 안 된다고 여겨지는 말이다.

언령의 **주력**이 작용해 흉사를 불러오지 않도록 부정한 말을 피했다. 결혼식 날 '헤어지다'라는 말을 하지 않는 것이 대표적이다.

천명

분명히 말하는 것을 가리킨다. **신토**에서는 터부시해 함부로 발설하지 않는다. **야마토 다케루**는 이부키산에서 잘못된 것을 천명한 탓에 신의 **재앙**을 받아 사망했다.

산 제물

재앙을 막기 위해 동물이나 사람의 목숨을 신에게 바치는 보상의 **주술**이다. 홍수를 막기 위해 교가에 사람을 산 채로 묻는 것 등이 여기에 해당한다.

방향 피하기

금기의 방향인 '흉방凶方[1]'을 피해 집에 있는 일을 말한다. 흉방은 **대장군**이나 **금신金神** 등 각 방위를 관장하는 **방위신**이 있는 방향을 가리킨다. 특히, 금신이 있는 방향은 침범하면 일곱 명이 죽는다고 하니 피해야 한다. 방위신이 있는 곳은 매번 달라지므로 방위술에 능통한 **음양사**가 방위신이 있는 장소와 피해야 할 방향을 점친다고 한다.

---

1 음양도에서 말하는 흉방은 풍수지리학에서 말하는 흉방과는 다소 다르다.

종이의 기본 용어

종교의 술식

회복·순정
부조의 술식

특수 이능·매개
애니얼의 술식

술사·이능력자
이능의 생물체

주구·무기·부적

이계·결계
금기의 술법

새벽·이야기

방향 바꾸기

금기의 방향인 '흉방'을 피해 목적지로 향하는 술법이다. **음양도**에서는 반드시 흉방을 향해 가야만 한다면 일단 집에서 흉방이 아닌 다른 방향에서 하루를 보내고, 다음날 그곳에서 목적지로 향함으로써 나아가야 할 방향을 바꾸었다.

재계

악몽을 꾸거나 점에서 흉사가 나왔을 때 일정 기간 외출을 삼가는 **주법**이다. 이때 '재계'라고 쓴 버드나무 가지나 종이를 원추리 줄기에 매달아 관이나 머리카락, 어렴御簾[1] 등에 꽂는다.

진택영부신법 鎭宅靈符神法

72종의 **진택영부신**鎭宅靈符神을 소환해 재난을 피하는 **마귀 쫓기 주법**이다. 영부靈符는 모두 72종으로, **도교**에 근간을 두고 있으며 재난을 피하는 등의 다양한 효과가 있다.

금신제기원 金神除祈願

전쟁이나 역병을 불러온다고 여겨지는 **금신**의 재액을 피하는 **주법**이다.

사무하라의 호부 護符

신의 **호부**를 몸에 지니면 사고를 피할

수 있게 된다. 사무하라는 고대 중국의 증자曾子가 믿었다고 전해지는 생명의 수호신이다.

세만·도만 星滿·道滿

몸에 지니고 있으면 **주력**이 깃든다고 여겨지는 **마귀 쫓기 인**이다. 세만은 **아베노 세이메이**의 **오망성**五芒星을, 도만은 **아시야 도만**의 바둑판무늬를 가리킨다.

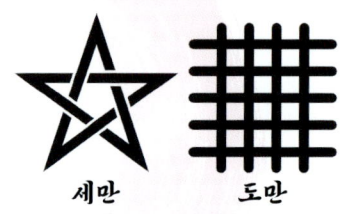

세만　　도만

곤충 쫓기

해충을 마을 밖으로 몰아내는 **주술** 행사다.

관련어 인형 주술, 곤충 내몰기, 곤충 기도, 백만 편百万遍 등

향 자르기

마귀 쫓기 주문이다. 악한 기운이 느껴지면 자신의 주위에 **향** 가루를 뿌린다.

아악 雅樂

주술적인 음악이다. 연주하면 마귀를 내쫓거나 신을 소환할 수 있다. 아마노이와

1　궁궐에서 치는 발을 뜻한다.

토에 몸을 숨긴 **아마테라스**를 밖으로 불러내기 위해 아메노우즈메가 방울이 달린 창을 손에 들고 춤을 추었다고 하는데, 이것이 아악의 기원이다.

구와바라 구와바라 クワバラクワバラ

벼락을 쫓는 **주문**이다. 구와바라桑原는 뇌신인 **스가와라노 미치자네**菅原道真의 출생지로 알려져 있다. 벼락의 어원은 '신의 울음'으로, 신의 분노라 여겨졌기 때문에 벼락이 치면 '이곳은 천신님이 태어난 곳이니 벼락치지 말거라'라는 의미에서 '구와바라 구와바라'라고 외쳤다고 하는 **주문**이다.

옴 바자라 다라마 키리크

천수관음의 **진언**이다. 이 진언을 읊으면 혼자 걷고 있는 여성이 그늘에 숨어 있는 악한 것을 피할 수 있다고 한다.

베개 신의 주가

'사요후케테 모시모오토즈루모노아라바 히키오도로카세 와가마쿠라카미[2]'라고 세 번 외친 뒤 잠을 자면 여행하면서 물건을 도둑맞지 않을 수 있다.

니라미 にらみ

주력을 담아 노려보는 일을 말한다. 원래 시선에는 영력이 깃들어있다고 믿는 신앙이 있는데, 특히 뛰어난 인물의 눈에는 강한 영력이 담겨있다고 여겨졌다. 노려보는 것만으로 **마귀를 쫓을 수 있고**, 강력한 **저주**와 **사안**邪眼도 이길 수 있다고 한다. 가부키歌舞伎[3] 배우인 **이치카와 단주로**市川團十郎의 미에見得[4], 다이라노 기요모리平清盛가 해골 악귀를 노려보자 도망쳤다는 에피소드가 대표적이다.

이름 부르기

요괴나 악귀의 기운을 느꼈다면 그 이름을 정확하게 불러야 한다. 그러면 이름을 들켰다고 생각해 두려워하며 아무 짓도 하지 않고 떠난다고 한다. 개중에는 간파당하면 아는 사이였다고 착각해서 경계심을 풀고 인연에 대한 이야기를 늘어놓다가 해결책을 알려주고 떠나는 요마도 있다고 한다.

진명 眞名

진짜 이름을 가리킨다. 이름을 불리기만 해도 퇴치되는 요마가 있는 것처럼, 중국이나 일본에서는 실제 이름을 불리는 것을 꺼리는 풍습이 있었다.

---

2 〔번〕깊은 밤, 소리 내는 자는 베개의 신이 깜짝 놀라게 해주마.

3 일본의 전통 공연 예술로, 출연자는 모두 남성이다. 노와는 달리 여성 역을 맡은 배우는 여성적인 발성을 한다.

4 가부키 등의 극에서 인물의 감정이 고조 될 때나 등장, 퇴장할 때 눈을 감았다가 부릅뜨면서 동공을 한가운데로 모아 객석을 응시하는 움직임을 말한다.

침 뱉기

예로부터 타액에는 **주력**이 깃들어 있다고 여겼다. 이유 없이 어깨가 무거울 때 왼쪽 어깨너머로 침을 세 번 뱉으면 마귀의 기척이 사라진다.

소금이나 쌀 뿌리기

마귀 쫓기 주문이다. 소금이나 쌀에는 정화의 **주력**이 있다고 믿었다. 《**겐지 이야기源氏物語**》에는 임산부가 아이를 낳을 때 쌀을 뿌리는 장면이 나온다.

대바구니 매달기

대바구니는 대나무 등을 이용해 격자무늬로 짜서 만든다. 쳐다보는 것을 싫어하는 요마나 악령은 대바구니의 틈을 '눈'이라고 생각해 진저리를 친다. 그래서 대바구니는 **마귀 쫓기**의 효과가 있다고 여겼다. 죽간 끝에 바구니와 호랑가시나무의 가지를 매달아 현관이나 건물 앞에 매달면 외눈 **오니** 등 요마가 기겁을 하며 달아난다고 한다. 대바구니의 틈이 **오망성**처럼 보이기도 해 오니가 **아베노 세이메이**를 무서워한다는 설도 있다.

마늘 매달기

마늘 등 **주력**이 깃든 식물을 매다는 **주문**이다. 마늘 이외에 **복숭아**, 생강, 부추, 파, 미나리, 창포, 쑥, 수국, 고추, 호랑가시나무 등도 효과적이다.

엄지 말아쥐기

엄지가 보이지 않도록 손바닥 안에 말아 쥐어 감추는 **마귀 쫓기 주문**이다. '마귀는 엄지손톱 끝을 통해 들어온다'라는 미신이 있기 때문이다. 이는 '상여를 보면 엄지를 말아쥐어 감춘다'라는 **징크스**를 통해서도 잘 알 수 있다.

손으로 여우 만들기

엄지와 중지, 약지를 붙여 **여우**의 머리를 만들고 '사라져라!'하고 외치면 악한 기운이 사라진다. 여우의 강한 염력을 빌리는 **마귀 쫓기**다.

고양이 유해 돌기

고양이가 죽으면 침을 세 번 뱉고 유해 주위를 세 번 돌아 고양이 요괴가 되지 않게 한다는 **주문**이다. 예로부터 고양이는 마성의 존재로 여겨 두려워했다.

이마에 냄비 바닥의 검댕 묻히기

어린 아기의 이마 등에 묻혀 **마귀를 쫓는 주문**이다. 불의 신이나 **조왕신**의 수호를 상징하기 때문이라고도 한다.

메롱

마귀 쫓기 주문이다. 마귀를 쫓는 붉은 빛을 띤 혀나 눈꺼풀의 안쪽을 보여주는 술법이다.

악령·요괴 퇴치

백귀야행百鬼夜行을 피하는 비주

백귀야행을 비롯해 다양한 요괴와 **귀신**을 피하는 비밀의 **진언**이다. '동해의 신, 그 이름은 아메이요, 서해의 신, 그 이름은 슈쿠료, 남해의 신, 그 이름은 교조, 북해의 신, 그 이름은 구쿄로다, 사해의 대신이시여 백귀를 물리치고 횡재를 없애주소서. 급급여율령'

야행야도중가 夜行夜途中歌

마귀를 쫓는 주문이다. '가타시하야 에카, 세니쿠리니 다메루사케 데에히 아시에히 와레시코니케리'라는 서른한 글자를 소리 내어 외치면 백귀야행의 재난으로부터 피할 수 있다고 한다. 의미는 불명이다.

입춘

2월 3일에 콩을 뿌려 악귀나 사악한 기운을 없애고 무병장수를 기원하는 의식이다. **구나**를 기원으로 하며, '**귀신**은 밖으로, 복은 안으로'라고 외치며 콩을 뿌린다. 콩을 사용하는 이유는 '마멸(마귀를 멸한다)'이라는 단어와 발음이 비슷하기 때문이다.[1] 입춘 때 콩을 길가나 **사거리**에 버려 액을 쫓는 지역도 있다. 콩

대신 자신의 나이만큼 동전을 두거나 불을 피울 때 쓰는 대통이나 데운 돌 등을 버리는 곳도 있다.

《법화경法華經》의 마귀 쫓기

《법화경》의 한 구절인 '염피관음력 중원 실퇴산念彼觀音力 衆怨悉退散'을 세 번 반복하면 마귀가 다가오지 않는다고 한다.

《대반야경大般若經》 속독하기

'항복일절대마승성취降伏一切大魔勝成就'를 외치며 《대반야경》을 전독轉讀[2]하면 마귀가 가까이 다가오지 않는다고 한다.

벽귀술 辟鬼術

도교에서 유령이나 요괴를 피하는 **주술**을 가리킨다.

요호금문 妖狐禁文

여우 요괴 등에게 '마음대로 행동하면 용서하지 않겠다'라고 선언한 글을 가리킨다.

너구리를 복종시키는 주가

'고코로세요 세제노야하라타 누키가와

---

1 마멸(魔滅)은 마메쓰(まめつ), 콩(豆)은 마메(まめ)로 발음한다.

2 큰 경전을 읽을 때, 경문 전체를 차례대로 읽지 않고 처음, 중간, 끝의 몇 줄만 읽거나 책장을 넘기면서 띄엄띄엄 읽는 일을 말한다.

노 미나레테코소와 미모시즈무나레'[^의 水慣れてこそは 身も沈むなれ]라는 주가를 영창하면 **너구리**가 떨어져 나간다고 한다. '다'와 '누'를 띄어 쓰는 것이 핵심이다.[2]

쥐 재앙을 막는 주문

쥐에 홀리지 않도록 쥐의 사체를 봤을 때 읊는 **마귀 쫓기 주문**이다. '쥐야, 쥐야, 이건 내 눈이 아니다, 깊은 산 속 원숭이의 눈이다'라고 읊는다.

갓파 쫓기 주가

'효스베요 야쿠소쿠세시오 와스루루나 가와다치오토코 우지와스가하라'[ひょふすべよ 約束せしを 忘るるな 川だち男 うぢはすがはら]라는 주가를 읊으면 **갓파**가 도망간다. '효스베'는 갓파의 다른 이름이다.[3]

갓파 쫓기 주문

갓난아기의 기저귀를 처음 빨 때 외우는 **주문**이다. 소금과 쌀을 뿌린 강물을 솥에 넣고 휘저으면 **갓파**의 화를 피할 수 있다.

오사키 쫓기 주문

숨을 멈추고 겨드랑이 밑을 강하게 조이면 **오사키**의 **빙의귀**가 들어오는 것을 막

을 수 있다고 한다. 오사키는 사람의 겨드랑이 밑으로 들어온다고 한다.

견신犬神 쫓기 주문

견신은 왼쪽 엄지발가락으로 들어오므로, 굴러 넘어졌을 때 들어오지 못 하게 바로 왼쪽 엄지발가락을 꼬면 빙의되지 않는다.

개 쫓기 주문

개에 물릴 것 같다면 '술해자축인戌亥子丑寅'이라고 외치며 왼쪽 엄지손가락부터 새끼손가락까지 순서대로 손가락을 접으며 주먹을 쥔다. 그리고 '와레와토라, 이카니나쿠토모이누와이누, 시시노하가미오오소레자라메야'[我は虎、 いかになくとも犬はいぬ(去ぬ) 獅子の 歯噛みをおそれざらめや]라고 외치며 개를 향해 주먹을 내지르면 개가 도망간다고 한다.[4]

뱀신蛇神 쫓기 주문

죽은 **뱀**을 보면 '뱀신아 오지 마라, 부모 자식이 아니다'라는 **주문**을 외우며 지나가면 뱀신에 씌이지 않는다고 한다.

고사리 주가

뱀을 쫓는 **주문**이다. '천축의 띠밭에서 낮잠을 자던 때, 고사리의 은혜를 잊었는가, 아비라 운 켄 소와카'라는 주가를 읊

---

1   [번] 각오하라 온화한 여울의 다 누키강 친숙해지면 몸도 가라앉으리.
2   너구리는 일본어로 다누키(たぬき)다.
3   [번] 효스베야 약속을 잊지 마라. 강을 건너는 남자는 스가와라의 자손이니라.
4   [번] 나는 호랑이다. 날고 기어봤자 개는 개다. 사자의 이빨은 두렵지 않다.

으면 뱀이 사라진다. 뱀이 낮잠을 자고 있는데 띠가 박혀 옴짝달싹하지 못하게 되었다. 그러나, 때마침 그곳에 자라난 고사리 덕분에 뱀이 무사히 빠져나갈 수 있었다는 이야기에서 유래한다. 뱀을 쫓는 주가에는 대부분 '고사리 은혜'의 내용이 포함되어 있다.

뱀을 항복시키는 주문

'덴메이메이(天迷々), 지메이메이(地迷々), 와레토키오시라즈(吾時を識らず), 데모모(天濛々), 지모모(地濛々), 와레아토오시라즈(吾蹤を識ら ず), 히다리콘로쿠초토나스(左渾鹿鳥を為す)'라고 말하며 두 발 내딛고, '나는 무릇 대붕이니, 천년만년 왕이로다'라는 **주문**을 외우면 뱀을 복종시킬 수 있다.

최강 계통 주술·만능 술식

브룸

무적의 **범자**로, 어디서든 쓸 수 있다. 단 한 글자의 **진언**을 읊으며 인을 맺기만 해도 브룸 이외의 진언을 무효화하고 원적, **귀신**, 용, **야차**, **아수라** 등 모든 것을 조복시킬 수 있다.

관련어 한 자 진언

일자금륜법 一字金輪法

범자인 브룸을 이용한 만능 **주법**이다. 일자는 '브룸', 금륜은 '최고의 왕'을 의미하며 브룸의 **인**은 일자금륜인一字金輪印이라고 한다. 이 술을 발동하면 오백 유순由旬(약 3,500km) 이내에서 행해진 술을 모두 무효화할 수 있다.

관련어 오백 유순 단괴법

브룸   일자금륜법

성천법 聖天法

강력한 **주력**을 자랑하는 최극비법으로, **고다이고 덴노**가 시전했다고 여겨진다.

관련어 쇼덴쿠聖天供, 일자금륜법

불안불모법 佛眼佛母法

일자금륜법에 대항할 수 있는 유일한 **주법**이다. **밀교**에서 일자금륜과 불안불모는 한 쌍의 부모에 해당한다. 그래서 불안불모법이 유일하게 일자금륜의 위력을 완화시킬 수 있다. **진언**은 '옴 보라로 샤니 소와카'다.

관련어 불안법佛眼法

옴·아·비·라·운·켄

대일여래의 **진언**으로, 모든 소원을 성취시켜주는 힘이 있다.

관련어 아비라 운 켄 소와카

일절소재주 一切消災咒

'소재주消災咒'라는 최강의 **다라니**를 읊으며 모든 재앙을 소멸시키는 **주법**이다. 브룸과 마찬가지로 최강의 조복 **주문**이라 일컬어진다. 합장한 채 이 주문을 빠르게 한 번만 외치면 된다.

공작명왕법 孔雀明王法

밀교 최대의 오의奧義라 여겨지는 공작의 **주법**이다. 엔노 오즈누가 터득했다. 이를 실시한 술사는 **야차**나 귀신들의 보호를 받으며 자유롭게 하늘을 나는 등 다양한 술법을 사용할 수 있는 초인적인 **주술**자呪術者가 된다고 한다. 공작 명왕孔雀明王은 독사를 먹는 공작새를 신격화한 왕이다.

광명진언 光明眞言

읊으면 모든 재액과 죄를 씻을 수 있다고 하는 **진언**이다.

대원수법 大元帥法

밀교에 전해 내려오는 최강 조복법이다. 험악한 표정의 무시무시한 신불인 대원수명왕大元帥明王을 모시며 모든 적과 재액을 가차 없이 격파한다. 검이나 활을 백 개씩 늘어놓는데, 궁 안에서만 사용할 수 있는 비술이라 국가 기밀이라고 할 정도다. **다이라노 마사카도**의 난이나 원나라의 일본 원정 때 원나라를 물리친 술법이기도 하다.

관련어 대원수명왕법大元帥明王法

지장보살 대자대비 진언법
地藏菩薩大慈大悲眞言法

지장보살의 깊은 자비를 받아 일절의 악행, 죄를 씻어내고 모든 죄가 상쇄되는 **주법**이다. **진언**은 '옴 카카카 비산마에 이 소와카'다.

오단법 五壇法

오대명왕의 호마단을 설치해 거행하는 최강의 **호마**법이다.

관련어 오대명왕법

치성광법 熾盛光法

모든 재난을 피할 수 있다는 국가의 대**주법**으로 텐노를 위해 거행되었었다. '치성광熾盛光'이란 우주를 나타내는 치성광여래를 뜻한다. 북진(북극성)을 중심으로 해와 달과 별, 즉 삼광三光의 모든 빛을 권속으로 삼으며 모든 악귀와 사기를 봉인한다.

오단기도법 五斷祈禱法

음양오행설을 기반으로 하는 **음양도** 계통의 기도법이다. 모든 기도를 이루게 하는 효과가 있다.

060

중술의 기본 용어

음양의 술사

회복·소생 보조의 술식

특수 능력 발휘 예언의 술식

출산·아이들과 이형의 생명체

주구·무기·물건

이계·결계 금기의 영역

서적·이야기

거꾸로 주법

역

평소와 달리 좌우, 상하 등을 반대로 배치하거나 원래 순서를 역행해 시행하는 **주법**이다. **브룸**을 순서대로 쓰면 식재이고 반대로 쓰면 조복의 진언이 된다. **다라니**의 **진언**도 반대로 읊으면 조복과 관련이 있다고 한다.

반야심경 거꾸로 읽기

요괴는 경을 싫어하므로 《**반야심경**》을 거꾸로 읽으면 악마를 퇴치할 수 있다고 한다.

반대 주법

신불의 불화를 거꾸로 걸고 거행하는 조복법이다.

반대로 하기

죽음이라는 **삿된 것**을 정화하고 죽은 이를 공양하는 풍습이다. 고인의 옷깃은 왼쪽이 앞으로 오게 하고 버선은 좌우를 반대로 신긴다. 또, 허리띠의 매듭은 세로 방향으로 묶고 **베개를 북쪽으로 놓는**다. 이승과 저승은 반대이므로 고인이 저승에서 편히 살 수 있도록 모두 **반대로** 해놓는다는 설도 있다. 산사람이 반대로 하면 재수가 없다고 여긴다.

북침 北枕

머리를 북쪽에 두고 자는 것을 말한다. **반대로 하기**의 일종이다. 석가모니가 열반에 들 때 북쪽으로 머리를 두고 얼굴은 서쪽을 향했기 때문이라는 설이 있다. 일본 특유의 풍습으로, **풍수** 등에서는 북침은 재수가 좋다고 여긴다.

역 사령 봉인

원한을 품고 죽은 자의 재앙을 막는 **주문**이다. 죽은 이의 머리를 아래로 향하게 해 묻기, 엎드려 자기, 수의를 뒤집어 입기 등 상식과 **반대로** 행동해 사령의 활동을 봉인한다.

빗자루 거꾸로 세우기

빗자루를 **주구**로 사용하는 풍습이다. 빗자루는 사악한 기운을 없애준다고 여겼다. 그래서 **거꾸로** 세워두면 눈치 없이 오래 머무르는 민폐 손님을 내쫓을 수 있다고 여긴다.

비녀 거꾸로 꽂기

게이샤가 비녀를 거꾸로 꽂는 것을 말한다. 싫은 손님이 빨리 돌아가기를 바라는 **주문**으로 전해진다.

역기둥 逆柱

위아래가 뒤집힌 기둥으로, 일반적으로는 불길하게 여긴다. 다만, 도쿠가와 이에야스德川家康를 모시는 도치기현 닛코 도쇼구日光東照宮의 역기둥은 **마귀 쫓기**를 목적으로 만들어졌다고 한다. 또, '완성된 것은 부서지고 만다'라는 생각 때문에 일부러 미완성인 채로 남겨둔다는 설도 있다.

거꾸로 팻말

교토에 전해오는 풍습이다. 아즈치 모모야마 시대安土桃山時代의 대도였던 **이시카와 고에몬**石川五右衛門이 처형된 '12월 12일'이 적힌 팻말을 현관에 **거꾸로** 매다는 것을 말한다. 매해 12월 12일마다 새로운 것으로 바꾸어 다는데, 도둑을 막는 효과가 있다고 믿는다.

방어 기술,
수비력에 활용할 수 있는

회복·소생·
보조의 술식

신체 능력의 해방

기 氣

만물을 창조하고 생명력의 근원이 되는 것이다. 중국에서 생겨난 개념으로, 인도에서는 프라나prāṇa라고 한다.

경락 經絡

중국에서 생겨난 개념으로, 몸 안에서 **기**가 흐르는 통로를 말한다. 경經은 커다란 라인(통로, 길), 락絡은 작은 라인(그물망 모양의 네트워크)이라는 뜻이다. **풍수**에서는 사람의 몸과 같이 땅에도 경락이 있다고 믿어 대지의 경락을 '**용맥**龍脈'이라 불렀다.

경혈 經穴

인체의 **경락**을 따라 온몸에 퍼져 있는 365개의 요소를 가리킨다. 인체의 급소이기도 하고, 진단과 치료에 사용하는 부위이기도 하다.

관련어 혈

점혈 點穴

경혈을 짚어 **경락**의 순환을 막는 기술이다. 공격과 지혈, 독의 확산을 막을 때 사용한다. 또는, 신체 기능을 정지시켜 죽음에 이르게 하기도 한다. 중국 청나라 시대에 간행된 《소오기小五義》 등의 무협 소설에 등장한다.

관련어 폐혈법閉血法

차크라 Chakra

몸 안에 있는 일곱 가지의 주요 생명 에너지(**기**)가 모이는 곳이다. 차크라는 산스크리트어로 '바퀴'라는 뜻이다. 바퀴처럼 끊임없이 회전해 몸 안과 밖의 에너지를 교환시키며 순환한다. 또한, 차크라는 육체를 뛰어넘어 신불과 만나기 위해 열어놓은 창이기도 하다. 차크라의 위치는 다음과 같다.

관련어 응집륜凝集輪

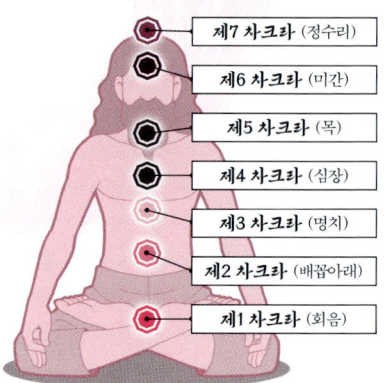

제7 차크라 (정수리)
제6 차크라 (미간)
제5 차크라 (목)
제4 차크라 (심장)
제3 차크라 (명치)
제2 차크라 (배꼽아래)
제1 차크라 (회음)

내단법 內丹法

도교에서 **선인**이 되기 위해 시행하는 술법이다. 명상과 호흡으로 몸 안의 기를 다스리고 유지해 **단약**丹藥을 만들어 불로장생을 이루고자 했다.

내단 內丹

내단법에 따라 몸 안에서 만들어지는 약을 가리킨다.

단전 丹田

도교에서 사람의 몸의 중심이 되는 부위를 말한다. 상단전(머리), 중단전(가슴), 하단전(배꼽 아래)이 있다.

내기 內氣

도교의 호흡법이다. 코와 입으로 호흡하는 게 아니라 태아가 어머니의 뱃속에서 하는 호흡을 말한다. 인간의 생명력의 근원인 **기**가 몸 안에서 생겨난다는 개념을 바탕으로 **태식법**胎息法에서도 활용된다.

외기 外氣

도교의 호흡법이다. **내기**와는 반대로 코와 입으로 호흡한다. '코로 들이마시고 입으로 내쉰다', '코로 들이마셔 호흡을 멈춘 뒤 몸 안에서 순환시킨 다음 조용히 탁한 **기**를 내뱉는다. 이러한 순으로 한 호흡을 길게 한다'와 같은 정해진 방법이 있다. 도인법導引法에 이용된다.

태식법 胎息法

도교에 전해 내려오는 호흡법으로 **내기**를 몸 밖으로 흘려보내지 않고 축적시키는 것을 말한다. **선인**이 되기 위해 터득해야만 하는 술 중 하나다.

복기 服氣

태식법을 시작할 때 하는 호흡이다. **외기**로 호흡을 정돈한 뒤 코와 입을 닫고 몸 안쪽에서 나오려고 하는 **내기**를 막아 **단전**으로 보낸다.

행기 行氣

복기로 **단전**에 쌓인 **내기**를 특정한 곳까지 옮기는 것을 말한다.

연기 練氣

복기로 **단전**에 쌓인 **내기**를 온몸의 구석구석까지 보내어 순환시키는 것을 말한다.

도인법 導引法

도교에 전해 내려오는 체조법으로, **선인**이 되기 위해 터득해야 하는 술법 중 하나다. 스트레칭을 해 혈액 순환을 좋게 하고, 몸 안의 **기**를 원활하게 순환시킴으로써 불로장생의 육체를 손에 넣는다. 도인법을 할 때는 **외기**로 호흡한다.

팔단금 도인법 八段錦導引法

도인법 중 하나다. **여동빈**呂洞賓이라는 선인이 남긴 것으로, 다음의 여덟 가지 공법이 있다.
① 고치집신 叩齒集神
② 요천주 搖天柱
③ 교수진 攪漱津
④ 마신당 摩腎堂

⑤ 단관녹로 單關轆轤
⑥ 쌍관녹로 雙關轆轤
⑦ 좌우안정 左右按頂
⑧ 구반 鉤攀

우보 禹步

고대 중국의 전설에 등장하는 우왕禹王
의 걸음걸이를 바탕으로 만들어진 **도교**
의 보행법이다. **마귀 쫓기**나 정화의 효과
가 있어 어떠한 의식을 위한 준비 단계
에서 행해지기도 한다. 한 걸음씩 힘없이
천천히 북두칠성의 형태를 그리며 걷는
다. 우보는 다음의 순서대로 시행한다.
① 두 발을 가지런히 모은 뒤 왼발, 오른
발 순으로 걷고 왼발은 오른발에 맞춰
멈춘다.
② 오른발, 왼발 순으로 걷고 오른발은
왼발에 맞춰 멈춘다.
③ 이를 반복한다.
우보는 일본에도 전해졌는데, **음양도**나
슈겐도에도 도입되었다.

반폐 反閉

음양도의 보행법이다. 덴노나 귀족이 외
출할 때는 반폐로 사악한 기운을 밟아
다져 무사함을 빌었다. 중국 **도교**의 **우보**
를 기반으로 한 보행법이다.

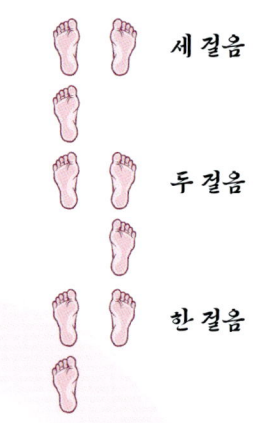

세 걸음

두 걸음

한 걸음

심초토보 深草兔步

닌자의 보법 중 하나다. 몸을 굽힌 뒤 손
등 위에 발을 얹고 걷는다. 가장 조용히 걸
을 수 있는 보법이며 자세를 낮추기 때문
에 칼로 내려쳐도 막아내기 쉽다고 한다.

보법 십계명

《쇼닌키五忍記》에 기재된 **닌자**가 반드시
익혀야 할 열 가지 보법이다. 살금살금
걷기, 까치발 걷기, 스치듯 걷기, 뛰듯 걷
기, 한 발로 걷기, 큰 보폭으로 걷기, 좁은
보폭으로 걷기, 종종걸음, 달음질하듯 걷
기, 일상적으로 걷기 등이 있다.

살금살금 걷기·까치발 걷기·
스치듯 걷기

발소리를 내지 않고 걷는 **닌자**의 보법이
다. 발을 뽑아내듯 들어 올리며 걷는 '살
금살금 걷기'는 보법 십계명 중 하나다.

'스치듯 걷기'는 발을 가만히 뻗으며 걷는 보법이고, 이 둘을 합친 것이 '까치발 걷기'다. 새끼발가락부터 내려놓는 것이 핵심이다.

역저 力抵

호흡이 거칠어졌을 때 두꺼운 종이를 입에 넣고 어금니로 꽉 물어 한숨이 새는 것을 막는 인법이다.

천리선주시법 千里善走之法

이가류 **닌자** 보법이다. **이중 호흡**을 하면 천 리를 달릴 수 있다고 한다.

시코 四股

스모의 기본 동작이다. 땅을 밟아 다지면 땅속의 사악한 기운을 물리치는 효과가 있다. 헤이안 시대에는 **음양사**가 **반폐**를 통해 땅을 다졌지만, 그 후에는 리키시力士가 직접 하게 되었다. 시코는 다음의 순서로 진행된다.
① 양발을 벌리고 앉아 두 손을 무릎에 대는 자세를 취한다.
② 한쪽 발에 체중을 싣는다.
③ 체중을 실은 발을 쭉 펴며 다른 한쪽의 발을 높이 치켜든 뒤 정지한다.
④ 허공을 향해 뻗었던 발을 내리고 양손을 무릎에 대고 앉아 자세를 취한다.
⑤ 이를 오른쪽 왼쪽 교대로 반복한다.

사안 邪眼 ·사시 邪視

악의를 가지고 바라보는 일을 말한다. 고대에는 시선에 영력이 깃들어있다고 여겨 누군가가 노려보면 여러 가지 재액이 쏟아질 거라 믿었다. 만일, 누군가가 사안으로 나를 노려봤을 때 똑같이 노려본다면 저주를 반환할 수 있다. 또한, 곤보다네牛蒡種는 사안과 같은 주력을 가지고 있는데, 곤보다네에 빙의된 사람이 노려보기만 해도 몸이 아프고 식물은 썩어버린다고 한다.

지금법 持禁法 (신체 능력)

주금사가 부리는 **도교** 계통의 **주술**로, 방어용으로도 사용된다. 자신의 몸을 딱딱하게 해 불, 칼, 뜨거운 물 등에 상처를 입지 않는 몸으로 만들 수 있다고 한다.
→ 마를 퇴치하는 효과는 43쪽 참조

탐탕 探湯

슈겐도의 술이다. **진언**을 읊거나 **인**을 맺으면 물이 끓는 가마솥에 손을 집어넣거나 몸에 뜨거운 물을 끼얹어도 아무렇지도 않게 된다.

명목법 明目法

암흑 속에서도 대낮처럼 훤히 볼 수 있는 **도교**의 술이다. 닥나무 열매를 1년 동안 계속 먹거나 지황地黃이라는 풀을 8년간 계속 먹으면 명목법을 체득할 수 있다고 한다.

복이 服餌

선인이 되기 위해 특별한 약을 먹으며 육체를 개조하는 방법이다. **금단**과 같은 **도교**의 특수한 약부터 오늘날에도 전해지는 한약 등 그 종류가 다양하다. 상약(군약), 중약(신약), 하약(좌사약) 등으로 분류된다.

잠재 능력의 향상

색과 속성

음양오행설에 따르면, 색의 속성도 정해져 있다. 각 속성의 힘을 높이고 싶을 때 상성이 맞는 색과 조합하면 힘을 증폭시킬 수 있다.

① 나무의 속성은 파란색.

② 불의 속성은 빨간색.

③ 토의 속성은 노란색.

④ 금의 속성은 흰색.

⑤ 수의 속성은 검은색.

방위의 힘을 증폭시키기

풍수의 개념은 **음양오행**설을 기반으로 하고 있다. 상성이 좋은 색과 물건을 배치하면 각 방위가 가지는 힘을 증폭시킬 수 있다.

① 동쪽에는 파란색, 움직이는 것, 소리가 나는 것.

② 서쪽에는 흰색, 로맨틱한 것, 음식.

③ 남쪽에는 빨간색, 밝은 것, 화려한 것.

④ 북쪽에는 검은색, 물이나 겨울을 연상시키는 것.

음식의 힘으로 증폭시키기

음양오행설에 따르면 음식에도 속성이 있다. 음식을 섭취하면 그 음식이 가진 **기**를 흡수할 수 있다. 서로 대응하는 오행의 음식을 먹으면 힘을 충전할 수 있다.

① 나무 계통의 식재료로 기운을 끌어올린다. (파란 것, 신 것)

② 불 계통의 식재료로 잠재능력을 해방시킨다. (빨간 것, 쓴 것)

③ 흙 계통의 식재료로 동료와의 결속을 강화시킨다. (노란 것, 단 것)

④ 금 속성의 식재료로 행운을 불러온다. (흰 것, 매운 것)

⑤ 물 속성의 식재료로 정신을 통일한다. (검은 것, 짠 것)

남서쪽에서 휴식

풍수에 따르면 남서쪽은 '흙'의 방위다. 따라서 생명력을 끌어올릴 수 있는 남서쪽에서 휴식을 취하면 에너지가 쌓인다고 한다.

신선·태일진군太一眞君과 교감하는 주언

태일진군(혹은 태을진군太乙眞君)은 **신선도**에서 대지의 근원을 관장하는 신이다. 다음의 주언을 읊으면 태일진군과 마음이 통해 사악한 가운이 깨끗하게 사라지고 신비로운 큰 힘을 얻을 수 있다고 한다. '기이쓰키이쓰타치마치운카오무스부, 우다이핫포고호촌난, 다치마치큐센오쓰라누키, 겐토니탓시, 다이이쓰신군니칸즈, 기이쓰키이쓰다치마치칸쓰, 뇨리쓰료[1]'

가구라 神楽

신도에서 **무녀**가 추는 춤이다. 오늘날에는 예능의 요소가 강하지만, 원래는 노래와 춤으로 신을 기쁘게 해 소환하려는 목적이 있었다. 가구라는 일본 신화에서 **아마테라스**가 아마도이와토에 몸을 숨겼을 때 아메노우즈메가 그 앞에서 선보였던 춤에서 기원한다고 여겨진다. 가구라의 춤에는 영력을 깨우거나 높이는 효과가 있는데, 아마노우즈메의 손자인 사루메노키미는 경내에서 거행한 **진혼제**에서 가구라를 통해 덴노의 혼을 깨워 자신의 몸 안으로 불러왔다. 예전에는 **접신**한 춤꾼에게 신탁이 내려지기도 했다.

요루카구라 夜神楽

밤새도록 행하는 **가구라**를 말한다. 열여섯 시간에 걸쳐 서른세 번의 가구라를 신에게 봉납한다. 일본의 중요 무형 민속 문화재이며 미야자키현의 다카치호에서 행해지는 '아마노이와토카구라天岩戸神楽'가 유명하다. 아메노우즈메의 춤을 기원으로 하며, 악령 퇴치, 역병 회피, 오곡 풍양 등을 기원하며 영력을 높인다.

꽃놀이

나무에 신이 깃든다는 수목 신앙에서 생겨난 **주술**적 행위다. 사악한 기운을 없애고 영혼을 깨워 활력을 되찾게 하는 **영혼 깨우기**의 의미도 가지고 있다.

방중술 房中術

선인이 되기 위한 술의 하나다. 남녀의 교접으로 정기를 얻어 젊음을 유지하고 장수한다.

오제제 五帝祭

음양도의 제사다. 중국의 전설 속 황제인 삼황오제에게 권청하는(바라고 빌다, 강림을 청하다) 의식으로 **영검** 등을 만들 때 신의 힘이 신기에 깃들게 하고자 실시했다.

---

1 [번] 기이하고 신비한 힘이 순식간에 구름과 안개를 모으고, 우주의 모든 방향을 초월하여 아홉 하늘을 꿰뚫는다. 신비로운 도시에 이르고 태일진군과 교감하니 기이하고 신비한 힘이 즉시 통하는구나, 여율령.

중요인 기본 용어

공격의 술식

회복·수행 보조의 술식

특수 능력의 제어 예언의 술식

주술·이능력자 이능의 생명체

주구·무기·부적

이계·결제 금기의 술어

세계·이야기

지력·정신력의 해방

허공장 구문 지법 虚空藏求聞持法

기억력을 크게 높여주는 **밀교**의 최강 **주법**이다. **허공장보살**의 힘을 이용해 뇌가 보고 들은 것이나 지각한 것을 무한대로 기억할 수 있게 한다. **구카이**는 도사의 무로토 곶에서 수행하던 중에 **명성**(금성)이 입안으로 날아 들어오는 상서로운 경험을 한 뒤, 이 **주법**을 익혔다. 허공장보살은 새벽녘의 명성인 금성의 화신으로 끝없는 지혜와 공덕을 가지고 있다. 백일 동안 허공장보살의 **진언**을 백만 편 읊는 수행으로, 마지막 날에는 반드시 일식이나 월식이 일어난다.

관련어 명성 주법

십자비술 十字祕術

정신 통일이나 재난을 없애기 위해 행하는 **인술**이다. '천룡허왕명승시수대원天龍虛王命勝是水大円'이라는 열 글자를 손바닥에 쓰고 주먹을 쥐어 삼키는 행동을 취한다.

옴 아니치 마리시에이 소와카

정신을 통일하거나 재난을 피하고자 할 때 사용하는 **인술**이다. 이 주문을 읊으면 불교의 수호신인 **마리지천**摩利支天의 가호를 받아 공포심이 사라진다고 한다.

칸만 호로혼

닌자가 사용하는 **주문**이다. 칸, 만, 호로혼, 이 세 **범자**를 이마나 목에 그리고 '천상명현운상귀명정례天上鳴弦雲上歸命頂禮'를 두 번 읊으면 **부동명왕**의 가호를 받아 어떠한 고난에도 맞설 수 있는 힘을 갖추게 된다고 한다. 함 만은 부동명왕을 가리킨다. 브룸은 그 의미가 명확하지는 않지만 부처의 힘을 나타내는 범자로 여겨진다. 삼대 **인술**서인《시노비히덴忍祕典》에 실려 있다.

환생시키기

후루布瑠의 말

신도에 전해 내려오는 사자를 되살리는 **주문**이다. 역사서인《구사본기舊事本紀》에 나오는 '**후루베 유라유라토 후루베**'일 것이라는 설이 포함된 **언령**으로 정식 주문은 '히후미요이무나야코코노타리, 후루베 유라유라토 후루베'다. 앞부분의 1부터 10(히후미요이무나야코코노타리)은 니기하야히(덴노 가의 선조 니니기 이전에 지상 세계에 강림했다고 전해지는 또 한 명의 천손)가 천상 세계에서 가져온 열 가지의 신보인 '**십종신보**十種神寶'를 나타내는 말이라고 한다. 신보를 흔들며 후루의 말을 읊으면 모든 상처와 병이 나을 뿐 아니라 죽은 사람을

一二三四五六七八九
十、　布瑠部、　　由良由良止、

되살릴 수 있을 정도의 **주력**을 발휘한다고 한다. 오늘날, 이소노카미 신궁에 전해 내려오는 **진혼**법과 관련이 있다는 이야기도 있다.

후루베 유라유라토 후루베
布瑠部, 由良由良止, 布瑠部

죽은 이를 소생시키는 **주문**이다. 역사서인 《**구사본기**》에 적힌 '**후루의 말**'에 있는 **언령**이라는 설이 있다. '후루베布瑠部'란 흔들어 쌓인 기름 흘려보내는 일, '유라유라由良由良' 또한 '쌓이지 않는다'라는 뜻이다.

히후미노하라에코토바
후루의 말을 가리킨다.

아마노 가즈우타
히후미노하라에코토바, **후루의 말**을 가리킨다.

히후미요이무나야코코노타리
一二三四五六七八九十

신토에 전해 내려오는 **히후미노하라에코토바(후루의 말)**라는 설이 있다. 구전으로는 '히후미요이무나야코토치'로 전해지지만, 《십종신보도형 및 극비전十種神宝圖形幷極祕傳》에는 '소로에테(一), 나라베리(二), 이쓰와리(三), 사라니(四), 구니(五), 지라사즈(六), 이와이(七), 오사메

테(八), 고코로(九), 시즈메테(十)'와 같은 식으로 읽는 법도 적혀 있다.

영혼 깨우기
살아갈 힘을 잃은 영혼을 깨워 재생시킨다. 영혼을 안정시키는 '**진혼**'의 일종이다.

초혼
죽은 이의 혼을 불러들이는 **주법**이다. 죽은 사람의 집의 지붕으로 올라가거나 우물 바닥에 대고 죽은 이의 이름을 크게 불러 저세상에서 영혼을 다시 데려오고자 했다. **음양사**가 했던 주법이다. 에도시대의 서적에는 주변 사람들이 부르는 목소리를 듣고 이승으로 돌아왔다는 노파의 이야기가 실려 있다.

관련어 혼 부르기

태산부군제 泰山府君祭 (소생)
대역을 세워 사람을 되살리는 소생 주법으로, **아베노 세이메이**의 주특기다. 태산부군은 중국의 태산에 사는 수명을 관장하는 신이다. 《나키후도엔기泣不動縁起》에는 아베노 세이메이가 쇼쿠証空라는 승려를 대상으로 태산부군제를 시행했다는 이야기가 실려 있다.

→ 정체를 간파하는 효과는 104쪽 참조

연명십구관음경 延命十句観音經
임제종臨濟宗의 창시자인 하쿠인 에카쿠

白隱慧鶴가 널리 알린 소생·연명의 **주법**이다. 이 경을 읊으면 일단 죽은 자가 다시 살아나거나 가망이 없는 병도 낫는다고 한다. 과거 모리타 헤이마森田平馬라는 무사는 기회가 있을 때마다 《연명십구관음경》을 읊었고 다른 이들에게도 추천했는데, 어느 날 갑자기 숨이 끊어졌다고 한다. 그리고 죽은 헤이마의 앞에 염라대왕이 나타나 '너 혼자 연명십구관음경을 널리 알리는 것은 한계가 있으니, 하쿠인 에카쿠를 찾아가라. 가서 이를 널리 알리라고 전하라'라고 이야기하며 그를 되살려줬다고 한다. 소생한 헤이마가 하쿠인 에카쿠에게 염라대왕의 말을 전했고, 이 주법이 널리 알려졌다고 한다.

염라대왕에게 부탁하기

지옥의 왕인 염라대왕에게 직접 호소하거나 기도를 올려 허락을 받으면 되살아날 수 있다.

관련어 오노노 다카무라小野篁**, 신제이**信誓 **등**

단부 丹符 소생술

원령에게 살해당한 사람을 소생시키는 **주법**이다. 단丹(황화비소를 가리킴)을 사용해 만든 **부적**을 검게 태운 뒤, 물에 타 죽은 자에게 먹인다. 그런 다음 귓가에 거울을 매달아 두드리며 이름을 부르면 죽은 이의 영혼이 돌아온다고 한다.

동진東晉의 학자인 범왕范王의 의서에 나온다.

닭 피 소생술

닭의 피로 소생시키는 **주법**이다. 털을 다 뽑은 닭을 쫓아다니다가 볏이 검게 변하면 붙잡는다. 그 후, 볏을 반으로 갈라 나온 피를 죽은 사람의 입 안에 흘려 넣으면 되살아난다고 한다.

인분 소생술

인분 가루를 먹여 죽은 자를 소생시키는 **주법**이다. 한약의 일종인 '파관탕破棺湯'으로 '죽은 자가 되살아나 관을 깨부순다'라는 의미다.

약, 도구 소생술

약이나 도구를 사용하는 소생술이다. **반혼향**反魂香, **반혼단**反魂丹, **혼호약**魂呼藥, **파관탕**, **생궁시**生弓矢 등을 사용한다.

인체 연성

반혼술 反魂術

죽은 자의 혼을 불러와 몸속에 불어넣는 인체 연성 **주법**이다. 헤이안 시대 말기의 승려인 **사이교**西行가 거행했던 반혼술의 순서는 다음과 같다. 우선, 다른 이들의 눈을 피해 뼈를 모아 사람의 모양으로 맞춘다. 비소를 바르고 딸기나 별꽃의 잎으로 비빈 뒤 등나무 줄기로 만든 실로 잇는다. 그런 다음 물로 여러 번 닦고 털이 나는 부위에는 쥐엄나무와 무궁화 잎을 태운 재를 바른다. 마지막으로 바람이 통하지 않는 곳에 돗자리를 깔아 14일 동안 뼈를 눕혀 놓은 뒤 침향(인도산 향수)을 태워 반혼의 밀술을 실시한다. 또한, 반혼술로 태어난 인조인간의 이름을 이야기하면 그 사람과 주술을 건 사람 모두 녹아 없어진다고 한다.

회복

오추사마명왕법
烏枢沙摩明王法 (치료)

오추사마**명왕**법에 의한 **밀교**의 회복 **주법**이다. 이 명왕의 **진언**을 읊으면 병마가 사라지고, 역병을 퍼뜨리는 병마의 침입을 막을 수 있다.

→ 절연, 연 맺기 술식과 관련된 오추사마명왕법은 109쪽 참조

청면금강법 (치료)

청면금강에 의한 **밀교**의 회복 **주법**이다. 일식이나 월식 때 시행되는 주법인데, 오신五辛(향이 나는 채소. 특히 부추, 파, 락교, 생강)이나 고기, 술을 입에 대면 효과가 사라진다고 한다. 병마를 퇴치할 때

는 '바테이타 마카마카로 우코우코 라아 츄타테이 소와카'라는 주문을 여러 차례 읊는다.

→ 조복 술식으로서의 청면금강법은 31쪽 참조

군다리명왕 軍茶利明王

군다리명왕의 회복 **주법**이다. 영혼이나 사령 때문에 생긴 귓병은 군다리**명왕**의 **인**을 맺고 **진언**을 읊으면 **귀신**이 속박되고 병자는 입에서 피를 토한 뒤 회복한다고 한다.

→ 군다리명왕법의 탐사 술식은 105쪽 참조

수요비법 宿曜秘法

나라 시대의 **간뵤젠지**看病禪師, 유게노 **도쿄**弓削道鏡가 사용한 회복의 비술이다. 술의 상세한 내용은 밝혀진 바 없지만, 쇼토쿠(고켄) 덴노의 병을 고친 술로 알려져 있다.

병자 목욕탕 가지·해예법
病者沐浴湯加持·解穢法

물의 힘으로 부정을 정화하는 **밀교**의 회복 **주법**이다. 병자가 물에 들어가기 전에 행한다. **인**을 맺고 '람', '밤' 등 한 자 **진언**을 읊으며 물에 몸을 담그는 병자를 수호한다. '람'은 불, '밤'은 물을 뜻한다. 따라서 불로 물을 끓여 물속에 있는 부정함을 정화하고, 그 물로 몸을 깨끗하게 만든다. 이렇게 욕조에 몸을 담근 병자에

게 가지를 행한다. 병자뿐 아니라 이 술법의 사용자가 자신의 부정함을 정화하기 위해 실시하기도 한다.

학병법 瘧病法

역병, 특히 학질(말라리아)을 치료하기 위한 **밀교**의 **주법**이다. 오대**명왕**을 소환해 정수리, 왼쪽 어깨, 오른쪽 어깨, 목덜미, 등의 순서로 병자의 전신에 가지를 행해 치료한다.

칠불약사법 七佛藥師法

약사여래를 포함한 일곱 부처를 소환해 **가지 기도**를 행해서 병마를 소멸시키는 **밀교**의 회복 **주법**이다. 7일 밤낮 동안 병자를 위해 기도하고 일곱 부처의 상 앞에 일곱 개의 등불을 밝히고 경을 마흔아홉 번 읽는 등, 모든 의식에 7×7=49라는 개념이 등장한다. 이는 인연 수를 중복시켜 효과를 몇십 배로 끌어 올리려는 주문이기 때문이라고 한다.

십일면관음법 十一面觀音法

열한 개의 얼굴을 가진 십일면관음十一面觀音의 힘으로 병마를 봉인하는 **밀교**의 회복 **주법**이다. 십일면관음에게 기도하면 **고독**의 **저주**를 받지 않고 독약을 먹어도 죽지 않는다. 또, 병에 걸리지 않고 익사하지 않으며 불에 타 죽거나 횡사하지 않고 요절하지 않는 등 어떠한 병이나 재난에 의한 죽음도 피할 수 있다고 한다.

오체 가지 五體加持

몸이 병마에 잠식된 사람에게 행하는 **밀교**의 회복 **주법**이다. 오체란 몸을 구성하는 근육, 맥, 살, 뼈, 모피, 혹은 머리, 양팔, 양다리 등 전신을 가리킨다. 오체 가지를 올리는 순서는 다음과 같다. 일단 오체 가지용으로 특별한 **염주**를 만든다. 그리고 주문을 시전하며 병자의 머리부터 발끝까지 염주로 쓰다듬거나 때려 병을 치료한다.

오이 가지

오이를 이용한 **주술** 치료의 총칭이다. 홍법대사弘法大師 **구카이**가 중국에서 들여왔다고 하는 가지법이다. 오이에 **부동명왕**의 영력을 담아 기도하고, 자신의 몸을 오이로 쓰다듬며 **삿된 것**을 이동시키거나 그 오이를 강에 흘려보내거나 절에 묻으면 병이 낫는다고 한다. 역병이 유행하지 않도록 여름에 행해졌다. 지역에 따라 그 방법은 다양한데, 오늘날에도 **진언**종 계통의 절에서는 오이 가지를 올리고 있다고 한다. 오이를 사용하는 이유에는 사람과 마찬가지로 대부분이 수분으로 이뤄져 있다는 점, 썩기 쉽고 손에 넣기 쉽다는 점 등 다양한 설이 있다.

치질 주술 痔疾呪

오이 가지의 일종으로, 치질을 고치는 **주술** 치료다. 오이를 열두 개(윤년에는 열세 개)를 준비하고, 하얀 종이에 이름과 함께 '**갓파** 다이묘진이시여, 치질을 고쳐주소서'하는 내용을 쓴다. 그런 다음 오이와 종이를 자신의 집에서 남쪽에 있는 강에 흘려보내면 치질이 낫는다고 한다. '치질 주술과 관련된 이야기'는 에도 시대의 괴담집인 《미미부쿠로耳袋》에서도 찾아볼 수 있다. 갓파에게 치질을 고쳐달라고 기도하는 이유는 갓파가 사람의 엉덩이 구슬[1]을 훔치는 요괴라 항문과 인연이 깊다고 보기 때문인 듯하다.

경신신앙 庚申信仰

60일에 한 번 돌아오는 경신일에 밤을 새워 연명 장수와 역병 퇴치를 기원하는 신앙이다. 이날 잠을 자면 그 사람의 몸에서 **삼시**충三尸虫이 기어 나와 천상계의 사명신司命神에게 그 사람의 죄를 밀고한다. 그 고발 내용이 좋지 않으면 사명신이 수명을 줄여버린다고 믿었다. 중국의 **도교**에서 유래했으며, 일본에서는 헤이안 시대에 **음양도**의 일종으로 전해졌다.

경신 수야

아프지 않고 건강하기를 바라는 **주술**이

다. **삼시충**은 밤에 사람의 몸 안에서 빠져나온다. 그래서 경신일에는 삼시충이 사명신에게 보고하러 가지 못하도록 경신 신사 등에 모여 밤새 음식을 먹거나 하며 삼시충이 몸 밖으로 빠져나가지 못하게 했다. 에도 시대에 활발히 거행되던 행사였으나 메이지 시대에 접어들면서 쇠퇴했다.

삼시충 조복의 주문

음양오행에 따르면 경신일은 '금'의 기운에 해당하는 날이다. 따라서 금의 기운을 지닌 것을 멀리해 **삼시**충으로부터의 피해를 막고자 했다. 또한, 경신은 각각 '가노에庚'와 '사루申'라고도 읽는다. 그래서 원숭이[2] 장식물을 두면 삼시충을 조복시킬 수 있다는 주문도 있다.

참삼시구충도판보부법

斬三尸九虫桃板寶符法

경신일에 나타나는 **삼시**충을 몸 안에서 소멸시켜 난치병이나 단명을 피하는 **주술**이다. 우선, '도부'라 불리는 **복숭아 나무 부적**靈符을 세 개 만든다. 그런 다음 **주문**을 영창하고 부적을 모두 비단 주머니 안에 넣어 목에 걸고 돌아다닌다. 그러면 이 부적이 지닌 **주력**이 삼시충을 소멸시킨다고 한다. 삼시충은 세 마리이

---

1 항문에 있다고 여겨졌던 구슬로, 갓파가 이것을 빼서 항문을 통해 영혼을 먹는다고 여겨졌다.

2 원숭이는 일본어로 '사루'라고 읽는다.

므로 부적을 세 개 만든다.

쇼케라의 화 피하기

쇼케라는 경신날 밤에 빨리 자면 재앙을 불러온다고 여겨지는 요괴다. **경신 수야**에 없애는 **삼시**충이 그 기원이라 알려져 있다. 경신일에 '쇼케라와 와타토테마타카 와가야도에 네누조 네타카조 네타카조네누바[1]'라는 **주문**을 읊으면 쇼케라로부터 화를 면할 수 있다고 알려져 있다.

→ 오니 '쇼케라'에 대해서는 185쪽 참조

칠요성신별행법 七曜星辰別行法

밀교의 점성술인 **스쿠요도**宿曜道의 경전으로, 일행一行이라는 중국의 밀교승이 만들었다. 병마가 침입한 요일의 신, 성수星宿[2]에게 기도하면 회복된다고 적혀 있다.

주금도 呪禁道

체력을 회복시키는 **도교** 계통의 **주술**로, 전약료典藥寮에서 관장했다. 주금도에는 다음의 다섯 가지 **주법**이 있다.
① **우보**禹步, ② **존사**存思, ③ 장결掌決, ④ 수인手印, ⑤ 영목營目

아부라 소와카

민간에서 읊었다고 전해지는 역병 퇴치의 **주문**으로, 대일여래의 **진언**인 '(옴) **아비라 운 켄 소와카**'를 뜻한다. 에도 시대의 수필에 어떤 병도 고쳐주는 노파가 이 주문을 사용했다는 내용이 담겨 있다.

구멍이 뚫린 작은 냄비

민간에서 읊었다고 전해지는 역병 퇴치의 **주술**이다. **비사문천**의 **다라니**인 '아리 나리 노나리 아나로 나리 구나리阿梨那梨那阿那盧那履拘那履[3]'를 가리킨다. 에도 시대의 선서禪書에 따르면, 이 주술은 만병을 예방하기에 충분한 영검한 힘을 가지고 있으나, 이를 잘못 읊었을 때 올바른 주문을 배운 순간 그 효과가 사라졌다고 적혀 있다.

보리 세 되, 두 되, 다섯 되

大麦三升二升五升

민간에서 읊었다고 전해지는 역병 퇴치의 **주문**이다. 《금강경》의 주문인 '응무소주 이생기심應無所住 而生其心'이라는 설이 있다.

주술 치료

주문으로 치료하는 방법을 말한다. 민간

---

1 [번] 쇼케라가 아직 이 안에 있는가? 우리 집에서 자는가, 자지 않는가, 자려거든 자지 마라.
2 이십팔수의 스물다섯 번째 자리, 혹은 모든 별자리의 별들을 뜻한다.

3 법화경 다라니품에 나오는 진언이다. 비사문천왕이 법화경 법사와 법화경을 받아 지니는 이를 수호하기 위해 설했다고 한다.

에 널리 알려진 미신이나 구전 등에서 생겨났다. 실제로 효과가 있는지는 미지수다.

원숭이 발 매달기

역병을 쫓기 위한 **주술** 치료다. 원숭이를 가축의 수호신으로 여겨 가축 우리에 원숭이의 두개골이나 손발, 얼굴 등을 매달아 놓는다.

소 우牛 사로 종기 먹기

주술 치료 중 하나다. 환부에 '소 우牛' 자를 쓰고 '우시우시구사쿳테쿠레구사쿳테쿠레[4], **아비라 운 켄 소와카**'라고 외치면 피부병이 낫는다고 한다. 풀 초草 자와 부스럼 창瘡 자(피부병의 총칭)는 발음이 같고[5] 소는 풀을 먹는다는 점에서 생겨난 **주문**이다. 주문에는 언어유희적 요소가 적용된 것이 많은데, '말에는 주력이 깃들어 있다'라는 **언령** 신앙이 있었기 때문이다.

낫으로 종기 베기

낫으로 종기를 베는 시늉을 하는 **주술** 치료다. 풀 초草 자와 부스럼 창瘡 자(피부 질환의 총칭)의 발음이 같다는 점에서 '풀(=종기)을 벤다'라는 **언령** 신앙을

바탕으로 생겨났다.

새끼 고양이의 똥을 태워 탈모 막기

옛날에는 오니가 머리카락을 핥기 때문에 빠진다고 믿었다. 그래서 탈모는 귀지두鬼舐頭라고도 불렀다. **주술** 치료에서는 새끼 고양이의 똥을 태워 음력 12월에 돼지기름에 섞어 머리에 바르면 낫는다고 여겼다.

붓순나무의 이슬로 눈병 치료하기

안구 질환을 치료하는 **주술** 치료다. 묘지에 있는 물속으로 떨어져 썩은 붓순나무(**망초**莽草. 신불 앞에 놓이는 법사용 나무)에 맺힌 이슬로 눈을 씻으면 눈병이 낫는다고 한다. 옛날에는 붓순나무에 **주력**이 깃들어있다고 믿었는데, 뱃멀미나 멍 등의 주술 치료에도 사용되었다.

가래를 없애는 묘약

비석을 깎아 만든 가루를 마시면 가래가 사라진다고 하는 **주술** 치료다. 왜 효과가 있는지는 알려져 있지 않다.

밀짚 다발로 때려 사마귀 떼기

사마귀를 떼기 위한 **주술** 치료다. 밀짚 다발로 사마귀를 때린 뒤 그 밀짚을 강가의 습지에 묻으면 사마귀가 떨어진다

---

4   [번] 소야, 소야, 풀을 먹으렴, 풀을 먹으렴.
5   일본어로 풀 초(草) 자와 부스럼 창(瘡) 자의 발음은 구사(くさ)로 동일하다.

주술의 기본 용어

공격의 술식

회복·순결·보조의 술식

특수 능력·예지·예언의 술식

술사·이능력자·이능력의 관계

주구·무기·부적

이계·경계·금기의 영역

세계·이야기

고 하는데, 이유는 밝혀진 바 없다.

인형 침법 人形鍼法

멀리 떨어진 사람도 **인형**에 침을 꽂아
복통을 낫게 하는 **주술** 치료다. 종이에
인형을 그리고 흉근 밑 우묵한 곳 아래
에 네 개, 양 겨드랑이에 두 개의 검은 점
을 그린다. 그리고 남성은 위에서 왼쪽,
아래, 오른쪽, 중앙의 순으로, 여성은 중
앙에서 오른쪽, 아래, 왼쪽, 위의 순으로
침을 놓는다. 일반 인형 대신 **밀짚 인형**
을 사용하기도 한다.

음침법 陰鍼法

인형 침법의 일종이다. 남성은 왼발, 여
성은 오른발 모양을 본떠 그린 뒤 그 그
림에 열 십十 자 형태로 검은 점을 그린
다. '신이 침을 놓으면 병이 즉시 나으리'
라는 주문을 세 번 읊으며 점을 그린 곳에
침을 놓는다. 그리고 침을 꽂은 채로 바다
에 흘려보내면 복통 등이 낫는다고 한다.

병마 봉박 病魔封縛

역병 쫓기의 **주술** 치료에 사용된 **밀짚 인
형**의 몸이나 손발을 오색실로 묶는 **주법**
이다. 실에는 병마를 봉인하는 효과가,
오색에는 병마를 겁주는 효과가 있다고
한다. 이렇게 병마가 옮아간 밀짚 인형은
이중 나무 상자에 봉인했다.

저주제 呪詛祭

저주를 없애는 **음양도**의 제사다. 병마에
좀먹는 사람은 누군가의 저주를 받은 거
라 믿었다. 그래서 **음양사**는 인형에 저주
를 옮겨 강물에 흘려보내는 의식을 거행
했다. 이를 통해 병이 나을 것이라고 믿
었다.

초혼제 招魂祭

체력을 회복시키고 건강을 기원하는 **음
양도**의 의식이다. **음양사**가 활약했던 헤
이안 시대는 의식을 잃고 쓰러지면 육체
에서 혼이 빠져나가기 직전인 상태라고
여겼다. 그래서 초혼제의 의식으로 혼을
불러들이면 되살아난다고 믿었다. 참고
로, 중국 **도교**의 초혼술은 죽은 이의 혼
을 다시 불러오는 소생술이지만, 당시 일
본에서는 죽은 자에게 시전할 수 없는
금지된 술법이었다고 한다.

심경비건인명 心經秘鍵印明

홍법 대사 **구카이**가 거행한 역병을 봉
인하는 **밀교**의 **주법**이다. 구카이는 황금
옷을 입고 오른손에 검을, 왼손에 염주를
들고서 기도했다고 전해진다.

병자가지법 病者加持作法

밀교의 **가지 기도**에 의한 **주술** 치료로,
부동명왕의 힘으로 병마를 태워 정화해
병을 고친다.

후지코 富士講

후지산의 동굴에서 수행했다고 알려진 센고쿠 시대의 수행자인 **가쿠교**角行가 창시한 단체로, 후지산을 숭배하며 후지산 등배登拜가 목적이다. **가지 기도**를 올리면 병이 낫는다고 믿었다. 에도 시대에 유행했으며, 에도와 주변 농촌 지역에서 세력을 떨쳤다. 이 무렵에는 산에 오르기 어려운 사람들도 쉽게 참배할 수 있는 '후지즈카富士塚'도 각지에 생겨났다.

정화 가지

병마를 퇴치해주는 **밀교**의 **주법**이다. 마음에 **귀신 귀**鬼 자를 새기면서 정화지(마모리가미)로 병자의 온몸을 닦는다. 사기가 씻겨나가 건강을 되찾을 수 있다고 한다.

역병 가지 疫病加持

밀교의 비전이 더해진 **신토류**의 주술 치료다. **십종신보**를 하나씩 읊으며 숨을 불어넣고(**이취법**伊吹法) **주문**을 외친 뒤 눈을 크게 뜨고 환자를 노려보는(**벽사법**辟邪法) 등의 제사를 올린다.

벽사법 辟邪法

밀교의 역병 쫓기 **주법**이다. '금강안金剛眼'이라 불리는 화가 난 시선으로 병자를 오른쪽, 왼쪽, 위, 아래의 순서대로 노려본다. 금강 야차 **명왕**이 바라본 것처럼

역병이 무서워한다.

토공제 土公祭 (회복)

음양도에서는 땅의 신이 화가 났기 때문에 건강이 나빠진다고 생각했다. 그럴 때는 땅의 신을 달래는 의식을 거행해 체력을 회복하고자 했다.

→ 집을 지키는 술인 '토공제'에 대한 자세한 내용은 93쪽 참조

봉인물

악령 봉인의 술이다. 대나무나 통에 병의 원인인 역마를 봉인해 건강하고 무탈하기를 빈다.

→ '봉인물'은 42쪽 참조

3년 봉인

봉인물의 일종으로 역마를 봉인하는 술이다. 병을 봉인하는 밀문이 적힌 종이로 병자의 이름과 병명이 적힌 위패內符를 감싼 뒤 구자, 별의 문양을 그린다. 그 후네 군데에 구멍을 뚫고 **미즈히키**水引[1]를 통과시켜 묶는다. 이를 죽통에 넣고 볶은 콩으로 채운 뒤 병자의 숨을 불어 넣은 다음 소금을 넣는다. 마지막으로 죽통 입구에 종이를 씌워 실로 묶고 땅에 묻는다. 이때, '이 볶은 콩에서 꽃이 필 때까

---

1   일본 고유의 색실로 만든 매듭으로 선물이나 세뱃돈 등이 담긴 봉투를 묶을 때 사용한다. 경사와 조사에 조사에 따라 매듭을 만드는 가닥수가 다르다.

주술의 기본 용어

공격의 술식

회복·소생 보조의 술식

특수 능력·예지 예언의 술식

술사·이능력자 이형의 생물체

주구·무기·부적

이계·결계 금기의 영역

시작·이야기

지 봉인을 풀지 않겠다'라는 노래를 부른다. 그러면 3년 동안은 병을 봉인할 수 있다고 한다.

오이 봉인

봉인물의 일종으로 병마를 봉인하는 술이다. 오이에 병자의 이름과 병명, 나이를 적고 가지를 올린 뒤 땅에 묻는다. 오이가 썩으면 병이 낫는다고 한다.

상처 치료

화상 치료의 주문

화상을 치료하는 술이다. '사루사와 호수에 계시는 커다란 뱀이시여, 이 물을 바치니 붓지 않고 아프지 않고 흔적이 생기지 않게 해주소서'라고 외치며 환부에 물을 끼얹고 **'옴 아비라 운 켄 소와카'**라고 기도한 뒤 세 번 숨을 불어 넣는다. 사루자와 호수는 나라시 고후쿠지의 옆에 있다.

목에 걸린 가시를 빼는 주문

주술 치료 중 하나다. 목에 가시가 걸렸다면 '천축의 용들도 건너가는 가마우지의 목구멍이니 잉어의 넓적뼈야, 어서 넘어가거라, **옴 아비라 운 켄 소와카**'라고 외치면 된다고 한다. 가마우지가 먹이를 삼키거나 토해내는 모습에서 생겨난 **주**문이라고 한다.

아부라 켄 소와카

군마현에 전해 내려오는 목에 걸린 가시를 뺄 때 외치는 **주문**으로, **주술** 치료 중 하나다.

여시상배 如是相盃

목에 걸린 가시를 빼는 **주술** 치료로, 에도 시대 말기의 수필에서 찾아볼 수 있다. 잔에 먹으로 '여시상如是相'이라고 쓴 뒤, 글자가 뒤집히지 않게 인을 찍어 올바른 방향을 표시한다. 이 잔에 물을 따른 뒤 문자의 획을 타고 흐른 물을 마시면 가시가 빠진다고 한다.

지친푸이푸이

'어질고 현명하며 용맹하다智仁武勇'의 발음에서 유래한 **주문**이다. 아픈 어린아이의 몸을 쓰다듬으면서 이 주문을 외치면 통증이나 상처가 사라진다. '지, 인, 무용은 임금이 세상을 잘 다스리기 위한 보물'이라는 뜻이기도 하다.

짜증 벌레의 봉인

큰 소리로 우는 아이를 달래는 술이다. 아이들은 몸속에 있는 짜증 벌레 때문에 떼를 쓴다고 한다. 그래서 이 벌레를 꺼내는 의식을 거행하면 아이의 손가락 끝에서 꿈틀거리는 가느다란 것이 빠져나오며 조용해진다고 한다.

영혼 잇기

묶기

영혼을 잇기 위한 **주술**적 행위다. 궁중 **진혼제**에서는 진기하쿠神祇伯(율령제에서 장관에 해당)가 진혼을 위해 '다마바코魂筥'에 담아둔 두 장의 무명을 묶었다고 한다. 또한, 아메노카즈우타를 열 번 부르는데, 그때마다 나카토미노타마中臣玉을 꿰는 비법도 있었다고 한다.

영혼 묶기

육체로부터 영혼이 떠나지 못하게 하는 **주법**이다. 실이나 끈을 묶어 매듭을 만들거나 옷의 일부를 실로 묶는 것 등을 가리킨다. '매듭玉'과 영혼魂'은 발음이 같이 매듭으로 영혼을 묶을 수 있다고 여겼다.

코 묶기 주법

'재채기하면 영혼이 빠져나가 죽는다'라는 미신을 피하고자, 실로 매듭을 만들어 영혼을 묶는 **주법**이다.

몸 고정법

몸에서 빠져나가려는 영혼을 육체에 머무르게 하기 위한 **음양도**의 술이다. 저주를 받아 목숨이 위험한 사람의 영혼을 지키려는 **저주 반환**의 일종이다. **음양사**가 영혼이 빠져나가기 직전인 사람의 몸을 끌어안거나 눈앞에서 **구자절법** 등을 거행하면 몸 안에 결계가 펼쳐지며 영혼이 빠져나가는 걸 막아준다.

─몸 고정법을 이용한 '아베노 세이메이의 저주 반환'에 대한 내용은 140쪽 참조

연명법 초혼법 延命法招魂法

빠져나간 영혼을 육체에 머물게 해 현세로 되돌리려는 **밀교**의 **주법**이다. 소생시키고자 하는 사람의 옷으로 **가지 기도**를 올린 뒤 마지막에 그 주인에게 입힌다. 그 옷에 형성된 **결계**가 영혼이 육체를 빠져나가려는 것을 막아준다고 한다.

거식환래법 去識還來法

연명법 초혼법의 다른 이름이다. 불교에서는 '알 식識' 자를 영혼으로 인식했는데, 육체로부터 빠져나간 상태는 '거식去識', 즉 '죽음'이라고 봤다.

북두법 北斗法

북두칠성에 연명을 비는 **성공星供**의 일종이다. **밀교**, **도교**, **음양도**가 한데 섞인 독자적인 **주법**으로, 북두칠성을 향해 7일간 기도를 올리면 수명 장부를 수정해 원래 수명보다 더 오래 살게 해준다고 한다. 이를 가리켜 '사적死籍을 삭제하고

생적生籍을 첨부한다'라고 한다.

능연육월법 能延六月法

밀교의 최고 밀법이라 여겨지는 연장 **주법**이다. 이를 거행하면 빈사 상태에 빠진 사람도 일시적으로 목숨을 연장할 수 있다. 단, 목숨을 늘릴 수 있는 기간은 6개월뿐이라고 한다.

보현연명법 普賢延命法

보현보살에게 비는 **밀교**의 연명 **주법**이다. 이 주법을 시전하면 단명할 운명도 오래 살 수 있다고 한다. 고대 인도의 항삼세**명왕**은 제천선신을 조복할 때, 가장 크게 저항했던 대자재천大自在天을 살해했다. 훗날 자비를 베풀어 대자재천을 소생시킨 술법이 바로 이 보현연명법이었다는 전설이 있다.

속명법 續命法

약사여래에게 기도하는 **밀교**의 연명 주법이다. 수명을 늘릴 수 있으며 **염매**와 **고독**에 의한 **저주**, 횡사도 피할 수 있다. '속명續命'이란, 진즉에 끝났을 수명이 계속 이어진다는 뜻이다.

진혼제 鎭魂祭

십종신보를 사용한 **신토**의 **주술**적 제사다. 긴급한 상황에서 빈사 상태에 빠진 사람에게 거행되는 연명 **주법**이다.

불사

언령연명법 言靈延命法

집중해서 외우면 수명을 오래 늘릴 수 있을 뿐 아니라 빈사 상태도 잠시나마 목숨을 늘릴 수 있다는 강력한 비주다. '다마노오오 ^{たまのをを} 무스비카타메테 ^{むすびかためて} 요로즈요 ^{よろづよ} 모 ^も 미무스비노카미 ^{みむすびのかみ} 미타마후유라시 ^{みたまふゆらし}'라고 외친다.

주엔쿄 사경 壽延經寫經

《주엔쿄壽延經》은 **밀교**와 **도교**가 융합한 독자적인 경전이다. 도아마리나나요노카미十七(世)神에게 기도를 올리며 백 가닥의 노란 실을 엮는 연수법延壽法이 적힌 경문을 베끼면 연명 **주술**이 발동한다. 열다섯 살이 안 된 아동에게 효과가 있는《도지쿄童子經》도 있다.

도지쿄 사경 童子經寫經

《도지쿄》은 열다섯 살이 안 된 아이에게 빙의되는 열다섯 마리의 **귀신**을 떼어내기 위한 **다라니**가 적힌 경문이다. 귀신의 이름을 읊으며 실로 묶은 연수법이 적혀 있는데, 이를 베껴 쓰면 열다섯 마리의 오니를 퇴치하고 무사히 열다섯 살이 되는 해를 맞이할 수 있다고 한다.

---

1   [번] 영혼의 끈을 단단히 묶어 끝없이 계속되는 세상에, 다카미무스비여, 영혼을 씻어주소서.

식장법 息長法

신토식 호흡법으로, 습득하면 장생할 수 있다고 한다. **다케노우치노 스쿠네**武內宿禰는 이 식장법을 익혀 삼백 살 넘게 살았다고 한다.

외단법 外丹法

도교의 술이다. 도교에서는 불로장생할 수 있는 약을 **단약**이라고 하는데, 이를 만들어 내고자 했다. 사람의 몸 안에서 단약을 만들이 내는 **내단법**과 달리 외단법은 바깥세상인 자연에서 단약을 만들고자 했다.

연단술 練丹術·煉丹術

외단법의 사상을 기반으로 불로장생의 **선인**이 되기 위한 **단약**을 만드는 **도교**의 비술이다. 단사丹砂, 혹은 진사辰砂라 불리는 광물을 연마해 **금단**金丹과 같은 영약을 만든다. 이 광물들은 수은이나 비소로 이뤄져 있기 때문에 완성된 단약을 마시고 죽은 자도 많았다고 전해진다. 단약의 종류에는 복단伏丹, 단화丹華 등이 있다.

속성공 屬星供

밀교에 전해 내려오는 별자리 읽기의 연명 **주법**이다. 그 해, 그 사람에게 돌아오는 '**구요**九曜'에게 공양하면 재액을 없애고 장수할 수 있다고 여겼다.

본명제 本命祭

연명과 행복을 기원하고, 본명성本命星을 모시는 **음양도**의 제사다. 본명本命이란, 생년월일을 바탕으로 나누는 특별한 간지를 말한다. **음양사**는 천조天曹, 지부地府, 사명司命, 사록司禄, 하백수관河伯水官, 장적掌籍, 장산掌算의 신 등을 불러 의식을 거행했다. 헤이안 시대에는 주로 덴노나 귀족을 위해 거행되었다고 한다.

천조지부제 天曹地府祭

11세기경에 시작된 **음양사**의 제사로, **태산부군제**가 변형된 것이다. 한 세대에 한 번, 덴노가 황위를 계승할 때에만 거행되었다. 덴노가와 관련된 온갖 재액을 씻어 내고 장수와 쾌유를 기원했다. 에도 시대까지 거행되었다고 한다.

육도명관제 六道冥官祭

천조지부제를 가리키는 말이다.

관련어 천관지부제天官地府祭

심신의 단련

즉신불 卽身佛

산채로 미라 상태가 되어 부처가 되는 것이다. 현세에서 고통받는 사람들을 구하기 위해 자신의 목숨을 바쳐 즉신불이 되었다.

십계 수행 十界修行

슈겐도의 수행 형식으로, 무로마치 시대에 확립되었다. 수행을 통한 즉신성불即身成佛이 목적이다. 수행의 종류에는 지옥(상견), 아귀(참회), 축생(업칭), 아수라(수단), 인간(알가), 천상계(상박), 성문(연년), 연각(소목), 보살(곡단), 불계(정권정)가 있다.

이와야고모리 窟ごもり

슈겐자가 산속 바위 뒤나 동굴에서 수행하는 것을 가리킨다.

폭포 수행 滝行

슈겐자가 폭포수를 맞으며 번뇌와 고뇌를 씻어내려는 수행이다.

관련어 수행水行

단식 斷食

모든 음식, 혹은 특정 음식을 먹지 않는 수행이다.

산림두수 山林抖擻

슈겐자의 수행 중 하나다. 산을 오르거나 산에서 잠을 자는 등 험난한 대자연 속에서 마음을 정화하는 수행이다.

순례

오미네산에서 행해지는 **산림두수** 수행이다. 총 길이는 약 180km 정도이며, 산

속에 있는 배소拜所[1]를 찾아다닌다.

목식 木食

오곡을 끊고 나무 열매나 풀만 먹는 **슈겐자**의 수행법이다.

토중입정 土中入定

즉신불이 되기 위해 산 채로 땅속으로 들어가는 **슈겐자**의 수행법이다.

사신 捨身

공양, 구제를 위해 자신의 몸을 바치는 **슈겐자**의 수행법이다.

아키노미네 秋の峰

하구라산에서 하는 **슈겐도**의 수행이다. 실내에서 8일 동안 고추를 태워 그 연기로 자욱하게 하는 '난반 이부시南蛮いぶし'부터 **단식**, **호마** 등 다양한 수행과 의식을 치른다.

법력 겨루기

슈겐자끼리 수행으로 얻은 **법력**을 겨루는 일이다.

칼날 타기

법력 겨루기 중 하나다. 칼날 위를 걷거나 칼날로 만든 사다리를 올라간다.

---

1   신에게 기도하는 곳을 말한다.

불 밟기
법력 겨루기 중 하나다. **호마** 의식을 치른 뒤 불씨 위를 걷는다.

개구리 뛰기
요시노산에서 하는 **법력 겨루기**다. 오늘날에는 개구리로 변했던 남자가 **법력**을 이용해 다시 사람으로 변했다는 전설을 재현하는 의식이 거행되고 있다.

대나무 베기
구라마산에서 거행되는 **법력 겨루기**다. **법사**가 2인 1조가 되어 4m짜리 대나무를 베는 속도를 겨룬다. 이때, 이 대나무를 큰 뱀으로 여겨 베는 속도에 따라 한 해의 농사를 점친다.

사경 寫經
불교 경전을 베껴 적는 일을 말한다. 주로 《**반야심경**》을 옮겨 적으며, 수행이나 소원 성취의 목적이 있다.

명상법 冥想法
눈을 감고 정신을 집중시키는 **도교**의 술법이다. 음양이 뒤섞여 있는 몸속 **기운**을 전부 양의 기운으로 바꾼다. 이를 습득하면 **선인**이 될 수 있다고 한다. **태식법**과 병행하는 일이 많다.

존사 存思
도교의 **명상법** 중 하나다. 사람의 몸에 신이 강림한다고 믿었으며, 정신을 집중해 신이 강림한 부위를 관찰한다. 심장에는 주작, 쓸개에는 현무, 폐에는 백호, 간에는 청룡, 비장에는 봉황이 강림한다고 여긴다.

수일 守一
도교의 **명상법** 중 하나다. '하나를 지킨다(보전한다)'라는 의미인데, 여기서 하나란 상단전(머리에 있는 **단전**)에 있는 태일신太一神(태을신太乙神)을 가리킨다. 존사 명상을 통해 태일신과 하나가 되는 것을 목적으로 한다.

아자관 阿字觀
밀교의 **명상법** 중 하나다. 마음속으로 아자阿字의 **범자**를 떠올리며 집중한다.

벽곡 辟穀
선인이 되기 위한 첫걸음으로 여겨지는 **도교**의 수행법이다. 쌀, 수수, 보리, 좁쌀, 콩 등 다섯 가지 곡물을 피하고 버섯이나 잣, 약초 등 야생의 음식물만 섭취하는 일이다. 몸속을 갉아먹는 **삼시**를 없애고 심신의 정화 상태를 유지하는 효과가 있다고 한다.

주술의 기본 용어

음양의 술식

일본 수행 불교의 호마

특수 능력 액제 예언의 술식

승사·이승법제 이형의 생물체

주구·무기·부적

이계·결계 금기의 언어

색다른 이야기

채등호마 採燈護摩

슈겐도의 수행 중 하나다. 원래는 야외에서 잡목(작은 나뭇가지)을 태워 호마를 거행했는데, 시간이 흘러 통나무로 **호마단**을 만들고 여러 사람이 참여하는 방식으로 바뀌었다. 사당과 같은 실내에서 하던 호마 의식은 내호마內護摩, 채등호마와 같이 야외에서 하는 것은 외호마外護摩라 부르기도 한다.

관련어 지등호마芝燈護摩

야마부시 문답

채등호마를 하기 전에 **슈겐자**가 거행한다. 슈겐자로서 응당 갖춰야 할 지식에 대한 질문을 받고 대답해야 한다.

법궁법 法弓法

채등호마를 하기 전에 **슈겐자**가 거행한다. 사방, 중앙, **귀문**鬼門을 향해 화살을 쏘고, 오대 용왕을 소환해 보호를 받는다.

알가법 閼伽法

채등호마를 하기 전에 **슈겐자**가 거행한다. '알가閼伽'는 범어로 '물'이라는 뜻이다. **주문**을 외우고 통에 담긴 물을 헌상한다.

법라법 法螺法

채등호마를 하기 전 마지막 의식으로, **법라**法螺를 부는 일을 말한다.

천개호마 天蓋護摩

신통력을 행사하기 위해 실내에서 거행하는 **호마** 의식이다. 종이 천개天蓋에 용신의 **영부**를 넣어 **호마단** 위에 매단다. 호마 의식을 거행할 때는 피어오르는 불꽃에 천개가 타지 않도록 조심한다.

소리 호마

호마의 일종이다. 뜨거운 물이 담긴 가마 위에 시루(찜통)를 올려두고 찹쌀을 넣는다. 찹쌀이 익으면서 생기는 수증기나 김 빠지는 소리가 사기를 쫓는다고 한다.

호흡

닌자의 호흡법이다. 호흡을 통해 몸 안에 **기**를 채워 체력과 기력을 끌어올린다. 자세를 똑바로 취하고 코로 향에서 피어나는 연기를 마시듯 숨을 가늘게 들이마셔 배에 저장한다. 숨을 내뱉을 때도 코로 천천히 내뱉는다. 이 호흡법이 익숙해지면 몸을 움직인 직후에 호흡한다. 수행을 거듭하면 숨소리를 없앨 수 있는 무식인無息忍도 익힐 수 있다.

→ 삿된 것을 없애는 '호흡'은 50쪽 참조

이중 호흡

닌자의 호흡법이자 **호흡**의 응용편이다. 들이마시기, 뱉기, 뱉기, 들이마시기, 뱉기, 들이마시기, 들이마시기, 뱉기의 순서로 조용히 길게 호흡하면서 기를 가다

듣는다. 익숙해지면 달리거나 뛰어오르면서도 이중 호흡을 할 수 있게 된다.

신족법 神足法
닌자 수행 중 하나다. 잠행의 주법이나 보법, 발소리를 죽이는 무족인無足忍 등을 터득하기 위한 수행이다.

관련어 심초토보深草兎步, 까치발 걷기 등

비신행 飛神行
닌자 수행 중 하나다. **은형술**隱形術이나 **둔주술**遁走術에 필요한 가벼운 몸놀림을 익히기 위한 수행이다. 다리의 힘이나 도약력, 완력, 손가락 힘을 기를 수 있다.

덴구승 天狗昇
비신행의 일종이다. 무릎을 쭉 펴고 겨우 들어갈 수 있을 정도로 구멍을 좁게 파서 그 안으로 들어간다. 전신에 **기**를 채운 뒤, 덴구처럼 단숨에 도약해 구멍을 빠져나온다.

덴구 도약
비신행의 일종이다. 마나 해바라기를 심고 이를 매일 뛰어넘으면 도약력을 기를 수 있다.

축지 縮地
비신행의 일종이다. 벽에 널빤지를 비스듬히 걸쳐 세운 뒤, 전속력으로 뛰어 올라가는 수행법이다. 널빤지의 기울기가 점차 가팔라진다.

경신 輕身
비신행의 일종이다. 물을 담은 술통 가장자리에 서서 떨어지지 않도록 자유자재로 이동하는 수행이다. 물의 양은 조금씩 줄여나간다.

금강행 金剛行
강인한 육체를 만들기 위한 **닌자**의 수행이다.

뼈 단련
금강행의 일종이다. 뼈를 단련해 불의의 타격에도 견딜 수 있도록 대나무나 나무 몽둥이 등으로 자신의 몸을 직접 때리는 수행이다.

호랑이 발톱
금강행의 일종이다. 호랑이와 같이 강한 손톱을 가지기 위해 손끝을 모래나 자갈에 내리꽂거나 손끝으로 물구나무서기를 하기도 하거나 손가락으로 나무에 매달린다.

명안지법 明眼之法
닌자 수행 중 하나다. 어둠 속에서 눈을 깜빡이지 않고 등불을 주시하는 등의 수행을 통해 시력을 끌어올려 캄캄한 밤에도 행동할 수 있게 한다.

작은 소리 듣기

닌자 수행 중 하나다. 널빤지나 돌에 바늘이 떨어지는 소리를 듣거나, 몇 개가 떨어졌는지 세는 등의 수행으로 청력을 단련시킨다.

병마 방지

귀기제 鬼氣祭

병마를 제거하기 위해 **음양사**가 거행하는 제사다. 아픈 사람이 사는 집의 대문에서 행해졌다. 역병이 유행했을 때는 궁궐의 정문인 라조몬羅城門이나 남쪽에 있는 겐레이몬建礼門에서 거행되었다고 한다.

사각사계제 四角四堺祭

수도 전체에 역병이 퍼지는 걸 막기 위해 거행된 **음양도**의 **결계**술이다. 집의 네 귀퉁이나 나라의 네 지점에서 의식이 진행된다. **헤이안쿄**平安京[1]에서는 궁궐의 네 귀퉁이와 수도의 **경계선**이 맞닿는 네 곳에서 시행되었다고 한다. 의식을 위한 검과 인형을 준비한 뒤 **음양사**가 **도교** 계통의 신들을 부른다. 그리고 '동쪽

으로는 부상扶桑, 서쪽으로는 우연虞淵, 남쪽으로는 염광炎光, 북으로는 약수弱水에 다다르리라. 천성백국千城百国, 정치만세精治萬歲, 만만세萬萬歲'라는 **제문**을 읊는다.

관련어 사각사경제四角四境祭

그림 걸기

근세에 등장한 역병 쫓기 **주법**이다. **아마비에**, **구단**, **구다베**, 진자히메 등 **예언수**豫言獸의 그림을 베껴 걸어 놓거나 몸에 지니고 있으면 역병을 피할 수 있다고 한다.

→ 예언수에 대해서는 188쪽 참조

뿔 대사 角大師의 호부 걸기

귀신이 그려진 **호부**로, 집의 입구 등에 붙여 두면 역병에 효능이 있다고 한다. 원삼대사元三大師 **료겐**良源은 헤이안 시대의 승려다. 항복의 힘이 뛰어났다고 하는데, 스스로 **오니**가 되어 병마를 물리쳤다는 전설이 내려온다. 오니로 변한 료겐을 **뿔 대사**角大師라고 불렀는데, 병마가 들러붙지 않도록 그 모습을 제자에게 그리게 해 호마로 만들었다.

---

1   도쿄 이전의 수도(794년~1869년)로, 지금의 교토시를 가리킨다.

병마 간파

육삼 六三(육산 六算) 쫓기

몸이 아픈 원인을 알아내는 **주법**이다. 발병한 나이(세는 나이)를 9로 나눴을 때 딱 맞아떨어지면 머리, 나누어떨어지지 않으면 나머지에 해당하는 부분이 병의 원인이라 보는 **주술**적 계산식이다.

지생사법 知生死法

사람의 생사를 판별하는 **밀교**의 주법이다. 사용하는 방식이나 행동을 보고 판단한다.

기가지 寄加持·역병 가지 疫病加持

병마를 막고 없애는 **주법**으로, 슈겐도 등에 전해 내려온다. **요리마시**에 악귀를 **빙의**시켜서 조복하는 **아미사법**과 그 방법이 비슷하지만, 기가지寄加持는 요리마시에 악귀를 빙의시킨 뒤 **영부**의 **주력**으로 퇴치해 병을 고친다.

방어력 향상

개의 아이

아이의 성장을 기원하는 주문이다. 아이의 이마에 '개 견犬' 자를 쓰는데, 이 글자는 마귀 쫓기의 효과가 있다고 하는 ×

모양의 인을 변형(×**인 쓰기**)한 것이다.

이산법 易産法

순산 기원의 주법으로 '샤리슈라하다기리샤라아 소와카'라는 **주문**을 천 번 읊으면 아이를 순산한다고 한다. 에도 시대는 영유아의 사망률이 높았고, 아이를 낳는 일 자체가 목숨을 걸어야 할 정도로 위험했으므로 이와 관련된 **주술**과 **주문**이 많았다.

변성 남자법 變成男子法

임신 3개월 이내에 시행하면 아들을 낳게 해 주는 **주법**이다. 특수한 부적을 지니고 다니거나 마시면서 기원하면 뱃속의 아이가 남자아이로 변한다고 한다.

열기

문이나 창문, 냄비 뚜껑과 같이 집 안에 닫혀 있는 것을 연다. 순산을 기원하는 **주문**으로 문을 여는 행위는 출산길을 여는 의미로 해석된다.

영혼 진정

진혼 鎭魂

영혼을 진정시키고 평정하는 일이다. 영혼에 활력을 불어넣어 재생시키는 '**영혼 깨우기**'의 의미도 있다. 영혼을 진정시키고 달래는 행사도 포함된다.

귀신 歸神

사람에게 신이 빙의되는 일이다. **요리시로** 옆에 **사니와**審神者가 대기하고 있다가 **빙의**한 신의 정체를 파악한다고 한다.

관련어 접신

진혼 귀신 鎭魂歸神

신토의 궁극의 **주법**이다. 영혼을 진정시켜 몸 안에 가두고(**진혼**) 신령을 강림시켜(**귀신**) 신과 하나가 되는 일이다.

일령 사혼 一靈四魂

신과 사람에게는 니기미타마和魂, 아라미타마荒魂, 구시미타마奇魂, 사키미타마幸魂, 이렇게 네 가지의 혼과 이를 관장하는 나오히直靈라는 하나의 영이 깃들어있다는 **신토**의 개념이다.

어령신앙 御靈信仰

억울하게 죽은 사람이 **원령**이 되어 재앙을 일으킨다는 개념이다. 원령을 진정시키기 위해 신에게 제사를 지낸다.

단말마 인언 斷末魔印言

단말마斷末魔로부터 도망치기 위한 불교의 **주문**이다. 말마末魔란 '급소'를 가리키는 말이다. 불교에서는 죽음을 맞이하면 뼈와 살, 피부가 찢어지고 급소가 끊어져 나가는 엄청난 고통을 느낀다고 여겼다. '단말마'는 이와 같은 죽음의 순간에 느끼는 고통을 표현한 단어로, '말마를 끊는다'라는 뜻이다. 그러나, **부동명왕**의 힘을 빌리면 고통에서 벗어나 왕생할 수 있다고 한다.

병자를 조속히 성불시키는 비법

병이 나을 기미가 없이 괴로워하는 사람을 왕생시키는 불교의 밀술이다. **주술**적인 힘을 가진 경전인《반야이취분般若理趣分》을 독송하면 성불할 수 있다고 한다.

관정 灌頂

아이를 낳다가 죽은 여성을 공양하고 성불시키는 주법이다. 솔도파窣塔婆에 물을 끼얹는다.

잿밥 올리기

쓰야通夜[1] 때 하는 풍습으로, 죽은 사람을 위해 마련된 마지막 식사다. 한 홉의 밥을 짓고 그릇에 봉긋하게 담아 젓가락을 수직으로 꽂는다. 이때 사용한 그릇은 망자가 이승에 미련을 두지 않도록 출관식 때 깨뜨린다.

임종 작법·성불 작법

빈사 상태에 빠진 사람을 편안하게 왕생

---

1   일본에서 장례식 전 유족과 지인이 고인을 지키며 밤을 지새우는 의식을 말한다.

시키는 불교의 **주법**이다. **인**을 맺고 '옴 로케이 진바라 아란자 키리크'하고 세 번 외친다.

역수 주법 逆修呪法
살아생전에 본인의 추도 공양을 하는 것을 '역수逆修'라고 한다. 이 **주법**은 살아 있을 때 자신의 명복을 비는 것이다.

어좌 御座
장례식이 끝난 뒤 7일 이내에 죽은 자를 **공수**해 대화를 나누며 성불로 이끄는 술이다. 이를 행하지 않으면 죽은 자는 황천에 들어갈 수 없다고 한다. 가쿠레넨부쓰(금지 명령을 어기고 몰래 신앙을 이어가는 신자)로부터 파생된 밀교 결사단체인 가야카베교나 단나돈교의 **주법**이다.

영혼 인도

예부 만다라 曳覆曼荼羅
진언이 적힌 얇은 천을 망자에게 입혀 왕생을 비는 불교의 **주법**이다. 예부曳覆란 경유의經帷衣[2]를 가리키는데, 경문이나 **다라니**를 유해, 또는 옷에 적어두면 왕생할 수 있다고 믿었다.

2   경문이 적힌 옷으로, 죽은 이에게 입힌다.

염불 念佛
불교에서 마음속으로 부처의 모습을 떠올리며 이름을 읊는 일을 말한다. 부처에 대한 믿음을 서약한다는 의미가 있는데, **극락정토**에 들어가기 위해 읊는다.

광명진언 토사가지법
光明眞言土砂加持法
광명 **진언**으로 가지 기도를 올린 모래를 죽은 이에게 뿌리면 시체가 경직되지 않고 부드러워지며 **극락정토**로 간다고 하는 술이다. 뿐만 아니라 병을 낫게 해수 기도 한다. 그 밖에도 이 모래를 **고양이**에게 먹이면 **쥐**를 잡지 않게 되고 사냥꾼에게 뿌리면 사냥감을 맞히지 못하며 어부에게 뿌리면 물고기가 그물에 걸리지 않게 되기도 한다고 한다.

보타락 도해 補陀落渡海
밖에서 못질한 배를 타고 '보타락補陀落'을 향해 출항하는 일이다. 보타락은 범어 발음으로 '포탈라카Potalaka'라고 하는데, 저 멀리 남쪽 바다 어딘가에 있는 관세음보살의 정토를 가리킨다. 이처럼 자신의 목숨을 거는 수행을 **사신**捨身行이라고 한다.

폿쿠리 신앙
나이가 들어 불치병에 걸렸다면 오래 끌지 않고 바로 왕생할 수 있도록 아미타여래에게 기도하는 신앙이다.

마귀 진압

사람이 곤충이 되어 해를 끼치기

사람이 비명횡사하면 멸구와 같은 해충이 된다고 한다. 헤이안 시대 말기의 무사인 사이토 사네모리斎藤実盛는 자신이 타고 있던 말이 벼에 걸려 넘어지는 바람에 적의 칼에 목숨을 잃었다. 그래서 그의 영혼이 멸구로 변해 벼에게 복수했다고 한다. 따라서 사네모리의 **영혼을 달래기** 위해 해충을 몰아내는 '사네모리오쿠리実盛送り'가 생겨났는데, 이 행사는 **주술**적인 의미를 담고 있다.

원령 봉인 의식

센고쿠 시대에 무장들은 전쟁에서 승리를 거두면 **원령**을 봉인하는 의식을 거행했다. 전투에서 베어온 머리는 분을 바르고 절을 한 다음 그 신분을 확인했다. 이때, 원한에 가득 찬 표정의 머리는 '구비마쓰리首祭り'라는 **진혼** 제사를 지내줬다고 한다.

우부메 쫓기 주문

죽은 임산부를 매장하면 우부메라는 요괴로 변해 관속에서 아이를 낳는다는 속설이 있었다. 이를 막기 위한 **주법**으로,

아기의 **가타시로** 역할을 하는 **밀짚 인형**을 관 안에 넣는다. 그러면 임산부가 아기를 낳은 것처럼 보이므로 이승을 떠돌지 않고 성불할 수 있다고 여겼다.

불에 태워 공양하기

전년도에 사용한 낡은 부적을 불을 태우며 기도하거나 공양하는 의식이다. **신토**나 불교의 행사로 매년 1월 15일쯤에 거행한다. 부적의 효과는 1년 정도 지속된다고 하며, 한 해가 지나면 무사히 지내게 해준 감사의 마음을 담아 소각한다. 또는 유품이나 중요한 물건 등을 버릴 때도 공양의 의미를 담아 행해지기도 한다.

불 축제

불을 태워 신에게 제사를 지내는 의식이다. 정월에 **가도마쓰**나 금줄을 불태우는 등 일본 전국 각지에서 다양한 불 축제가 거행된다. **불에 태워 공양하기**와 똑같이 취급하는 일도 많다.

집 수호

오쿠치노마가미 大口真神

신의 사자인 개를 가리킨다. 원래는 늑대를 가리키는 말로, 많은 사람을 잡아먹은 탓에 '오쿠치마가미'라고 불렀으며 두려움의 대상인 권속신으로 여겨졌다. 개의

092

힘으로 **빙의귀**와 같은 다양한 재액으로부터 집을 지켜준다고 믿는다. 오쿠치마가미는 사이타마의 미쓰미네 신사, 도쿄의 미타케산 등이 유명하다.

방해화재제 防解火災祭

덴노가 사는 궁궐과 같은 건물을 새로 지을 때, 화재가 나지 않도록 기도를 드리는 **음양도**의 제사다. 의식을 거행하는 **음양사**는 방해화재의 신 이외에도 물의 신인 하백과 불의 신인 주동朱童을 소환한다. 그리고 '하백은 물의 정령이요, 주동신은 불이라. 물은 불을 꺼버릴 수 있으니, 물은 불을 이기리라'라고 읊는다. **오행상극**에서는 물이 불을 끄기 때문에 물의 신으로 불의 신을 억눌러 화재를 막겠다는 뜻이다.

관련어 화재제火災祭

토공제 土公祭 (수호)

흙을 관장하는 토공신土公神에게 기도하는 **음양도**의 제사다. 토공신은 봄에는 아궁이, 여름에는 문, 가을에는 우물, 겨울에는 마당 등 계절이 바뀔 때마다 있는 장소가 바뀐다. 이 토공신이 있는 곳에 건물을 세우거나 공사를 하면 노여움을 산다고 한다. 따라서, 어쩔 수 없이 공사를 해야 할 때는 **음양사**를 불러 토공제를 거행했다고 한다.

→ 병을 치료하는 술인 '토공제'는 79쪽 참조

지진제 地鎭祭

성을 지을 때도 **주술**이 이용됐다. 센고쿠 시대에 주술로 무장들을 보좌하는 **군배자**軍配者가 땅의 상성이나 방향, 성을 축조하기에 적절한 일시 등을 점쳤다.

다이쇼군제 大将軍祭

이사를 무사히 끝마치기 위한 **음양도**의 제사다. 대흉의 **방위신**인 **다이쇼군**大将軍이 있는 방향으로 이사할 때 거행된다.

국가 수호

전법륜법 轉法輪法

밀교에 전해 내려오는 조복의 **주법**이다. 이웃 나라의 침략이나 내란과 같은 위기에서 나라를 구하고자 할 때 사용한다. '모든 마귀와 원망을 꺾는다'라는 의미를 지닌 최일체마원보살摧一切魔怨菩薩을 소환하므로, 최마원적법摧魔怨敵法이라고도 한다.

최마원적법 摧魔怨敵法

전법륜법의 다른 이름이다.

안진가국법 安鎭家國法

국가의 안녕을 기원하는 **밀교**의 중요한 술법이다. 땅속에 숨어 지내며 재앙을 일으키는 지령地靈을 달랜다.

오대 허공장법 五大虛空藏法

오대 **허공장보살**五大虛空藏菩薩의 힘을
빌려 천변지이를 없애려는 **밀교**의 **주법**
이다. 60년에 한 번 오는 신유년辛酉年에
시행한다. 오대 허공장이란, 허공장보살
의 덕에서 생겨난 다섯 명의 보살을 가
리킨다. 훗날, **고다이고 덴노** 또한 원적
조복을 위해 사용했다고 전해진다.

몽골 조복 기도 蒙古調伏祈禱

가마쿠라 시대에는 원나라가 두 차례에
걸쳐 일본을 침략했는데, 신불에게 기도
를 올리니 폭풍우가 몰려와 모두 격퇴되
었다. 이 일화를 바탕으로 일본에 신국
사상神國思想이 생겨났다고 한다.

후칠일 어수법 後七日御修法

홍법 대사 **구카이**가 덴노와 국가의 안녕
을 기원하고 모든 재해를 없애기 위해
만든 **밀교**의 **주법**이다. 덴노를 위해 궁
안에서 거행되는 비밀 의식이다. 5월 8일
부터 거행되므로 후칠일이라고 한다.

이야기·에피소드에
활용할 수 있는

투수 능력·예지·
예언의 술식

구슬의 기본 용어

공격의 술식

회복·소생 보조의 술식

특수 능력·배치 예언의 술식

술사·이능력자 이형의 생명체

주구·무기·부적

이계·경계 금기의 영역

사령·이야기

자연·사물 조종하기

염력 念力
오늘날 과학적으로 해명할 수 없는 **초능력**으로, 손을 대지 않은 채 집중력만으로 물체를 움직일 수 있다.
관련어 염동력念動力, 사이코키네시스 psychokinesis

염동력 念動力
염력과 같은 말이다.
관련어 사이코키네시스, 텔레키네시스telekinesis

염사 念寫
생각만으로 필름에 상을 찍어내는 능력이다. 세계 최초로 염사에 성공한 **나가오 이쿠코**長尾郁子 등이 유명하다. 메이지 시대 말기의 **영능력자**인 **미타 고이치**三田光一는 누구도 본 적 없는 달의 뒷면을 두 번이나 염사했다.

비발법 飛鉢法
물건을 조종하는 술법으로 **묘렌**命蓮, **쇼쿠**性空가 사용했다고 한다. 바리때를 들어 올려 자유자재로 날린다. 에마키繪卷[1]인《엔노교자役の行者》에 따르면 **엔노 오즈누**가 어머니를 데리고 당나라로 향했

---

1   일본의 문학 장르 중 하나로 이야기를 두루마리에 그림으로 표현했다.

을 때 어머니를 바리때에 태우고 자신은 오색구름을 타고 날아갔다고 한다.

매화 埋火
닌자가 사용하는 화술火術이다. 그 구조는 밝혀지지 않았지만, 지뢰와 비슷하다. 땅에 묻은 매화를 적이 밟으면 그 안에 들어있던 화약에 불이 붙으며 폭발한다.

화생삼매 火生三昧
슈겐자의 **불 밟기** 수행의 일종이다. 직접 불 속에서 걸어 나오며 악귀와 번뇌를 쫓는 술이다.

기우 祈雨
비구름을 불러 비를 내리게 하는 술법이다. **밀교**에서는 **기우법**, 음양도에서는 **오룡제**, 슈겐도에서는 **공작명왕법** 등이 유명하다.

기우법 祈雨法·공작경전독 孔雀經轉讀
기우와 관련된 **주법**이다. 공작명왕의 **진언**을 읊어 기도하고《공작경孔雀經》을 훌훌 넘기며 빠르게 읽는다(전독). 그러면 비구름이 몰려와 비가 내린다고 한다.

청우경법 請雨經法
밀교의 **기우** 의식이다. 헤이안 시대에 홍법 대사인 **구카이**가 준나 덴노의 칙명

으로 **기우제**를 올려 비를 내리게 했다고 한다.

오룡제 五龍祭
비를 부르는 다섯 마리의 용에게 비가 내리게 해달라고 기도하는 **음양도**의 제사다. 헤이안 시대에 **아베노 세이메이**가 이치조 덴노의 명으로 오룡제를 올려 비를 내리게 했다고 한다.

수천법 水天法
용왕의 수장인 수천(범어로는 바루나 Varuna)에게 기도해 비가 내리거나 그치게 하는 술법이다. 그를 화나게 하면 가뭄이나 홍수가 발생한다.

홍법의 운수
석장으로 땅을 때리면 물이 솟아 나는 술법이다. **홍법 대사 구카이**가 도쿠시마 현에 절을 지을 때 석장으로 땅을 팠더니 유백색의 물이 솟구쳤다고 한다. 이 물은 지금도 나오고 있으며, '홍법의 영수'라 불리고 있다.

가루라법 迦樓羅法
가루라迦樓羅에게 기도해 비를 내리게 하거나 멈추게 하는 등, 날씨를 조종하는 술법이다. 가루라는 고대 인도 신화에 등장하는 거대한 새 가루다가 불교로 편입된 존재다. 폭풍우를 일으키는 거대한 용

이나 번뇌로 변한 작은 용을 먹기 때문에 비를 다스릴 수 있다고 여겼다.

오노노 고마치小野小町의 와카和歌
오노노 고마치는 가뭄이 계속되자 '신이여, 보고 계시다면 이 계속된 가뭄을 불쌍히 여기시어 은하수를 개방해주옵소서'라는 **와카**를 지어 비를 내리게 했다고 한다. 혹은 '해가 뜨는 곳이니 가뭄이 드는 것도 어쩔 수 없구나. 하지만 천하가 일본이니 비가 내려도 좋지 아니한가'라는 와카를 읊었다는 설도 있다.

관련어 기우의 고마치

변화

변장술 變裝術
정체를 숨기고 다른 사람처럼 꾸미는 일이다.

관련어 닌자의 **시치호데**七方出 등

시치호데 七方出
닌자의 비기라 여겨지는 변장술이다. 《**쇼닌키**正忍記》에는 닌자는 일곱 가지의 직업, 즉 **시치호데**의 행세를 한다고 되어 있다. 시치호데란 **고무소**虛無僧[2], **호카시**, 상인, 스님, **야마부시**, **사루가쿠시**,

2   일본 선불교의 일파인 보화종(普化宗)의 수행자다. 바구니를 삿갓처럼 쓰고 다닌다.

쓰네노카타를 가리킨다.

고무소 虛無僧
닌자의 시치호데 중 하나다. 주변을 둘러볼 때도 삿갓으로 얼굴을 감출 수 있어 닌자가 변장하기에 안성맞춤이었다.

사루가쿠시
닌자의 시치호데 중 하나다. 센고쿠 시대의 다이묘는 노能[1]를 좋아했으므로, 사루가쿠시로 변장하면 적진에 잠입하기 쉬웠다. 노가쿠能樂 배우였던 간아미観阿弥와 제아미世阿弥가 닌자였다는 설도 있다.

호카시
닌자의 시치호데 중 하나다. 환술사의 원형으로도 알려져 있으며 마술이나 곡예를 펼친다. 자신의 기예를 보고 마음을 연 아이나 부모로부터 정보를 얻는다.

쓰네노카타
닌자의 시치호데 중 하나다. 한곳에 오랫동안 거주하며 그 지역에 융화되어 정보를 모으는 '첩자'다.

변신술 變身術
다른 모습으로 변화하는 것을 말한다. 주로 요술사가 사용하는 술법이다.

두꺼비 변신술
두꺼비로 변신하는 요술이다. 지라이야, 나나쿠사 시로 등이 주특기로 삼았던 두꺼비술로, 거대한 두꺼비로 변신해 저택을 부수는 환영을 보여주거나 입에서 무지개를 토해내기도 한다.

거미 변신술
가부키『모도리바시세나니고히이키戾橋背御摂』에 등장하는 나나아야히메라는 거미 술사가 사용하는 술이다. 극 중에서 거미로 변신한 나나아야히메가 잠입해 소중한 보물을 되찾았다고 한다.

나비 변신술
나비로 변신하는 요술이다. 후지나미 유카리노조의 주특기인 나비술로, 나비의 등 뒤로 유카리노조의 모습이 희미하게 보인다고 한다.

쥐 변신술
센고쿠 시대의 환술사인 가신 고지果心居士의 술법이다. 책형에 처해질 위기에 놓인 고지가 쥐로 변신해 느슨해진 포승줄 틈 사이로 도망쳤다고 한다.

---

1   일본의 전통 예능인 노가쿠의 하나로, 노멘(能面) 혹은 오모테(面)라 부르는 가면을 쓰고 연기하는 것이 특징이다.

비행·이동

공중부양 空中浮揚
사람이나 물체를 공중에 띄울 수 있는 **초능력**이다. **슈겐도**나 **덴구**의 **신통력** 등이 여기에 해당한다.
관련어 비행술

비천술 飛天術
도교의 **선인**들이 가지고 있는 하늘을 나는 비법이다. **슈겐도**의 창시자인 **엔노 오즈누**는 수행 끝에 이 술법을 습득할 수 있었다고 한다.

불익법 不溺法
마치 땅을 걷는 것처럼 물 위를 걸을 수 있는 **도교**의 술법이다.

출신 出神
선술 중 하나로, 선인이 가지고 있는 기를 이용해 이동하는 술이다. 19세기 말, 황원길黃元吉라는 **선인**이 사람들 앞에서 '백일승천白日昇天'이라는 출신을 행해 땅에서 떠올라 구름 속으로 사라졌다고 한다.

신족통 神足通
덴구가 지닌 **신통력** 중 하나로, 자유롭게 하늘을 나는 술이다.

무지개 건너기
《가무리코토바쓰쿠시노시라누이冠辞筑紫不知火》에 등장하는 여우 술사인 **아쿠타 아쿠고로惡田惡五郎**의 비행술이다. **여우 요술**로 하늘에 무지개를 띄우고 수많은 여우와 함께 무지개 다리를 건넜다고 한다. 이 술법은 지카마쓰 몬자에몬近松門座衛門의 조루리浄瑠璃[2]인 『게이세이시마바라카에루갓센傾城島原蛙合戦』에서 **나나쿠사 시로七草四郎**라는 **요술사**도 선보인 적이 있다.

두꺼비 타기
《지라이야고케쓰모노가타리児雷也豪傑譚》에 등장하는 지라이야는 소환한 거대한 **두꺼비**를 타고 이동한다.

거미 타기
에도 시대의 고칸인 《시라누이모노가타리白縫譚》에 등장하는 **와카나 히메**가 부리는 **거미술**이다. 거미를 소환해 공중에 거미줄을 치게 하고 그 위를 걸어 다닌다. 또한, 바다 위에서는 거대한 **땅거미**의 등을 타고 물 위를 이동한다고 한다.

나비 타기
나비 **요술사**인 **후지나미 유카리노조**의 비행술이다. 할머니의 망령으로부터 **요**

---

2 일본 전통 예능에서 반주에 맞춰 이야기를 읊는 것을 말한다.

099

술을 전수 받은 유카리노조는 할머니의 혼이 변신한 거대한 나비를 타고 날아다닌다. 막부 말 무렵의 장편 고칸《**호쿠세쓰비탄지다이가가미**北雪美談時代加賀見》에 등장한다.

수술 水術·답수술 踏水術

늪이나 수로를 건너기 위한 **닌자**의 비술이다. 물 위를 걸을 때는 미즈구모를 사용하거나 조용히 물을 가르며 헤엄치는 '누키테' 영법, 잠수 등의 방법도 사용한다. 참고로 잠수할 때 반드시 대나무대를 물고 호흡해야 한다는 법은 없다.

지오리가사 地降傘

닌자의 비행술이다. 뛰어내리면서 겉옷을 펼치면 바람에 옷이 봉긋하게 부풀어 오른다. 이때 생긴 공기저항 때문에 착지할 때의 충격이 줄어든다.

탐색·침입

도둑 찾기 술법

'하년남급급여율령何年男隱急所如律令 갑궁산귀신대급용甲弓山鬼神大急用'이라고 적힌 **호부**와 **인형**을 입구에 붙이면 7일 이내에 도둑을 찾아낼 수 있다. 만일, 그 안에 발견되지 않으면 '옴 겐바야 겐바야 소와카'라고 읊으며 인형의 배꼽이나 인형 주위를 **바늘**로 찌른다.

땅거미

구멍을 파 집에 침입하는 **닌자**의 술법이다. 특히 툇마루 아래를 파서 숨어 들어가는 술은 '땅 파기'라고 불린다.

구노이치술

여자 **닌자**를 가리킨다. 남자가 잠입할 수 없는 곳에는 하녀로 위장한 구노이치가 잠입해 정보를 입수한다.

가쿠레미노술

구노이치가 부리는 술법이다. 짐 속에 숨

어 잠입한다. 짐을 싣는 상자의 바닥을 이중으로 만들어 그 속에 숨는다.

사게오나나술
닌자의 칼집에는 약 3m 정도의 '사게오 下げ緖'가 묶여 있다. 이 끈은 잠입, 함정 파기, 포박, 지혈 등에 자유롭게 사용했다.

쓰리가타나법
닌자의 등술이자 **사게오나나술** 중 하나 다. 우선, 칼날을 담장에 박아 넣는다. 그런 다음 사게오를 입에 물고 칼자루나 코등이를 발판 삼아 담장을 뛰어넘는다. 담장을 넘어간 다음에는 사게오를 잡아 당겨 검을 회수한다.

요루시노비
닌자의 도청술이다. 밤에 이뤄지는 첩보 활동으로, 천장이나 마루 밑에서 대나무로 만든 시노비즈쓰를 대고 귀를 기울인다.

개 걸음 犬走·여우 걸음 狐走
닌자의 보법 중 하나다. 마룻바닥 아래와 같이 좁은 곳을 걸을 때는 네발로 걷는 개 걸음을 사용한다. 발뒤꿈치를 세우고 걷는 여우 걸음은 발소리를 더 죽일 수 있다.

도망·은신

은형법 隱形法
도교나 **밀교**에서 몸을 감추어 사람의 눈에 띄지 않게 하는 술이다. 길을 걷다가 갑자기 사라지기도 하고 항아리나 그림에 그려진 문을 열고 들어가기도 한다. 모습을 감출 수 있는 특별한 **선약**이 있다고도 한다.

마리지천 은형법 摩利支天隱形法
밀교의 **은형술**이다. 이 술법은 불꽃의 신인 **마리지천**의 힘을 빌려 빛 속에 몸을 숨긴다. 특수한 조합의 **은형인**을 맺고 '옴 마리시에이 소와카' 혹은 '옴 아니치야 마리시에이 소와카'라는 **진언**을 읊으면 기척을 감출 수 있다. 그러면 사람들의 눈에 보이지도 않고 어디에 있는지도 모른다. 또 다른 사람의 공격을 피할 수 있다.

은형술 隱形術
갑작스럽게 모습을 감추어 마치 사라진 것처럼 착각하게 만드는 술법이다. **닌자**의 주특기이지만, 무사나 도적들도 사용했다고 한다.
관련어 밀교의 은형법

관음 은신

은형술이다. 사물의 그림자에 몸을 숨기거나, 눈을 제외한 얼굴을 옷소매로 가린다. 시선을 고정하고 가만히 적을 지나친다.

나뭇잎 은신

은형술이다. 나무 그늘에 숨는다.

안개 은신

은형술이다. 안개 속에 섞여 들어간다.

이쑤시개 은신

은형술이다. 이쑤시개를 튕겨 적이 정신을 빼앗긴 틈을 타 몸을 숨긴다.

부채 은신

은형술이다. 부채로 적의 눈을 가린 틈을 타 몸을 숨긴다.

메추라기 은신

은형술이다. 메추라기의 알처럼 몸을 작게 웅크려 돌 옆에 붙어 몸을 숨긴다.

여우 은신

여우처럼 물속으로 뛰어드는 **은형술**이다. 수면 위로 얼굴만 내놓고 연꽃잎이나 나뭇잎을 뒤집어쓴다.

너구리 숨기

너구리처럼 나무를 타고 올라가 지나가는 **은형술**이다. 잎이 무성한 거목이 가장 적합하다.

요시쓰네 안개 은신의 인

모래를 상대의 눈에 뿌린 뒤 몸을 숨기는 **은형술**이다.

둔주술 遁走術

닌자 등이 도주하는 술법이다. 닌자의 도주법은 오둔삼십법五遁三十法이 있다고 한다. 오둔은 **음양오행**설에 따라 목둔木遁, 화둔火遁, 토둔土遁, 금둔金遁, 수둔水遁으로 나뉘고, 삼십법은 천둔天遁, 지둔地遁, 인둔人遁으로 나뉜다.

목둔술 木遁術

나무들 사이로 몸을 숨기거나 나무를 쓰러뜨려 추격자를 혼란에 빠뜨리는 술법이다. 미나모토노 요리토모가 이 기술을 익혔는데, 이시바시산의 전투에서 패배한 뒤 목둔술로 위기를 모면했다는 설도 있다.

화둔술 火遁術

화약을 이용하는 등, 큰불을 난 틈을 타 도망가는 술이다. 미나모토노 요시쓰네가 익힌 기술로, 다카다치성이 함락당할 때 성에 불을 질러 도망칠 수 있었다고 한다.

토둔술 土遁術

흙을 사용해 도망치는 술이다. 벽에 들어가거나 구멍에 숨는다.

금둔술 金遁術

금이나 은, 동, 철을 사용해 도망가는 술이다. 돈이나 마름쇠를 뿌리는 것 또한 금둔술의 일종이다.

수둔술 水遁術

물을 이용해 도망치는 술이다. 성의 해자나 강을 잠수해 도망친다. 오랜 시간 물속에 있어도 끄떡없도록 훈련했다.

무식인 無息忍

호흡하는 소리가 들리지 않게 하는 **인술**이다. **숨**을 단련해 익힐 수 있다고 한다.

백호 白狐의 저주로 은신하기

백호를 죽여 제사를 지낸 뒤, 그 해골을 깨뜨려 이마에 두르면 **은형술**로 모습을 감출 수 있게 된다고 한다. 그러나, 모래 위에 발자국이 남고 응달에서도 그림자가 보이며 **개**가 기척을 느끼는 등의 약점도 많다.

시게오카노 가와히토의 은형술

음양사인 **시게오카노 가와히토**滋岳川人가 다이나곤大納言[1]과 함께 외출했을 때 우연히 적과 맞닥뜨렸다. 이때 몸을 숨겨 화를 모면했다는 일화가 《**곤자쿠모노가타리슈**今昔物語集》에 실려 있다. 어떠한 **은형술**을 사용했는지는 알려진 바 없다.

간파하기·조사하기·예측하기

천리안 千里眼

육안으로는 보이지 않을 정도로 멀리 떨어진 장소의 광경이나 물체를 볼 수 있는 **초능력**이다. 천리안은 '천 리 밖을 보는 시력'이라는 의미다. 과거 에도에서 나가사키로 부임해 온 한 남자가 있었다. 향수병에 걸린 그는 데지마出島에 있던 네덜란드인 의사를 찾아갔다. 그러자 의사는 물이 담긴 대야에 머리를 담근 뒤 눈을 뜨라고 했다. 의사의 말을 따르자 바느질을 하고 있는 어머니의 모습이 보였다. 이후 에도로 돌아온 남자가 어머니에게 이 이야기를 전했다. 그러자 어머니 또한 같은 날 같은 시각에 담장 너머로 아들의 얼굴을 봤다고 했던 이야기가 있다. 이밖에 《미미부쿠로》에도 멀리 떨어진 두 사람이 서로를 투시했다는 진귀한 사례가 실려 있다.

관련어 원방 투시, 원격 투시

---

1   일본 고대 조정에서 태정관에 속했던 관직으로, 중국의 승상 등에 버금가는 위치였다.

투시 透視 · 원방 투시 遠方透視

육안으로 볼 수 없는 광경을 보는 능력이다. 메이지 시대 말기의 **미후네 지즈코** 御舟千鶴子가 유명하다.

관련어 천리안

천안통 天眼通

신통력 중 하나다. 무엇이든 내다볼 수 있는 힘으로, 육안으로는 볼 수 없는 멀리 떨어진 곳이나 미래의 일을 예지할 수 있다.

천이통 天耳通

신통력 중 하나다. 멀리 떨어진 곳의 소리나 목소리를 들을 수 있다.

타심통 他心通

신통력 중 하나다. 타인의 마음을 읽어낼 수 있다.

관련어 텔레파시

독심술 讀心術

타심통과 마찬가지로 다른 사람의 마음을 읽을 수 있다.

관련어 텔레파시

숙명통 宿命通

신통력 중 하나다. 다른 사람이나 자신의 전생을 보거나 과거의 중요했던 기로를 판별할 수 있다.

영시 靈視

사람의 마음을 간파하거나 과거, 미래의 광경을 볼 수 있는 **초능력**이다.

간파

처음 만나는 상대에 한해 이야기를 듣지 않고 보기만 해도 그 성격이나 신분, 무엇을 알고 싶은지를 알아맞히는 술이다. 상대방이 온 방향이나 일시 등으로 점을 친다. 가마쿠라 시대에 유행했던 민간 **음양사**가 치는 점이다. 《**아베노세이메이히덴미토오시센노마키**安倍清明秘伝見通占卷》에 그 상세한 내용이 적혀 있다.

관련어 간파점

견귀술 見鬼術

요괴의 정체를 간파하는 **도교**의 술이다.

지렁이 말리기

그늘에서 말린 지렁이 심지를 두꺼비 기름에 담가 불을 붙이면 유령이나 악귀의 정체를 간파할 수 있는 **마귀 쫓기**다. 고치현 하타군에 전해 내려온다.

태산부군제 (간파)

아베노 세이메이의 주특기인 소생 **주법**이다. 《**호카쇼**簫鈔抄》에 따르면, 세이메이는 **태산부군제**를 거행해 고노에 덴노의 총애를 받던 아름다운 **다마모노마에**의 정체가 **구미호**라는 사실을 밝혀냈다고 한다.

→ 소생 효과는 71쪽 참조

지상식별 指相識別의 비법

불교에서 전해 내려오는 진맥의 **주법**으로, **빙의**되었는지 밝혀낼 수 있다.《지상식별지대사指相識別之大事》에 따르면, 왼손을 바라보며 '제여원적 개실최멸'을 일곱 번 읊는다. 그런 다음 오른 손가락으로 왼손의 다섯 손가락에 귀신 귀鬼자를 쓰고 강하고 빠르게 숨을 불어넣은 뒤 손바닥을 쫙 펼친다. 그러면 어느 손가락이 꿈틀대느냐에 따라 **빙의귀**의 종류를 알 수 있다고 한다. 검지는 사령, 중지는 신, 약지는 **생령**이나 **야생 여우**, 새끼는 **저주**와 같은 식이다.

귀자모신 경애법 鬼子母神敬愛法

밀교의 **주법**으로, **아미사법**의 일종이다. 어린 여자아이에게 **접신**시켜 질문에 대답하게 하는 술이다. 자신에게 무언가를 숨기고 있는 상대방의 본심을 밝힐 때 사용한다.

귀자모신 해골법 鬼子母神髑髏法

해골 사역법이다. 귀자모신의 힘을 빌려 해골에 혼령을 소환하는 술법으로, 이 해골을 사역해 힘을 얻을 수 있다. 이외에도 해골에게 질문하면 반드시 대답을 들을 수 있다고 한다.

관련어 현신법, 해골사역 비밀법

군다리명왕법 軍茶利明王法

땅속의 광물을 수색할 때 이용하는 **주법**이다. 하루 세 번, 매일 **인**을 맺고 **주문**을 외우며 석장으로 땅을 치면 소리가 울리는 정도에 따라 광물이 있는지를 알 수 있다고 한다.

→ 군다리명왕법의 회복 술식에 대해서는 73쪽 참조

선악 탐지법 善惡探知法

눈앞의 상대가 착한 사람인지 나쁜 사람인지를 아는 비언秘言이다. 눈을 감고 마음속으로 '신의 불꽃 세이메이여, 신의 물 세이메이여, 신의 마음 세이메이여, 신의 바람 세이메이여, 선악응보善惡應報, 청탁상견淸濁相見'이라고 외친다. 처음 만나는 상대에게 특히 효과적이라고 한다.

소매 너머로 바라보기

상대방이 수상하다고 생각되면 옷 안으로 얼굴을 숨기고 소맷부리를 통해 상대방을 바라보면 정체를 밝힐 수 있다는 **주문**이다. 에도 시대에 발표된 수필인《기유쇼란喜遊笑覽》에 나온다.

사물 밑에서 엿보기

사물의 밑에서 엿보면 상대방의 정체를

간파할 수 있는 **주문**이다. 시점이 달라지면 그때까지와는 전혀 다른 것이 보인다고 한다. 에도 시대의 수필인 《기유쇼란》에는 이 방법으로 변신한 **여우**의 정체를 간파한 남자의 이야기가 나온다. 아궁이 근처에 있던 여자를 수상히 여긴 남자가 아궁이 아래의 불 너머로 여자를 바라보니 여우의 모습이 보였다고 한다. 그러나, 아궁이 위에서 보면 여우가 아닌 평범한 여자가 앉아 있었다.

여우 창문
여우 등의 요마를 간파하는 **마귀 쫓기 주문**이다. 양손의 손등을 맞대어 손가락으로 만든 원 너머로 상대방을 바라보면 정체를 알 수 있다. 여우의 창문으로 숨을 세 번 불어 넣으면 속지 않는다고도 한다. 손으로 고리 모양을 만들어 그 안에서 바라보는 방법도 있다.

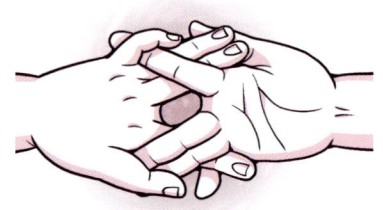

눈썹에 침 바르기
예로부터 침은 **마귀를 쫓는 주물**로 사랑

받아 왔다. 눈썹에 침을 바르면 **여우**와 같은 요마의 정체가 보인다고 한다. 또한, 여우가 변신할 때는 그 사람과 모공 숫자까지 똑같다고 하는데, 눈썹에 침을 바르면 모공의 수를 알 수 없으므로 변신하지 못한다고 한다.

침 뱉기
침으로 **여우 빙의**를 간파하는 방법이다. 몰래 침을 뱉은 밥을 건넸을 때, 이를 먹지 않으면 빙의되었다고 여겼다.

여우 빙의 확인의 비법
2인 1조로 시행하는 **여우 빙의** 진단이다. 우선, 한 사람이 양 손가락으로 원을 만든다. 다른 한 사람은 그 원 안에 '**여우 호狐**' 자를 적은 뒤 그 글자를 향해 뜸을 뜬다. 만일, 손가락으로 원을 만든 사람이 여우에 빙의되어 있다면 몸에 뜸을 든 것처럼 뜨거워한다고 한다.

악수로 너구리의 정체 간파하기
상대방의 손을 잡았을 때 손바닥뼈가 평평하면 진짜 사람이지만, 둥글다면 **너구리** 등의 마물이 변했을 수 있다.

고양이 눈 시계
닌자는 빛의 양에 따라 동공의 크기가 달라지는 고양이의 습성을 이용해 고양이의 눈을 보고 시간을 가늠한다고 한다.

동공의 크기로 시간을 표시한 '고양이 눈 시계'는 중국 당나라에서 만들어졌으며, 무로마치 시대에 일본에 전해졌다고 한다.

제천술 察天術
바람이나 구름의 움직임, 하늘색 등을 보며 날씨를 예측하는 **닌자**의 비술이다. 밤에는 **북두**칠성의 위치로 시간을 확인한다고 한다.

산맥 호신 山脈護身
닌자가 활용했던 점이다. 목의 양쪽과 양 손목의 맥을 짚었을 때 맥박이 거세게 뛴다면 주변을 경계한다.

도깨비불을 볼 때의 노래
난보쿠초 시대의 백과사전인《슈가이쇼拾芥抄》에 나오는 초혼의 **주문**이다. '다마하미쓰 누시하타레토모 시라네도모 무스비토도메시 시카타에노쓰마'라고 읊으면 도깨비불이 보인다고 한다. 주문의 의미는 불명이다.

사람의 마음 조종하기·암시 걸기

귀도 鬼道
야마타이邪馬台국의 **히미코**卑弥呼가 잘

다루었던 **주술**이다. 고대 중국에서 '귀신 귀鬼' 자는 '죽은 이의 영혼'을 나타내는 말이었다. 그래서 사령을 자유자재로 부리는 술법이라고도 하고, 사람의 마음을 조종하는 술법이라고도 한다. 복술이나 **도교**의 비술이라는 설도 있다.

최면술 催眠術
사람에게 암시를 걸어 잠이 든 것과 같은 상태로 만든 뒤 조종하는 술법이다. 막부 말 메이지 시대의 군인인 에노모토 다케아키榎元武揚가 일본에 최면술을 처음 도입했다는 설이 있다.

분신술 分身術
몸과 영혼을 분리해 여러 명이 있는 것처럼 보이게 하는 술이다. 중국의 **신선**인 **이철괘**李鐵枴(철괘 **선인**)는 입으로 기를 토해내 자신의 분신을 만들어 냈다고 전해진다.

팔방 분신술 八方分身術
닌자의 주특기인 **분신술**이다. 상대방에게 순식간에 **최면을 걸어** 술사가 여러 명 있는 것처럼 보이게 한다. 이 기술에 숙련되면 분신으로 사방에서 적을 포위할 수 있다고 한다.

신유관 神遊觀
이 비전의 **인술**을 익히면 원하는 만큼

분신을 만들어 낼 수 있다고 한다.

화합 제문 和合祭文

상대방의 마음을 붙잡기 위한 **음양도**의 제사 **주법**이다. 세 가지 종류의 **인형**을 남녀 한 쌍씩 만들어 얼굴을 마주하게 한 뒤 제단에 절을 하게 하고 **와카**와 주구를 읊으며 신께 기도한다. 그러면 상대방의 마음이 자신의 곁으로 돌아온다고 한다. 나라에 있는 간고지元興寺에 전해 내려온다.

이별 제문 離別祭文

연인이 자신에게 흥미를 잃게 만드는 **음양도**의 제사 **주법**이다. 세 가지 종류의 남녀 **인형**을 만드는 등 제사의 순서는 **화합 제문**과 비슷하지만, 이별법에 주로 사용되는 산새의 꼬리를 이용하는 등 **인형**의 재료와 제사 순서가 다르다.

연 끊기·연 맺기

절연 絶緣

연인, 부모와 자식, 형제 사이에 인연을 끊는 것을 가리킨다. 일본에는 절연지장, 절연 이나리, **절연 팽나무**, **절연 변소**, 절연 돌, 이별의 소나무 등 전국적으로 연을 끊기 위한 신앙이 존재한다.

연 맺기

주로 남녀의 연이 맺어지도록 기도하는 술이다. 두 사람의 이름 등이 적힌 종이를 가늘게 꼬아 나무에 묶는다. 원래는 **히타치 오비**常陸帶처럼 남녀의 궁합을 점치는 것이었지만, 점차 남녀의 연을 묶는 술로 바뀌게 되었다.

히타치 오비 常陸帶

히타치국(지금의 이바라키현)의 가시마 신궁鹿島神宮에 전해 내려오는 **연 맺기** 점이다. 점을 치고 싶은 두 사람의 이름이 각각의 띠에 따로 적힌 뒤 신관이 이를 묶는다. 그리고 그 매듭 모양을 통해 두 사람의 사이를 점친다.

관련어 오비 점

숙세 宿世 맺기

가시마 신궁의 **히타치 오비**에서 파생된 놀이다. 남녀의 이름이 적힌 종이를 가늘게 꼰 뒤, 무작위로 하나씩 뽑아 나오는 이름을 엮는 방식이다. 유녀들이 즐겨 했다고 한다.

빗 던지기

절연의 뜻을 가진 미신이다. 예로부터 내가 던진 **빗**을 주운 사람과는 연이 끊어져 남남이 된다고 믿었다. 이는 **황천국**으로 간 **이자나기**가 빗을 던져 아내인 이자나미와의 연을 끊었다는 일본 신화에서 유래했다고 한다.

오추사마명왕법 烏樞沙摩明王法

불의 신인 **오추사마명왕**에게 **절연**과 **연 맺기**를 기도하는 술이다. 절연의 경우는 두 사람 사이에 있는 악연을, 연 맺기는 두 사람 사이에 있는 장애물을 불태워 버린다.

→ 치료의 술식인 오추사마명왕법은 73쪽 참조

구마고 비밀인법 求馬古秘密印法

마혜수라천摩醯首羅天(인도의 시바 신에 해당)에게 기도하는 **연 맺기**의 술이다. **단식** 중인 상태에서 **인**을 맺은 뒤 **진언**과 마음에 담아 둔 사람의 이름, 그리고 '어서 오라'라고 계속 외친다. 이를 계속 하면 7일 후에는 원하는 상대방이 집으로 찾아온다고 한다.

연합주 戀合咒

연 맺기 주문이다. 종이 **인형**을 두 개 만든다. **진언**인 '람 밤'을 읊으며 벼루에 먹을 갈고 인형에 자신과 마음에 둔 상대방의 이름, **간지**를 각각 적는다. 그리고 글자가 적힌 부분을 맞대고 실로 꽉 묶는다. 애염명왕의 진언을 읊으며 **신가**를 부른 뒤, 상대방의 베개 아래에 몰래 인형을 숨긴다.

국자 바닥 뚫기

아기가 무사히 태어나도록 순산을 기원하는 **주문**인 동시에, 아이를 갖지 않기 위한 **주문**이기도 하다. 밑바닥이 뚫린 국자와 자루를 바친 뒤 기도하면 임신하지 않는다는 속설이 생겨났다.

운명 점치기, 예지·예언하기

예언 預言

미래의 일을 예측하는 능력이다. 곤충의 알림, 예지몽이나 환시로 미래에 일어날 일을 실제로 보는 등의 다양한 방법이 있다. '예언'은 신이 내린 말씀이라는 뜻도 있다.

관련어 예지

상술 相術

상相을 보고 그 사람의 성격이나 운명, 미래를 읽어내는 술법이다. **손금술, 관상술** 이외에 도장이나 도검의 상을 보는 인상印相, 검상劍相, 동물의 성격을 점치는 상마相馬, 상우相牛 등도 있다.

손금술

손바닥에 새겨진 주름의 길이와 형태로부터 그 사람의 성격과 운세를 읽어내는 **점술**이다. 이 점술은 기원전 3,000년 경의 인더스 문명까지 그 기원이 거슬러

올라간다. 훗날 중국을 거쳐 일본에 전해
졌다.

인상술 人相術

얼굴 생김새를 통해 그 사람의 성격이나
운세를 읽어내는 **점술**이다. 고대 그리스
시대 때부터 행해졌다. 중국에서는 얼굴
생김새뿐 아니라 골격이나 목소리 등의
특징도 포함해 점을 쳤다.

쥐의 전조 점

쥐를 복신福神으로 여기는 개념에서 생
겨났다. 쥐의 움직임을 보고 길흉을 점친
다. 쥐가 천장 위에 있으면 길조, 마룻바
닥 아래에서 돌아다니면 흉조, 갑자기 집
에서 쥐가 사라지면 천변지이天變地異의
전조로 여기는 것 등이다.

미래의 남편

유곽에서 행해지던 **주문**이다. 음력 8월,
새벽 2시부터 3시 사이에 약 4평 크기의
방에서 기도를 드리며 거울을 들여다보
면 미래의 남편 얼굴이 떠오른다고 한다.
그밖에도 **축시**(새벽 2시경)에 종이 끈에
불을 붙인 뒤 화장실로 들어가 정화조에
불을 비추면 미래의 남편 얼굴이 떠오른
다는 주문도 있다. 만일 정화조 위로 떠
오른 남편 얼굴에 실수로 종이 끈을 떨
어뜨리면 그 부분에 화상을 입히게 된다
고 한다. 지금도 자정에 면도칼을 입에

물고 물을 담은 세숫대야를 들여다보면
미래의 남편이 보인다는 도시 전설이 남
아있다. 혹시라도 세숫대야에 면도칼을
떨어뜨리면 얼굴에 상처가 있는 남편을
만나게 된다고 한다.

흰 무지개

하얗게 보이는 무지개다. **음양도**에서는
흰 무지개가 태양을 관통하면 전쟁이 시
작될 징조라고 여겼다.

관련어 백홍白虹

계시

탁선 託宣

신이 인간에게 **빙의**하거나 꿈에 나타나
말을 전하는 일이다.

관련어 신탁神託

나루카마 제의

기비쓰 신사吉備津神社에서 거행되는 점
술이다. 제의는 **아조메**阿曽女[1]와 신관이
거행한다. 물을 끓인 가마 위에 현미를
담은 찜기를 올린다. 이때 찜기에서 **오
니**가 으르렁거리는 듯한 소리가 나는데,
그 소리로 길흉을 점친다. 과거 주신이었
던 **기비쓰히코노미코토**吉備津彦命(오키

---

1   제의를 담당하는 무녀를 뜻한다. 우라의 아내인 '아
    조메'에서 기원했다.

비쓰히코노미코토大吉備津彦命)가 **우라** 溫羅라는 오니의 목을 벤 전설에서 유래했다.

생사를 점치는 비술

동료의 생사를 점치는 **신선도** 계통의 **주술**이다. 변소에 들어가 눈을 감고 '하니디노 대신이여, 생사를 알려주소서'하고 읊는다. 눈앞에 푸른 환영이 나타나면 죽음이 가까워졌다고 한다.

신 모시기

나가노현의 **기소온타케산**에 전해지는 **빙의 기도**의 일종이다. **접신**한 사람이 사람들의 질문에 **탁선**을 받아 대답한다. 개인적인 고민부터 선조에 대한 질문, 그 해의 풍년 여부 등을 많이 묻는다고 한다.

하야마고모리 羽山ごもり

후쿠시마현에 전해 내려오는 민속 행사다. 노리와라라는 이름의 요리마시가 몸을 정갈히 하고 하야마산에 올라 한 해 작황에 대한 **탁선**을 받는다.

다치가와류 立川流

진언 **밀교**에 **음양도** 등이 합쳐져 생긴 일파로, 훗날 이단으로 분류된다. 남녀의 성적 교접을 중요하게 여긴다. 남녀의 화합수를 본존으로 모시는 해골에 바르면 신이 해골의 입을 빌어 신탁을 내려준다

고 한다.

관련어 진언 다치가와류

곳쿠리 상 こっくりさん

일본의 **강령술**이다. 오십음도와 숫자가 적힌 종이 위에 동전을 올려두고, 동전을 손가락으로 누르며 곳쿠리 상을 부르면 동전이 저절로 움직이며 질문에 대답해준다. 곳쿠리 상의 정체는 **여우** 등의 혼령이라고 한다. 재미 삼아 곳쿠리 상을 부르면 저주를 받게 된다.

엔젤 님 エンジェルさん

일본의 **강령술**로, 곳쿠리 상과 비슷한 점술이다. 두 사람이 마주 보며 오십음도와 숫자, 입구와 출구 등이 적힌 종이 위에서 연필이나 샤프를 쥔 채 질문을 하면 연필이 저절로 움직이며 대답해준다.

큐피트 님 キューピットさん

곳쿠리 상, **엔젤 님**과 비슷한 **강령술**이지만 혼자서 한다는 점이 다르다. 오십음도와 숫자, 하트가 적힌 종이 위에 50엔짜리 동전을 올려두고 손가락으로 누른다. 그리고 큐피트를 부르면 질문에 대답해준다.

꿈점

서침 誓寢
꿈에서 신의 뜻을 파악하기 위해 잠을 자는 것을 말한다.

영몽 靈夢
신불이 계시를 내린다고 여기는 신비한 꿈을 일컫는다.

꿈점
꿈 내용으로 운세 등을 점치는 술이다. 일본에서는 예로부터 꿈에서 신의 **탁선**을 받는 술법이라 여겼다. 헤이안 시대에는 신사에 머무르며 기도를 드리면 신불의 계시인 무코쿠夢告를 받을 수 있다고 생각했다.

꿈 풀이, 해몽
꿈의 길흉을 판단하는 일, 또는 그 판단을 하는 사람이다. 꿈을 꾼 사람이 그 내용을 이해하지 못했을 때 해몽 전문가가 해석해 당사자가 취해야 할 행동을 알려준다.

꿈 사기
꿈에는 영험한 기운이 있다고 믿기 때문에, 헤이안 시대에는 다른 사람이 꾼 길몽을 사서 힘을 얻기도 했다. 《우지슈이 모노가타리宇治拾遺物語》에는 **기비노 마**키비吉備真備가 다른 사람의 길몽을 사는 이야기가 나온다. 어느 날, 마키비가 한 지방관이 **꿈 풀이**를 하는 **무녀**에게 자신이 꾼 길몽에 대해 이야기하는 걸 몰래 엿들었다. 그가 돌아간 뒤 마키비는 무녀에게 꿈을 팔라고 했더니 무녀는 마비키에게 지방관과 똑같이 방에 들어와 꿈의 내용을 이야기하라고 일러줬다. 무녀의 말대로 했더니 훗날 마비키는 정말로 대신의 자리에 올랐다.

옷 소매를 뒤집고 자기
연인의 꿈을 꿀 수 있는 술법이다. 《만엽집》이나 《고킨와카슈》에는 **오노노 고마치**가 지은 '무척 애절하게 그대를 그리워하는 밤에는 사랑하는 그대와 꿈에서 만나기 위해 침의를 뒤집어 입고 잔다오' 등, 이러한 술법과 연관된 노래들이 나온다.

맹세·계약

서약 誓約
고대 일본에서 행해지던 말에 의한 **주술**이다. 맹세를 선언하고 그 결과에 따라 일의 성패, 선악, 길흉을 점친다. 일본 신화에 나오는 **스사노오**와 게이코 덴노 등이 서약을 했다는 전설이 내려온다.

맹신탐탕 盟神探湯

고대에 거행했던 제의다. 어떠한 일에 관한 진위를 판별하고자 할 때 신에게 맹세한 뒤 뜨거운 물에 손을 넣게 한다. 거짓을 말하면 큰 화상을 입지만, 사실을 말하면 멀쩡하다고 믿었다.

나무아미타불 南無阿彌陀佛

불교의 염불 중 하나다. '나무南無'는 산스크리트어로 '귀의하다'라는 뜻이다. 아미타불阿彌陀佛은 모든 사람을 구제하는 아미타여래를 가리키는데, '아미타여래에 의지해 믿는다'라는 맹세의 의미다.

나무묘법연화경 南無妙法蓮華經

불교의 일련종에서 읊는 말로, 불경의 제목이기도 하다. '나무'는 산스크리트어로 '귀의하다'라는 뜻이다.《묘법연화경》이라는 불교의 경전에 의지해 믿는다는 의미다.

손가락 걸기

오늘날에는 '새끼손가락 걸기'라는 노래로 남아있는 풍습이다. 약속을 나누는 행위인 손가락 걸기는 에도 시대의 요시와라¹에서 생겨났다는 설이 있다. 당시에는 유곽에서 일하는 유녀들이 자신의 손

가락을 잘라 좋아하는 남성에게 건네는 사랑의 의식이었다고 한다. 남성이 손가락을 자르기도 했다.

동물·식물·자연 점

귀복 龜卜

예로부터 일본에서 시행되었던 점이다. 붉은 바다거북의 등딱지를 불에 구우면 생기는 균열을 보며 길흉을 점친다. 일본에는 아스카 시대에 중국에서 전파되었으며 나라 시대에는 공식 복점법으로 제정되어 우라베卜部(율령제의 관료)가 설치되었다. 오늘날에도 다이조사이大嘗祭에 사용될 햅쌀의 수확지를 정하는 '사이텐텐테이 의식' 때 거행된다.

복서 卜筮

도교의 기본 점술이다. 거북이의 등딱지를 사용하는 귀복과 점대를 이용해 신에게 뜻을 물어 운명 등을 점친다.

후토마니 太占

예로부터 일본에서 행해지던 점이다. 귀룽나무 껍질로 지핀 불에 수사슴의 어깨뼈를 굽는다. 이때 어깨뼈에 생기는 균열의 모양으로 길흉을 점친다.《고사기》에는 아마테라스가 몸을 숨겼던 아마노이와토의 입구를 열 방법을 사슴의 어깨뼈

1   에도 시대에 에도 외곽에 생긴 유곽촌이다.

로 점쳤다는 내용이 실려 있다.

관련어 시카우라鹿占, 시카보쿠鹿卜

역, 역술 易

팔괘를 기반으로 하는 세상의 이치로, 고대 중국의 신인 **복희**伏羲가 만들었다고 전해진다. **음양오행**설과 마찬가지로 **음양도**의 기본 개념이 되었다. 역, 즉 역술을 사용한 점을 역점, **역서**易筮라고 한다.

팔괘 八卦

고대 중국에서 생겨난 개념으로, 음양에서 탄생한 여덟 개의 요소를 기호화한 형상이다. **효**爻라 불리는 선을 세 개 조합해 만든 것으로, 팔괘가 세상을 구성하는 요소라 여겼다. 건·태·이·진·손·감·간·곤의 8종류로 이루어져 있으며, 각각 하늘·늪·불·번개·바람·물·산·땅을 상징한다. **역술**은 이 팔괘를 조합한 64종류(64괘)로 점을 친다.

역서 易筮

역술을 이용한 길흉 점이다. 점대를 50개 사용하는데, 원래는 톱풀(국화과의 다년초) 줄기로 만들어야 하지만 실제로는 대나무로 만들었다고 한다. 효(괘를 구성하는 하나의 선)가 적힌 50개의 점대 중 6개를 무작위로 골라 '괘'를 만들고, 64괘 안에서 결과를 확인한다.

단역 斷易

고대 중국에서 전해진 **점술**이다. 춘추 전국 시대의 귀곡자鬼谷子를 기원으로 하는 특수한 **역술**이다.

포에 筶

고대 중국에 내려오는 점술이다. 대합 모양의 나뭇조각 두 개를 던져 나오는 앞과 뒤의 확률을 각각 조합해 길흉을 점친다.

새점

새의 울음소리, 앉은 가지의 방향, 날아가는 방향으로 길흉을 점치는 술이다.

야부사메 流鏑馬

말을 타고 **적시**를 쏘아 길흉을 점치는 **주법**이다. 마물이나 원령을 정화시키는 영력이 있다고 여겨졌다.

쥐혼 빙의점

2인 1조로 쥐의 영혼을 **빙의**시키는 점이다. 등에 '쥐 서鼠' 자를 세 번 적으면 그 사람은 쥐 영혼에 빙의된다. 그리고 다른 한 사람은 빙의된 사람에게 궁금한 내용을 묻는다. 질문이 다 끝나면 쥐의 천적인 '**고양이 묘**猫' 자를 등에 세 번 쓴다. 그러면 빙의가 풀린다고 한다.

족제비 빙의

제단을 설치하고 의식을 거행해 족제비

의 영혼을 **요리시로**에 빙의시켜 **탁선으**로 길흉을 점치게 한다. 족제비의 영혼이 **빙의**된 **요리시로**는 마구 뛰어다니므로 **사니와**審神者[1]를 비롯해 시중드는 사람이 여럿 필요하다. 또한, 족제비의 영혼은 떨어뜨리기 어렵다고 여겨진다.

족제비 부르기 주문

'옴쇼쇼소와카, 옴키리카쿠야소와카'라고 외치고 족제비의 영혼을 불러 길흉을 점친다.

야간 野干 길흉 점치기

여우를 닮은 동물인 야간野干이 우는 타이밍으로 길흉을 알 수 있다는 점이다. '인일寅日에 울면 남쪽과 북쪽에서 사람이 죽는다', '축일丑日에 서쪽에서 울면 재물을 얻을 수 있다'와 같은 식이다.

망기술 望氣術

대지의 '**기**'를 읽는 술이다. 그 땅의 기운이 뻗어 나가는 모습을 보고 군대의 승패, 토지의 길흉을 점쳤다. 고대 중국의 태공망太公望이 고안했다고 전해지며, 일본의 센고쿠 시대에도 **군배자** 사이에서 널리 이용되었다고 한다.

---

1   고대 신토에서 신탁을 받는 자를 가리켜 사니와라 불렀다.

수점 水占

물을 이용한 점이다. 물에 콩을 담갔을 때 뜨거나 가라앉는 모습, 물이 탁한 정도, 강에 드리운 그물에 걸린 표류물 등으로 길흉을 점친다.

돌점 石占

신사의 경내에 있는 특정 돌을 이용하는 점이다. 돌이 솟아있는지, 무거운지 가벼운지 등으로 길흉을 판단한다.

던지기 점

돌이나 막대기, 지팡이를 던져 길흉을 판단하는 점이다. 동전의 앞뒷면으로 판단하기도 한다.

장소·시간 점

사거리 점

고대의 점이다. **사거리**로 나갔을 때 처음 지나가는 사람의 말, 길가는 사람들이 주고받는 말 속에서 길흉을 판단한다. 《만엽집》에서는 왕점往占, 석점문夕占이라 불렀다. 에도 시대에는 길흉이 적힌 종이를 파는 가게를 사거리 점집이라 부르기도 했다.

아베노 세이메이의 사거리 점

아베노 세이메이가 복서의 기구를 묻은

곳에서 거행하기 시작했다는 **사거리 점**의 일종이다. 길흉을 점칠 수 있다.

다리 점

다리 위나 옆에서 치는 **사거리 점**의 일종이다. 다리를 건너는 사람이 하는 말로 길흉을 점친다. 다리는 **이계**로 통하며 신령이 머무르는 곳이라 믿었으므로 다리 근처에서 들리는 말에는 신의 뜻이 담겨져 있다고 여겼다.

관련어 점문교店門橋

석점 夕占

저녁에 **사거리 점**을 치는 일을 말한다. 원래 사거리 점은 **해 질 무렵**에 쳤다.

음식 점

쌀점

물이 끓는 솥에 쌀알을 넣고 그 쌀알이 만드는 모양으로 길흉을 점친다. 그릇에 담긴 쌀알 모양을 보고 점을 치는 것도 있다.

죽점

죽을 이용한 점이다. 솥이나 냄비에 쌀과 물을 넣어 죽을 쑨 뒤 그 안에 죽통을 담근다. 죽통 안에 죽이 채워지면 이를 꺼내 쪼갠다. 죽통 속에 들어있는 쌀의 개

수나 모양으로 한 해의 풍흉을 점친다.

관련어 통점筒占

콩점

콩을 이용한 점이다. 12개월에 해당하는 콩 열두 개를 화로 위에 올려두고 구워지는 상태를 보고 한 해의 날씨를 점친다. 콩이 하야면 맑음, 살짝 구워지면 흐림, 검게 타면 비와 같은 식이다.

별 읽기

천문밀주 天文密奏

음양료의 천문박사가 치던 점이다. 당시에는 천문 현상이나 날씨가 나라와 정치에 영향을 준다고 생각했으므로, 이변이 일어나면 길흉을 점쳤다. 점괘 결과는 국정에 관련된 극비 사항이라 봉인해 덴노에게 바쳤으므로 천문밀주라 불렸다.

성진 星辰

별, 또는 별자리를 가리킨다. 중국에서는 태어난 별을 숭상하는 것을 가리켜 성진 신앙星辰信仰이라고 했다. 여기서 '별 이름 진辰' 자는 용신을 가리킨다. 일본 **음양도**의 신이나 제사 의식은 성진 신앙에서 유래한 것이 많다.

북진 北辰

북극성의 다른 이름이다. 고대 중국에서는 그 위치가 고정되어 있는 북극성은 주위 별들을 복종시켰다고 여겨 천자나 궁전에 비유되었다. 북극성을 숭배해야 마땅한 별이라 믿는 북진 신앙이 생겨났으며, 신격화되었다.

북두 北斗

북두칠성을 가리킨다. **도교**에서 북두는 **북진**의 신하로, 사람의 죽음이나 운명을 관장하는 신으로 여겼다. 일본에서도 북두를 숭배했는데, 나쁜 일을 하면 북두신이 벌을 내린다고 믿었다. **밀교**에는 북두에 연명을 기원하는 의식인 '북두공北斗供'이 있다.

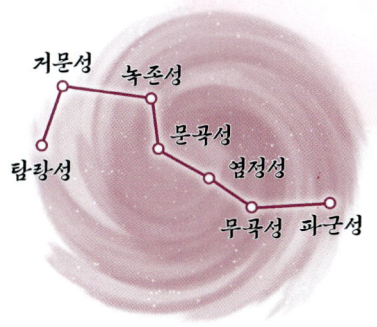

탐랑성 貪狼星

북두칠성을 이루는 별 중 하나다. 쥐띠 해에 태어난 사람의 **속성**屬星이다.

거문성 巨門星

북두칠성을 이루는 별 중 하나다. 소·돼지띠 해에 태어난 사람의 **속성**이다.

녹존성 祿存星

북두칠성을 이루는 별 중 하나다. 호랑이·개띠 해에 태어난 사람의 **속성**이다.

문곡성 文曲星

북두칠성을 이루는 별 중 하나다. 토끼·닭띠 해에 태어난 사람의 **속성**이다.

염정성 廉貞星

북두칠성을 이루는 별 중 하나다. 용·원숭이띠 해에 태어난 사람의 **속성**이다.

무곡성 武曲星

북두칠성을 이루는 별 중 하나다. 뱀·양띠 해에 태어난 사람의 **속성**이다.

파군성 破軍星

북두칠성을 이루는 별 중 하나다. 말띠 해에 태어난 사람의 **속성**이다. 북두칠성 전체를 가리켜 칠성검이라 부르기도 하는데, 이때 파군성은 칼끝별이라고도 한다.

남두 南斗

남두육성南斗六星[1]을 가리킨다. 고대 중

---

1   북두칠성을 닮은 작은 국자 모양의 여섯 개의 별로, 궁수자리의 일부다.

국에서는 신앙의 대상이었다. **도교**에서는 죽음을 관장하는 **북두**와는 달리 생명을 관장한다고 여겼다.

속성 屬星
음양도나 **밀교**에서 말하는 수호성이자 운명을 지배하는 별이기도 하다. 태어난 년의 간지에 따라 정해지며, **북두**칠성을 이루는 별 중 하나를 가리킨다.
관련어 본명성本命星

속성제 屬星祭
음양도의 제사다. **북두**칠성은 원래 **도교**에서 모시는 신이었지만, 이에 대한 믿음이 퍼져 개인의 일생을 좌우한다고 여기게 되었다.

오성 五星
수성, 금성, 화성, 목성, 토성을 말한다. **음양도**에서는 오성을 믿음의 대상으로 여기는 일이 많았다.

세성 歲星
고대 중국에서 목성을 이르던 말이다. 봄을 관장하는 별이다.

형혹성 熒惑星
고대 중국에서 화성을 이르던 말이다. 여름을 관장하는 별로, '재앙의 별'이라 불리기도 했다.

태백성 太白星
고대 중국에서 금성을 이르던 말이다. 가을을 관장하는 별로, 초저녁에 뜨는 **명성**을 '태백성太白星'이라 불렀다. '쇠 금金' 자가 '금할 금禁' 자와 발음이 같기 때문에 태백이 있는 방향은 좋지 않다고 여겼다. 태백에 이상이 일어나면 재앙이 일어난다고 믿었다.

명성 明星
금성을 가리킨다. 새벽녘 동쪽에서 보이는 금성을 '새벽의 명성', 밤에 서쪽에서 보이는 금성을 '초저녁의 명성'이라고 하는데, **태백성**과 대비되는 뜻으로 '명성'을 사용한다면 이는 '새벽의 명성'을 가리킨다. **밀교**의 **허공장 구문 지법**은 '명성의 **주법**'이라고도 한다.

명천자 明天子
명성을 가리킨다.

진성 辰星
고대 중국에서 수성을 이르던 말이다. 겨울을 관장하는 별이다.

진성 鎭星
고대 중국에서 토성을 이르던 말이다. 사계절을 관장하는 별로, 풍년을 불러온다고 했다.

삼성합 三星合

지구에서 바라봤을 때, 금성과 화성, 목성이 한 줄로 늘어서는 때를 말한다. 이는 흉사의 전조로 믿었다.

삼합의 액년

음양도에서 화성, 목성, 토성의 거리가 가까워지는 해는 액년이라 여겼다.

구요 九曜

인도의 역법을 기원으로 하며, 일회수목금토일의 칠요에 **나후성**羅睺星, **계도성**計都星을 추가한 별을 말한다. 구요를 바탕으로 운명을 점치는 술법을 구요점九曜占이라고 하는데, 일본에서는 **음양도**에 도입되었다.

일요성 日曜星

구요 중 하나로, 태양을 가리킨다. 일요성에 해당하는 해는 1년 내내 일이 잘 풀리는데, 특히 5월부터 7월 사이의 기운이 좋다고 한다.

월요성 月曜星

구요 중 하나로, 달을 가리킨다. 월요성에 해당하는 해는 불과 물과 관련된 재앙을 조심하며 신중하게 지내면 좋다고 한다.

화요성 火曜星

구요 중 하나로, 화성을 가리킨다. 화요성에 해당하는 해는 재앙이 일어나기 쉽다고 한다.

수요성 水曜星

구요 중 하나로, 수성을 가리킨다. 수요성에 해당하는 해는 특히 가을과 겨울에 일이 잘 풀린다고 한다.

목요성 木曜星

구요 중 하나로, 목성을 가리킨다. 목요성에 해당하는 해는 모든 일이 잘 풀리는 좋은 한 해이지만, 나무를 베어서는 안 된다고 한다.

금요성 金曜星

구요 중 하나로, 금성을 가리킨다. 금요성에 해당하는 해는 분쟁이 일어나기 쉽고 집이나 땅을 사는 걸 피해야 한다고 한다.

토요성 土曜星

구요 중 하나로, 토성을 가리킨다. 토요성에 해당하는 해는 길흉이 번갈아 가며 일어난다고 한다.

나후성 羅睺星

구요 중 하나로, 일식과 월식을 일으킨다는 상상 속의 별이다. 나쁜 별이라 여겨졌으며 나후성에 해당하는 해는 매우 신중하게 생활해야 했다.

계도성 計都星

구요 중 하나로, 실존하는 천체는 아니다. 태양과 달의 궤도가 교차하는 지점이라고도 하고 재앙을 일으키는 혜성이라고도 한다. 계도성에 해당하는 해는 특히 봄과 여름에 재앙이 잘 일어난다고 한다.

수요술 宿曜術 · 수요도 宿曜道

동양 **점술** 중 하나로, **구카이**가 전파했기 때문에 '**밀교** 점성술'이라고도 부른다. 태양, 달, 화성, 수성, 목성, 금성, 토성(칠요)과 27수(또는 28수) 등을 조합해 길흉을 점친다. 수요술을 사용하는 사람을 수요사宿曜師라고 한다.

혜성 彗星

예로부터 재앙의 징조라 믿었던 태양계 주위를 맴도는 천체다. **음양도**에서도 하늘의 어떠한 뜻을 나타내는 징조라고 여겼다.

적기 赤氣

붉은 구름이나 혜성을 말한다. 이러한 것이 나타나면 흉조라 믿었다. 최근 연구에는 가마쿠라 시대의 후지와라노 사다이에가 쓴 《명월기明月記》에 나오는 '적기'가 오로라였다는 주장이 나오고 있다.

성공 星供

밀교에서 별에게 제사를 지내 재앙을 없애거나 복을 기도하는 일을 말한다. **음양도**의 영향을 받았다.

관련어 별 축제, 성공양회星供養會

별 축제

성공을 가리킨다. 칠석을 뜻하기도 한다.

구구 팔십 일

부적에 적힌 **주문** 중 하나로, 곱셈식 중 하나이기도 하다. **구요** 중 하나인 **목요성**을 가리키는 숫자라는 설도 있고 《역경》과의 관련성이 지적되기도 하지만 자세한 내용은 밝혀진 바 없다.

역 · 간지 읽기

십간 十干

열흘(순旬)을 부르는 호칭이다. 갑·을·병·정·무·기·경·신·임·계甲·乙·丙·丁·戊·己·庚·辛·任·癸의 총칭이다. **음양오행**설의 '**목화토금수**'를 형(양의 성질)과 동생(음의 성질)으로 나눈 것으로, 갑(목의 형), 을(목의 동생), 병(화의 형), 정(화의 동생), 무(토의 형), 기(토의 동생), 경(금의 형), 신(금의 동생), 임(수의 형),

계(수의 동생)로도 읽는다. **십이지**와 조합해 사용한다.

십이지 十二支
월, 시각, 방위 등을 나타내는 열두 가지 단어다. 자·축·인·묘·진·사·오·미·신·유·술·해仔·畜·仁·卯·辰·巳·午·未·申·酉·戌·亥로, 훗날 동물의 속성이 부여되었다. 각각 오행의 성질과 의미를 가진다. **십간**과 조합해 사용한다.

십간십이지 十干十二支
'갑자甲子', '경신庚申' 등, **십간**(갑·을·병·정·무·기·경·신·임·계)과 **십이지**(자·축·인·묘·진·사·오·미·신·유·술·해)의 조합으로 이루어진 60개의 역을 세는 법이다. 사주팔자 등 오행과 관련된 **점술**은 모두 십간십이지를 이용한다.
관련어 간지 干支

간지 干支
십간십이지를 가리키는 말이다.

역점 曆占
달력에 적힌 연월일시의 점이다. 그 날의 길흉, **건제십이신**建除十二神, 방위의 길흉 등의 역주(역의 주석)가 적혀 있다. 지금도 '운세력'이라는 이름으로 남아있다.

역법 曆法
달력을 작성하는 방법이다. 달력과 관련된 학문이다. 고대 일본에서는 '천자는 시간을 지배하는 존재'라고 생각했으므로, 달력이 매우 중요했다. 텐노의 명령으로 **역박사**가 달력을 만들고, **음양료**에서 이를 정리해 텐노에게 바치거나 각 관청에 배포되었다.

십이직 十二直
역점 중 하나다. 국가 모양의 **북두**칠성에서 손잡이에 해당하는 부분과 방위(**십이지**)를 조합해 그 날에 해도 좋은 일과 나쁜 일의 길흉을 정한다. 건·제·만·평·정·집·파·위·성·납·개·폐 建·除·滿·平·定·執·破·危·成·納·開·閉의 12종류가 있다.

건 建
십이직 중 하나로, 천제가 세상을 창제한 날이다. 어떠한 일을 시작하거나 만들기에 좋은 날이지만, 그 외에는 모두 적합하지 않다.

제 除
십이직 중 하나로, 천제가 모든 부정함을 정화하는 날이다. 청소, 병의 치료, 목욕 등을 하기에 좋은 날이다.

만 滿

십이직 중 하나로, 천제가 재물을 가득 쌓는 날이다. 풍년이 들거나, 재물을 쫓거나 큰 부자가 되기에 좋은 길일이다.

평 平

십이직 중 하나로, 부탈한 날이다. 집을 세우거나 이사하거나 혼례를 치르기에 매우 적합한 날이다.

정 定

십이직 중 하나로, 천제가 손님이 자리할 곳을 정하는 날이다. 벼슬을 내리거나 규법을 정하기에 좋은 날이다.

집 執

십이직 중 하나로, 천제가 모든 것을 소지하는 날이다. 무언가를 얻으려고 노력하기에 좋은 날이다.

파 破

십이직 중 하나로, 모든 것이 망가지는 날이다. 성을 공격하거나 전투를 벌이거나 물고기나 짐승을 사냥하기에 좋은 날이지만, 그 외에는 모두 불길하다.

위 危

십이직 중 하나로, 무슨 일을 하든 위험한 날이다. 새로운 일을 시작해도 나쁜 일만 계속되며 제대로 일이 굴러가지 않는 날이다.

성 成

십이직 중 하나로, 만사형통하는 날이다. 큰 희망을 품고 시작하기에 가장 좋은 길일이다.

납 納

십이직 중 하나로, 천제가 수많은 재물을 보물창고에 넣는 날이다. 물건을 사 집 안에 보관하는 등 무슨 일을 해도 좋은 날이다.

개 開

십이직 중 하나로, 천제가 보물창고의 문을 여는 날이다. 사업이나 다양한 예술적 활동을 시작하기에 매우 적합한 길일이다.

폐 閉

십이직 중 하나로, 천제가 보물창고의 문을 닫는 날이다. 하늘과 땅의 음양이 폐쇄되는 날로, 어떤 일을 하든 매우 좋지 않은 날이다.

구성기학 九星氣學

고대 중국에서 생겨난 **점술**이다. '구성九星'은 별자리가 아닌 **음양오행**설이나 **간지** 등을 조합한 '아홉 개의 **기**'를 가리킨다. 구성이나 **방위신**의 위치를 보고 그

해의 방향과 관련된 길흉이나 운세를 산출한다.

사주추명 四柱推命

고대 중국에서 생겨난 **점술**이다. 태어난 년, 월, 일, 시간을 '기준'으로 삼아 **간지**와 조합해 사람의 운명을 미루어 짐작한다.

기문둔갑 奇門遁甲

점성술과 **역술**을 조합한 **점술**로, 고대 중국에서 생겨났다. 둔갑遁甲은 '**십간**에서 갑을 제외한다'라는 뜻으로, 구간, 구성, 팔문 등의 배치를 통해 방위와 계절의 길흉을 점친다. 황제黃帝[1]가 천신으로부터 전수받았다는 설과 삼국시대의 제갈공명이 **선인**으로부터 전수받았다는 설이 있다. 당시는 군사적인 목적으로 이용되었다.

팔문둔갑 八門遁甲

기문둔갑을 말한다. 일본에서는 **닌자**가 활용했다고 한다.

팔진둔갑도 八陣遁甲圖

기문둔갑 중 팔문을 이용해 짠 전투 진형이라고 하는데, 상세한 내용은 밝혀진 바 없다. 제갈공명이 사용했다는 말이 있다.

---

1 중국 신화에 등장하는 제왕으로 중국을 다스린 삼황오제 중 첫 번째 왕이다. 중국 문명과 도교의 시조로도 여겨진다.

식점 式占

중국에서 전해온 점으로, 나라 시대에 **음양료**에서 거행했다고 한다. 천반, 지반이라는 형태가 서로 다른 두 개의 식반을 룰렛처럼 회전시킨 뒤 멈춘 지점을 보고 길흉을 점친다. 태을(태일)식, 둔갑식, **육임식**의 삼식三式과 더불어 뇌공식雷公式이 있었다고 전해진다. 헤이안 시대부터는 주로 육임식을 사용했다.

육임식 六壬式

음양사인 **아베노 세이메이**가 사용했던 **점술**이다. '육임식반六壬式盤'이라는 **점술** 도구를 사용해 점을 치는 월, 일, 시간을 기반으로 천문과 **간지**를 조합해 점을 친다. 아베노 세이메이가 저술한 《**센지라쿠케쓰**占事略決》에 그 방법이 적혀 있다. 원래는 고대 중국에서 전해진 점술로, 황제가 인면조인 구천현녀九天玄女로부터 전수받았다고 한다.

관련어 육임六壬, 육임신과六壬神課

기타 점술

오행점 五行占

나라 시대에 **음양료**에서 거행된 점이다.

연구할 구 究 자 점법

귀복을 간략화한 점법이다. 점괘를 보고

자 하는 상대방에게 **인형**에 '연구할 구究' 자를 많이 쓰게 한다. 그리고 인형을 하나 고르게 하는데, 거기에 적힌 '연구할 구究' 자의 필체를 보고 그 사람의 운세와 성격, 길흉을 점친다.

소도무술 小道巫術

접신으로 길흉을 점치는 술이다. 치료 등에도 사용되었지만, 아스카 시대에 제정된 승니령僧尼令[1]에 따라 금지되었다.

족점 足占

점술의 일종이다. 길과 흉을 번갈아 말하며 일정한 거리를 걷는데, 목표에 도착했을 때의 걸음 수나 어느 쪽 발이 먼저 도착했는지를 보고 점을 친다. 신발을 멀리 던져 떨어진 상태를 보고 내일 날씨를 점치는 놀이도 족점의 일종이다.

수주점 數珠占

이자나기류의 **점술**로, 손가락으로 염주를 넘기면서 **주문**을 읊는다. 왼손에 염주를 건 상태에서 오른손으로 힘껏 염주를 훑는데, 이때 왼손가락 사이에 있는 염주 구슬이 홀수이냐 짝수이냐에 따라서 길흉이나 옳고 그름을 판단하는 점이다.

---

1   702년에 일본에 반포된 율령으로, 승려들의 활동을
    국가가 규제하는 것이다.

줄점

닌자가 치는 점이다. 늘어뜨린 줄의 어느 부위를 잡느냐에 따라 길흉을 점친다.

수식구옥지비전 首飾句玉之祕傳

닌자가 활용했던 점술이다. 목걸이를 이용해 삼라만상을 점친다. 그 방법은 알려진 바 없다.

안맥 眼脈

닌자의 점술이다. 보통은 손가락으로 눈자위를 누르면 눈앞이 하얘진다. 만일 멀쩡하다면 좋지 않은 일이 일어나리란 전조로 보고 경계한다.

소원 성취

다기니천법 茶枳尼天法

다기니천의 엄청난 **주력**이 어떠한 소원도 이뤄준다는 궁극의 **주법**이다. 해골을 **주물**로 사용해 **가지 기도**를 올리는데, 마지막에 **야생 여우**를 **신공神供**으로 바친다. '돈성실지頓誠悉地'는 그 자리에서 소원이 성취된다는 뜻이다. 그 이름대로 원하는 만큼 부와 권력을 얻을 수 있지만, 이 주법을 사용한 자는 말년에 비참한 죽음을 맞이한다. 일본에서는 **슈겐도**의 비법이었는데 훗날 다기니천이 이나리신과 동일시되면서 이 주법은 **이즈나**

법과 같은 **호령**狐靈을 사역하는 술이 되었다고도 한다.

관련어 다기니천돈성실지법茶枳尼天頓誠悉地法

존승불정 다라니법 尊勝佛頂陀羅尼法

최강의 **다라니** 중 하나다. 죄가 소멸되고 번뇌를 없애주며 병을 치료하는 등 다양한 효과가 있다. **인**을 맺고 '나마사만다 보다난 카론 비기라나한 소 우슈니샤 소와카'라고 외친다.

목간주술 木簡呪術

목간木簡[2]을 이용한 **주술**이다. **사람 모양**으로 조각한 나무판에 소원을 담은 글귀나 문양을 적는다. 오늘날의 **에마**나 칠석 풍습으로 이어져 내려오고 있다.

발원

예로부터 전해 내려오는 소원 성취 술법이다. 신사를 참배할 때 공물을 바치며 소원을 들어달라고 기도한다. **에마**도 발원의 한 종류다. 에도 시대 이후로는 좋아하는 음식을 먹지 않거나 목욕재계하는 등의 고행과 맞바꿔 소원을 성취하려는 방법도 등장했다.

태고신법 太古神法

일본어로 '종이 지紙' 자는 '귀신 신神' 자

2   나무판에 글을 적은 것이다.

와 발음이 가미かみ로 똑같다. 이를 바탕으로 한 장의 종이를 '접거나 묶거나 감싸' 신과 이어지게 하는 **주법**이다. 태고신법으로 만들어진 특별한 종이접기는 '오리후折符'라고 부른다.

관련어 가미오리후神折符

지장보살 포박

밧줄로 칭칭 동여맨 지장보살로, **발원**의 의미가 있다. 소원을 빌며 지장보살을 밧줄로 묶는데 그 소원이 이뤄지면 밧줄을 풀어준다.

인력의 법칙

소원이 이뤄질 거라는 강한 긍정의 마음이 소원 성취를 가져온다는 개념이다. 생각은 현실이 된다고 강하게 의식하는 일이 중요하다고 한다.

번뇌 소멸·복 부르기

심사대장深沙大將의 비술

번뇌를 소멸시키고 복을 불러오는 술법이다. 심사대장深沙大將은 불교의 수호신이지만, **도교**와 **음양도**의 **신**인 **태산부군**과 동일 인물이라는 설도 있다.

지천법 地天法

지천의 힘으로 복을 얻는 술이다. 지천은

주술의 기본 용어

주술의 의식

최면·소원 성취의 주술

특수 능력의 주술 예언의 주술

승자·이능력자 이형의 생명체

주구·무기·부적

이계·결계 금기와 영역

저주·이야기

견뢰지신堅牢地神이라는 대지의 신을 말한다. 지천의 **인**을 맺고 '옴 하라치비에이 소와카'라는 **다라니**를 읊는다. 또한, 청마의 꼬리를 스물한 가닥으로 나누어 **호마**하면 복신이 나타나는 술법도 있다. 지천법은 풍년과 연명 장수도 불러온다.

백복성취법 百福成就法

길상천에게 기도해 복을 얻는 **주법**이다. 열다섯이 된 숫처녀가 짠 비단을 깔고, 수단에 길상천의 **다라니**로 가지 기도를 올린 소의 오줌을 받은 뒤 그 안에 석가모니상을 안치한다. 그리고 화가가 특별한 재료로 길상천의 모습을 그린다. 특히 정월, 3월, 7월에 하면 소원이 잘 이루어진다고 한다.

누진통 漏盡通

신통력 중 하나다. 모든 욕구와 잡념을 없애는 힘이다.

풍년 기원

동물 공희 動物供犧

동물의 목숨을 빼앗아 신에게 바치는 **주술적 행위**다. 주로 **기우제**를 지내거나 풍년을 기원할 때 이용되었다.

뇌공제 雷公祭

음양도의 제사다. '우뢰 뇌雷' 자는 '비 우雨' 자와 '밭 전田' 자가 합쳐진 것이므로, **기우제**나 풍년 기원의 의식이 되었다.

고산제 高山祭

음양도의 제사다. 풍년을 기원하고 병충해를 없애기 위해 거행되었다. 음양사인 **시게오카노 가와히토**滋岳川人가 거행했다는 기록도 있다.

필승 기원·천하 태평·국가 번영

제석천의 필승기원법

제석천帝釋天에게 승리를 기원하는 **주법**이다. 개전을 앞두고 3일, 7일 등 정해진 기간 동안 제석천에게 공양하고 **진언**을 읊는다. 제석천에게 기도하면 국가가 번영하지만, 심기를 거스른다면 나라에 전쟁이나 재앙을 불러온다고 한다.

어의 가지 어수법 御衣加持御修法

천태종의 총본산인 엔랴쿠지에 매년 4월 4일부터 7일 동안 거행되는 대법요다. 천태밀교의 최고 밀법으로 여겨진다. 옥체 안녕, 천하태평, 만민풍락 등을 기도한다.

사리법 舍利法

석가의 유골, 즉 불사리를 이용해 국가와 덴노를 위해 가지 기도를 거행하는 **밀교**의 **주법**이다. 일단 사리에 담긴 **주력**이 발동되면 온 세상에 꽃비가 내리고 그 꽃들이 금은보화로 바뀌어 모든 사람들을 부유하게 만들어 준다고 한다.

성천공 聖天供

성천聖天(환희천歡喜天)의 **주력**으로 즉시 소원을 이루어준다는 **밀교**의 **주법**이다. 단, 어설프게 성천의 힘을 사용해서는 안 된다. 성천의 주력은 매우 강력해서 어떠한 소원이든 다 이뤄준다. 하지만 만일 기도를 중단한다면 반드시 성천으로부터 벌을 받게 되고 자손 대대로 화를 입는다. 따라서, 평생 성천의 노예가 되어 살아가야 하는 목숨을 건 주법이라고 할 수 있다.

관련어 성천법聖天法

금은보화 얻기

우하변재천법 宇賀弁財天法

변재천弁財天과 우하신宇賀神이 합쳐져 생겨난 일본의 토속신인 우가변재천宇賀弁財天에게 기도하는 술법이다. 매일 **진언, 다라니**의 **주문**을 108번 읊으면 하늘에서 금은보화가 비처럼 쏟아진다고 한다.

대흑천비력법 大黑天飛礫法

복수福壽의 신인 대흑천大黑天의 힘으로 부를 얻는 **주법**이다. 이른 아침, 대흑천의 **진언**인 '옴 마카캬라야 소와카'를 읊으면서 부잣집 저택 안으로 메밀가루로 만든 보옥을 던지면, 그 집의 재복을 빨아들인다고 한다.

지장보살법 地藏菩薩法

재복을 불러오는 **주법**이다. 지장보살이 손에 들고 있는 **여의 보옥**은 원하는 보물을 얻을 수 있는 궁극의 **주구**로, 지장보살에게 기도하면 무한한 재물을 얻을 수 있다.

밑천 빌려주기

도치기현 닛코의 도야마에 있는 **비사문천**에게 빌린 돈(후쿠센福錢)을 밑천 삼아 장사를 시작한 뒤 다음 해에 빌린 돈의 두 배를 갚으면 부자가 된다는 믿음에서 만들어진 **주술**이다.

비사문천 삼사 성취법
毘沙門天三事成就法

재복의 신인 **비사문천**에게 **가지 기도**를 올리면 연기·불·온기가 나타나 복을 약속한다는 **밀교**의 술법이다. 연기가 나타나면 모든 것이 이루어지고 불꽃이 나타나면 모든 사람이 나를 따르게 되며 온기가 나타나면 마르지 않는 복을 얻을 수 있다고 한다.

비사문천공 毘沙門天供

두 명의 **비사문천**이 등을 맞대고 서 있는 쌍신 비사문천에게 공양을 드리면 '복'과 '지혜' 모두를 내려준다고 하는 **밀교**의 **주법**이다.

복장개현법 伏藏開顯法

광물이 매장되어 있을 법한 장소에서 **군다리명왕**에게 기도하는 불교의 술법이다. **주문**을 읊으면서 땅을 파면 광물이 나온다고 한다. **금강저**로 땅을 치면 목소리가 들릴 때도 있다.

보장천녀법 寶藏天女法

의식으로 보장천녀寶藏天女(**길상천**이라는 설이 있다)를 불러와 영적으로 교감해 부부가 되면 왕후가 된 천녀가 재복을 내려준다는 **주법**이다.

현지귀명단 玄旨歸命壇

천태종에 구전으로 내려오는 의식으로, **마타라신**摩多羅神에게 기도를 올린다. 훗날, 재화나 애욕에 효과가 있는 술법으로 바뀌었다.

기타 주술·의식

집 나간 사람이 돌아오는 주법

집을 나간 사람을 돌아오게 하는 **밀교**의 **주법**이다. 동쪽을 향해 뻗은 호두 가지를 염주로 묶고 **진언**을 일만 편, 《**반야심경**》을 일곱 번씩 읊는다. 그리고 집을 나간 사람의 구두 속에 '부동'이라고 적힌 **호부**를 넣어 삼거리 길가에 묻으면 집을 나갔던 사람이 돌아온다고 한다.

되돌리기법

집을 나간 사람을 돌아오게 하는 **주문**이다. **짚신**의 좌우를 바꿔 신고 나가 다음의 **주문**을 읊는다. '다쿠간^{タクガン}, 리우리우^{リウリウ}, 기우키우^{キウキウ}, 소테이^{ソウテイ}, 소테이신도테이^{ソウテイシントウテイ}, 구간노^{クガンノ} 고사이테노미코토하^{コウサイテノミコトハ}, 아마쓰카미쿠니쓰^{天神地} 카미노야시로오타치누켄토스루모노^{神ノヤシロヲタチヌケントスルモノ}, 가미가미치카라오아와세테^{神々カヲ合テ}, 고노도코로^{コノ所}니, 안도, 라쿠소쟈우난야^{ニ, アンドウ ラクソウジャウナンヤ}。 잇사이가콘카^{一サイガコンカ}이, 오보치노다이니치뇨라이^{オボチノ大日如来}, 가나야마^{金山} 에토오모무키나사레시^{ヘトオモムキナサレシ}, 아야쿠텐란와^{アヤク天ランハ}, 사토미야노코로토나루토호오무슨데^{サトミヤノコウロウトナルト法ヲムスンデ}, 아메노고토쿠카제노고토쿠토^{雨ノゴトク風ノゴトクト}, 아이카와리^{アイカワリ}, 히키모도시쓰^{ヒキモドシツ}, 아비라운켄무켄소와카^{アビラウンケンケムケンソワカ}'

되돌리기 반환법

되돌리기법에 따라 집을 나간 사람이 돌아왔을 때 외치는 **주문**이다. '아쿠와나^{悪ハ}

流レ、　　福ハ止マル、　　サン神ココニ立チ、
가레, 후쿠와토마루, 산카미코코니타치,
御神故ニカケラレ戻ラセ給たまイ
온카미유에니카케라레모도라세타마이
シカ、　　コノ度ノカゲトウサンラクト、　　サク
시카, 고노타비노카게토산라쿠토, 사쿠
ラクシ奉ル、　　オン、　　トウトウ貴神
라쿠시타테마쓰루, 온, 도토모치노카미
ノコヤスコウ、　　　　　天竺テイト泰ル、
노코야스코, 덴지쿠테이토타테마쓰루,
ソノ法許サセ給イヤ
소노호유루사세타마이야'

탄우술 呑牛術
살아있는 소를 통째로 삼킨 것 같은 **환술**이다. 센고쿠 시대의 **환술사**였던 **가토 단조**의 주특기였다.

무언신사 無言神事
군마현 도미오카시 이치노미야 누키사키 신사에 전해 내려오는 특수 제의인 '오시즈메 제의'를 가리킨다. '오시즈메님'이라 불리는 무덤에 공물을 바치러 가는 동안 제의에 봉사하는 사람이 말하면 죽는다고 한다. 과거에 무심코 '불씨가 살아있는가'라고 했을 뿐인데 갑자기 죽어버린 구지宮司[1], 외마디 비명을 외쳤을 뿐인데 그 자리에서 숨을 거둔 신관이 있었다고 하니 조심한다. 헛기침이나 신마神馬의 울음소리도 터부시된다.

호법 뛰기
오카야마현에 전해 내려오는 **빙의 기도**의 일종이다. 오늘날에도 진행되고 있는

1　신궁의 최고 책임자다.

행사로, 7일 동안 수행한 고호자네護法実라 불리는 **요리마시**에게 호법신이 강림해 경내를 뛰어다닌다.

징크스·불길한 징조·구전

징크스
'자는 모습을 **거울**로 비추면 혼을 빼앗긴다', '밤에 손톱을 깎으면 부모보다 먼저 죽는 불효를 저지르게 된다', '무덤에서 넘어지면 불길하다', '양말을 왼발부터 신으면 불길하다'처럼 불길함이나 재수가 없는 것을 불러온다는 미신이나 습관을 가리킨다. 부정적인 생각이나 과거의 실패 때문에 징크스의 **저주**에 얽매이기도 한다. 최근에는 길흉을 점치는 일이나 재수가 좋은 일을 표현하는 뜻으로 사용되기도 한다.

천벌
나쁜 일을 하면 그에 상응하는 벌을 받는다는 개념이다. 신불, **원령**이 내리는 **재앙**처럼 초현실적, 초자연적인 존재가 벌을 내린다.

뿌린 대로 거둔다
다른 사람을 저주해 죽이려고 하면, 결국 자기 자신에게도 똑같은 불행이 찾아온다는 의미다. **음양사**가 누군가를 주살해

달라는 의뢰를 받았을 때는 **저주 반환**으로 인한 죽음을 각오하고 상대방의 무덤뿐 아니라 자신의 무덤도 마련해 둔다는 이야기가 떠오르는 속담이다.

짚신 끈

짚신 끈이 끊어지면 불길한 징조라는 속설이 있다. 옛날에는 시체를 매장하면 죽은 이의 신발은 무덤 앞에 버렸다. 이때, 무덤에 숨어들어오는 마물이 이 짚신을 신고 돌아다니지 못하게 끈을 끊어놓는 풍습에서 생겨났다는 설이 있다.

이를 일곱 번 부딪히고 손가락을 세 번 퉁기기

까마귀가 불길하게 울면 집안에서 누군가가 죽을 거라는 흉조라고 믿었다. 이를 회피하기 위한 **주문**이다. '건원형이정乾元亨利貞'이라고 세 번 외치고, 이를 일곱 번 딱딱 부딪히며('고치叩齒'), 엄지와 검지를 세 번 퉁기면(**핑거 스냅**) 해를 입지 않을 수 있는 주문이다.

뱀을 가리키면 손이 썩음

뱀은 재앙을 잘 내리는 존재라 손가락으로 가리키기만 해도 저주를 받는다는 징크스다. 이를 막으려면 뱀을 가리킨 손가락에 침을 뱉는다. 침의 **주력** 신앙에서 생겨난 **주문**이다.

고양이 숨기기

고양이가 시체에 빙의되어 **고양이 요괴**가 되는 것을 막기 위해 사람이 죽으면 고양이를 감춰야 한다. 만일 고양이가 유해를 뛰어넘거나 관 위로 올라가면 죽은 이가 살아 돌아온다거나 시체가 영원히 썩지 않을 거라며 두려워했다.

갓난아기를 댓돌에 묻기

죽은 갓난아기를 댓돌 아래에 묻는 **주문**이다. 유해를 밟아 다지면 사령이 **재앙**으로 변하는 일을 막을 수 있다고 여겼다.

유해 봉인

변사체나 고문 등으로 원한을 품고 죽은 자가 내리는 **재앙**을 막는 **주문**이다. 유해를 **거꾸로** 묻거나 멍석말이를 한 채 물에 던지거나 손발을 묶거나 엎드리게 하거나 수의를 뒤집어 입힌 뒤 이승과 저승의 **경계**인 **사거리**에 묻어 사령의 활동을 봉인하고자 했다.

→ 역 사령 봉인에 대해서는 61쪽 참조

햐쿠모노가타리 법식 百物語法式

여러 사람이 모여 순서대로 괴담을 늘어놓는 '햐쿠모노가타리百物語'의 **징크스**다. 백 번째 이야기가 끝나면 진짜 요괴가 나타난다고 여겼다. 에도 시대의 괴담 소설집인《오토기보코御伽婢子》에는 '괴담을 이야기하면 괴물이 나타난다'라는 내용이 적혀 있다.

보라색 거울

스무 살이 될 때까지 보라색 거울이라는 말을 기억하고 있으면 죽는다는 도시 전설이다. 보라색 거울의 **저주**를 피하려면 '흰 수정', '검은 카네이션' 등의 말을 기억하면 된다고 한다.

놀이 속 주술

동요

예전부터 전해 내려오는 아이들 노래다. 고대 **주술**과 관련된 전승이 숨겨진 **주술가**呪術歌도 남아있다.

관련어 전래 동요

《일본서기》 속 동요

《일본서기》에는 사이메이 덴노 6년 12월의 기록에 나오는 수수께끼의 **동요**다. '마히라쿠쓰노 구레쓰레오노헤타오라후쿠노리카리가미와라토노리카모오노헤타오라후쿠노리카리가甲子とわよとみ오노헤타오라후쿠노리카리가'라는 의미 불명의 64자로 된 노래가 유행했다는 기록이 남아있다. 느닷없이 민간에서 유행한 **동요**는 불길함의 전조로 여겨 두려워했다고 한다.

가고메카고메 *かごめかごめ*

일본에 전해 내려오는 아이들의 놀이다. 가고메카고메는 신을 부르는 몸짓에서 비롯되었다는 설이 있다. 후쿠시마현에는 이와 비슷한 '지장보살 놀이'라는 놀이가 남아있다. 여러 명이 **요리마시**가 될 아이를 에워싼다. 지장보살이 요리마시에 강림하면 주변 사람들이 질문하고 그에 대한 지장보살의 대답을 듣는 놀이다.

오니의 그림자 밟기

오니가 도망치는 아이의 그림자를 밟는 술래잡기다. 메이지 시대에는 주산야十三夜[1]에만 행해졌다. 과거에는 오니의 그림자를 밟으러 가는 놀이였다고 한다.

새끼손가락 걸기

'새끼손가락 걸고 약속한다, 거짓말을 하면 가시 천 개를 삼킨다, 약속했다! 指切りげんまん, うそついたら, 針千本飲ます, 指きった'라는 노래로 어떠한 약속을 할 때 부른다. 여기서 '걸기'는 주먹으로 만 번 때리는 일, '가시 천 개'는 천 개의 가시를 삼킨다는 뜻이다.[2] 약속을 깨면 무시무시한 벌을 받는다. 가마쿠라 시대 초기에는 실제로 **손가락을 자르는 형벌**이

1 　음력 9월 15일 밤을 뜻한다.
2 　새끼손가락 걸기는 일본어로 '指切りげんまん'이라고 한다. 한국어 '걸기'에 해당하는 'げんまん'에서 げん은 주먹을 뜻하는 げんこつ, まん은 숫자 만을 뜻하는 万에서 따왔다고 한다.

있었다고 한다. 에도 시대에는 사랑을 확인하는 의식으로 바뀌었다.

핑거 스냅

검지 손톱을 엄지의 안쪽에 댄 뒤 튕기면 소리가 난다. '탄지彈指'라는 **밀교 주법**으로 사악한 기운을 물리치는 효과가 있다.

눈싸움

눈이 갖고있는 **주력**으로 서로 노려보는 '니라미'의 **주술** 싸움을 놀이로 만들었다. 의미를 알 수 없는 '아푸푸'라는 말도 사실은 어떠한 **주문**일지도 모른다.

바둑

중국에서 유래한 고대 우주관을 나타내는 놀이다. 흑과 백은 음양, 동그란 바둑알과 네모난 바둑판은 하늘과 땅, 즉 움직이는 하늘과 움직이지 않는 대지를 표현한 것이다.

비 오는 날

일본의 동요다. 이 노래를 세 번 부르면 저주를 받고 유령이 나타난다는 도시 전설이 있다.

도미노의 지옥

시와 관련이 있는 도시 전설이다. 사이조

야소西条八十의 시집인 《사킨砂金》에 수록된 '도미노의 지옥'을 소리 내어 읽으면 시의 **주력**이 발동해 불길한 일이 일어나거나 사망한다고 한다. 다만, 사이조 야소가 **저주**하기 위해 시를 지었다는 이야기는 사실이 아니다.

혼자서 숨바꼭질

현대의 **강령술**이다. 의식의 순서에 따라 쌀과 자신의 손톱을 넣은 인형을 준비하고 새벽 3시에 숨바꼭질을 한다. 이때, 소금물을 담은 컵을 준비해야 한다. 깜빡 잊고 준비하지 않았다면 숨바꼭질은 끝나지 않으며 **오니**로 변한 인형이 나를 찾으러 온다.

사각형

현대의 **강령술**이다. 정사각형의 방 모퉁이에 한 명씩 앉는다. A가 나란히 앉은 B의 곁으로 벽을 따라 이동해 어깨를 두드리고, B는 A와 똑같은 방법으로 C의 곁으로 이동해 어깨를 두드린다. 이를 반복하면 처음 A가 있었던 모퉁이에는 아무도 없어야 하는데 누군가가 그 자리에 앉아 있다.

1 일본에서 눈싸움을 시작할 때 하는 말이다.

괴이 현상·초현실적 현상

엑토플라즘 ectoplasm
아무것도 없는 곳에서 액체가 나타나는 등 물리 법칙에서 벗어난 현상이다. 주로 **영매**의 몸이나 입, 코에서 액체가 흘러내린다. **조난 도시에**長南年惠가 유명하다.

자동 필기
본인의 의사와는 상관없이 손이 제멋대로 움직이며 문장을 쓰거나 그림을 그리는 것을 말한다. 여기에는 영적인 힘이 작용한다고 여겨진다.

유체이탈 幽體離脫
영혼이 육체로부터 빠져나가는 현상이다. 주로 빈사 상태에 빠진 사람이 경험한다.

물리 영매 物理靈媒
물체를 이동시키거나 나타나게 하거나 사라지게 하는 등 물리적인 현상을 일으키는 **영매**를 가리킨다.

폴터가이스트 Poltergeist
집에서 일어나는 괴이 현상을 말한다. 갑자기 물건이 움직이거나 소리가 나는 등의 영적인 현상을 가리킨다.

심령사진·심령 동영상
유령 등 사람이 아닌 것이 찍힌 사진이나 동영상을 말한다. 영적 현상의 한 종류다.

④

캐릭터 설정에
활용할 수 있는

술
사
·
이
능
력
자
·

이
형
의
생
물
체

구슬의 기본 용어

공격의 술식

회복·소생 보조의 술식

특수 능력·방지 예언의 술식

출사·아들일자 이명의 생물체

주구·무기·부적

이계·결계 금기의 영역

서적·이야기

황제·황족·귀족

히미코 卑弥呼

3세기경, **귀도**라는 신비한 술로 사람들을 지배했다고 여겨지는 야마타이국의 여왕이다. 《**위지왜인전**魏志倭人伝》에 '이름은 히미코라고 한다. 귀도를 잘 다루어 민중을 현혹시킨다'라는 내용이 나온다. 일종의 무녀나 **주술사**였을 것으로 추정된다.

야마토 다케루 ヤマトタケル·日本武尊·倭建命

야마토 다케루노 미코토를 말한다. 《**고사기**》, 《**일본서기**》 등에 등장하는 영웅이다. 이부키산에서 신이 변신한 멧돼지를 보고 '신의 사자다'라고 **천명**했다고 한다. 잘못된 내용을 언급한 야마토 다케루는 신이 내린 **재앙**에 목숨을 잃었다고 한다.

다이마 황자 当麻皇子

쇼토쿠 태자聖徳太子의 남동생이다. 요메이 덴노 시절, 미우에가다케(지금의 오에산)에 살고 있던 **에이코·아시가루· 쓰치구마**라는 세 오니를 퇴치했다. 특히 **요술**을 사용하던 쓰치구마는 만만치 않았는데, 다이마 황자는 신에게 받은 **주력**이 담긴 **거울**을 비추어 쓰치구마의 요력을 격파하고 쓰러뜨렸다고 한다.

기비쓰히코노미코토 吉備津彦命

《**고사기**》, 《**일본서기**》에 등장하는 황족 출신의 장군이다. 기비쓰국(지금의 오카야마현)에 사는 오니인 **우라**를 퇴치한 영웅으로, 변신술 등의 **요술**을 사용할 줄 알았다. 우라가 잉어로 변신해 강으로 도망치자 기비쓰히코노미코토는 가마우지로 변신해 잉어로 변한 우라를 잡았다.

덴무 덴노 天武天皇

672년, 진신의 난을 평정하고 덴노로 즉위했다. 덴무 덴노는 식반式盤이라는 점술 도구를 사용해 난을 평정했고, **음양도** 관청인 **음양료**를 설치했다. 《**일본서기**》에 '천문과 둔갑술에 능하다'라고 적혀 있는 것처럼 직접 음양도의 술을 사용할 수도 있었던 수준 높은 **주술사**이기도 했다.

쇼토쿠 덴노 저주 사건

쇼토쿠 덴노를 둘러싼 **저주** 사건이다. 《**속일본기**續日本紀》에 따르면, 쇼무 덴노의 딸인 후와 내친왕은 쇼토쿠 덴노의 머리카락을 세 번이나 훔쳤다고 한다. 이 머리카락을 사오강에서 가져온 해골에 넣고 궁궐에서 **주문**을 외웠다고 한다. 해골(죽은 이)에 머리카락(산 사람)을 넣어 산 사람을 사령의 곁으로 보내려고 한 것이었다. 다만, 이 저주는 훗날 허위 고발로 결론지어졌다고 한다.

고닌 덴노 저주 사건

고닌 덴노를 둘러싼 **저주** 사건이다. 772년, 황후인 이노에 내친왕이 남편인 고닌 덴노를 저주한 사건이다. 《미즈카가미水鏡》에는 황후가 우물에 저주를 행하거나 **무당**을 불러와 저주하려고 했다고 한다. 이듬해, 이노에 내친왕은 두 번째 저주 사건이 발각되어 **염매**와 **무고**의 대역죄로 폐위되었다.

고다이고 덴노 後醍醐天皇

가마쿠라~남보쿠초 시대의 덴노다. '**성천공**'이라는 **주법**으로 덴노가 직접 가마쿠라 막부를 무너뜨렸다. 성천공은 **밀교** 비법 중의 비법으로, '**성천법**聖天法' 또는 '**금륜법(일자금륜법)**'이라고도 부른다. 이 비법은 강렬한 **주력**을 자랑하며, 원적 징벌뿐 아니라 이를 시전하는 자에게 '국왕'의 자리를 약속한다. 금륜은 고대 인도 신화의 세계 최강 왕인 금륜성왕金輪聖王을 가리키는데, 고다이고 덴노는 스스로를 세계 최강의 왕에 빗대어 막부를 쓰러뜨리고자 했다. 그의 소원은 이루어졌고, 수백 명에 달하는 가마쿠라 막부의 세력이 스스로 목숨을 끊었다.

신관·무녀

무당

신을 모시며 **가구라**나 기도를 통해 신을 불러와 **탁선**을 받는 사람을 말한다. 여성은 '무녀', 남성은 '박수'라 불렀다.
관련어 무격巫覡

무녀

신을 모시는 여성을 말한다. 주로 신사에 봉사하며 제의 때 **가구라** 춤을 춘다. **이타코**나 **유타**처럼 **접신**해 신령의 목소리를 전달하는 민간 무녀도 있다.
관련어 샤먼

이치코 市子

신 앞에서 **가구라**를 연주하는 무희, 또는 신령을 불러와 **탁선**을 받는 여성을 말한다.

아즈사미코 梓巫女

가래나무 활의 활시위를 튕겨 신령을 **공수**하는 **무녀**를 말한다.
관련어 이치코

이타코 イタコ

아오모리현의 **오소레산**에서 사령을 부르는 현대판 무녀다. **신내림**, 점, 가지 기도 등을 행한다. 의뢰를 받은 무녀는 우선 '구도키'라 불리는 **주문**을 읊은 뒤 각성 상태에 빠지며 사령을 부른다. 그러면 혼령이 나타나 무당의 입을 빌려 이야기를 한다.

유타 ユタ

신내림, **공수**, 점 치기 등을 하는 오키나와의 **무녀**다. '윤타 윤타쿠'는 류큐어로 잡담이라는 뜻인데, 여기에서 파생되어 이름 붙여졌다. **이타코**와 마찬가지로 선조의 혼령 등을 불러와 유타의 입을 통해 이야기할 수 있다.

노로 ノロ

류큐 왕국(지금의 오키나와)의 신관, **음양사** 관료다. 부락들의 제사를 책임졌다.

아조메 阿曽女

나루카마 제의 때 오카마덴에서 제사를 거행하는 여성 신관을 말한다.

떠돌이 무녀 歩き巫女

특정한 신사에 속해있지 않고 전국을 떠돌며 요청에 따라 **가구라**나 기도를 행하거나 **탁선**하는 민간 **주술사**와 점술사를 가리킨다. 《**곤쟈쿠모노가타리슈**》에 따르면, 미마사카국(지금의 오카야마현)의 산에 사는 **원숭이 신**에게 **산제물**로 바쳐진 **무녀**의 혈통을 이어받아 **고양이**의 두개골이나 원숭이의 손을 본존을 받들었다고도 한다.

모치즈키 지요조 望月千代女

다케다 신겐의 조카인 모치즈키 도토우미노카미노노부마사의 아내다. 사실은 **떠돌이 무녀**를 거느리며 첩보 활동을 벌였던 구노이치라는 설이 있다. 다케다 신겐은 전쟁으로 미망인이 된 지요조를 무녀의 수장으로 임명했다고 한다. 그녀는 시나노를 거점으로 고아가 된 소녀들을 모아 표면적으로는 떠돌이 무녀로, 뒤로는 험난한 수행을 거친 구노이치로 키워냈다. 지요조는 이렇게 양성한 떠돌이 무녀들을 각 지방으로 보내어 무사들의 동향을 살펴 신겐에게 전달했다고 한다.

사니와 審神者

고대 제의 때 신주에게 어떤 신이 **빙의**되었는지 파악한다. 나쁜 신이 내려오면 이를 물리치는 힘도 가지고 있었다고 한다.

음양사

음양사 陰陽師

음양도에서 길흉을 점치며 악귀나 재해에 **주술**을 부리는 자다. 헤이안 시대에는 **아베노 세이메이**처럼 관청에 소속된 관인 음양사와 민간에서 활동했던 **법사 음양사**가 있었다.

법사 음양사 法師陰陽師

헤이안 시대에 조정을 섬기는 관료인 관인 **음양사**와는 달리 민간에서 활동하는 음양사를 부르는 이름이다. **음양료**에는 항상 약 스무 명 정도의 관인 음양사가 있었는데, 당시 헤이안쿄에는 법사 음양사만 백 명이 넘었다고 한다.

쇼몬지 唱門師

민간 **음양사**를 가리키는 명칭이다. 한 곳에 정착하지 않고 여기저기 떠돌며 기도와 복점은 물론 예능을 담당하며 활동했다. 사회적으로는 **법사 음양사**보다 신분이 낮았다.

음지의 음양사

음양료에 소속된 국가 공인의 **음양사**가 아닌 민간 음양사를 가리킨다. 《**곤쟈쿠 모노가타리슈**》에 등장하는 음지의 음양사는 **식신** 등을 사용하지 않고 상대방의 목소리를 듣거나 얼굴을 보기만 해도 **저주**를 걸 수 있었다고 한다.

역박사 曆博士

음양료에 소속된 관료로, 달력을 만드는 일을 담당했다.

아베노 세이메이 安倍清明

역사상 가장 유명한 헤이안 시대의 **음양사**다. 조정에 몸담고 있으면서 길흉을 점치는 것은 물론, 기도로 병을 치료하고 **식신**을 자유자재로 부렸다는 등의 다양한 전설을 가지고 있다. 스승인 가모노 다다유키에게 **음양도**와 천문학을 배웠다. 출생과 관련해서는 몇 가지 설이 있는데, **구즈노하**葛の葉라는 **흰여우**가 어머니라는 전승이 있다. 음양도 가문인 **쓰치미카도 가문**의 시조다.

쓰치미카도 가문 土御門家

아베노 세이메이를 시조로 삼는 일족이다. 천문도, **음양도**에 뛰어나며 헤이안 시대부터 오랜 기간 조정을 섬겼다.

아베노 세이메이가 구한 백사

《호키나이덴簠簋內伝》에 등장하는 에피소드 중 하나다. 어린 시절 **아베노 세이메이**는 아이들이 괴롭히던 **백사**를 구해 줬다. 사실 이 백사는 **용궁** 선녀의 화신이었다. 그래서 구해준 답례로 세이메이를 용궁으로 초대했다. 선녀의 아버지인 용왕은 그에게 감사를 전하며 어떤 병이든 다른 것으로 옮아가게 해주는 '**용왕의 비부**', 사람의 전생과 과거를 알 수 있고 동물의 목소리를 이해할 수 있게 해주는 '청안'을 선물로 줬다. 자신이 사는 세계로 돌아온 세이메이는 용왕에게서 받은 물건을 사용해 출세했다.

아베노 세이메이와 개구리

아베노 세이메이의 능력을 보여주는 에피소드다. 아베노 세이메이가 사가에 있는 어느 절을 방문했을 때 그곳에 있던 승려와 귀족들이 **식신**으로 사람을 죽일 수 있느냐고 물었다. 그는 "죽일 수는 있으나 되살릴 수는 없으므로 득이 될 것이 없습니다."라고 대답했다. 그러자, 한 귀족이 절 마당에 뛰어다니는 개구리들을 가리키며 "그 말이 사실인지 저 개구리로 증명해 보라."라고 말했다. 하는 수 없이 마당의 풀을 뜯고 주문을 외우며 개구리에게 던지자 어떠한 힘에 눌려 죽어버렸으므로, 주위에 있던 사람들이 이를 보고 두려워했다고 한다.

아베노 세이메이와 가잔 덴노의 두통

아베노 세이메이와 관련된 에피소드 중 하나다. 가잔 덴노가 두통으로 괴로워하자 세이메이가 그 이유를 점쳤다. 세이메이가 "폐하께서는 전생에 귀한 행자이셨습니다. 하지만 폐하의 해골이 바위 사이에 꽉 끼어 있으므로 현생에서도 머리가 아프신 것입니다."라고 고했다. 세이메이가 알려준 장소를 조사해보니 정말로 바위틈 사이에 해골이 있었다. 그래서 이를 넓은 장소로 옮겼더니 가잔 덴노의 두통이 나았다고 한다.

아베노 세이메이와 산가지

아베노 세이메이가 사람의 감정을 조종할 수 있었다는 내용이 담긴 에피소드다. 산가지는 고대 중국에서 역점을 치거나 계산을 할 때 사용되었던 도구다. 경신일의 밤, 세이메이는 궁중에 모인 사람들에게 모두를 웃게 할 여흥을 보여주겠다고 했다. 세이메이가 산가지를 늘어놓자 사람들이 이유 없이 웃기 시작했는데, 늘어놓은 산가지를 움직이자 이번에는 웃음소리가 뚝 그쳤다고 한다.

아베노 세이메이의 저주 반환

어느 날, **아베노 세이메이**는 구로우도藏

人[1] 소장직에 있던 귀족이 까마귀 똥을 맞는 장면을 목격했다. 이 까마귀가 **음양사**의 **식신**이라는 사실을 간파한 세이메이는 **저주**를 받은 소장을 구하고자 **몸 고정법**을 시전해 밤새 소장의 몸을 끌어안고 **주문**을 외우며 기도했다. 세이메이는 까마귀 식신을 물리치는 데 성공했고, 그 때문에 **저주 반환**을 맞은 음양사는 목숨을 잃었다.

아베노 세이메이와 영검

헤이안쿄의 화재로 백제에서 전해온 '**수호검**'과 '**파적검**'이 소실되었다. 이에 무라카미 덴노는 **아베노 세이메이**에게 명을 내려 새로운 **영검**을 만들라고 했다. 영검을 부활시킨 것은 **가모노 야스노리**였으며 세이메이는 이를 보좌했다는 설도 있다.

아시야 도만 蘆屋道滿

아베노 세이메이의 라이벌로 여겨지는 **법사 음양사**다. 하리마국(지금의 효고현)에서 태어났다. 인어를 먹고 불사의 몸이 된 **야오비쿠니**의 아버지인 하타노 도만이 아시야 도만이라는 설도 있다.

도마 법사 道摩奉仕

헤이안 시대의 **법사 음양사**로, **아시야 도**

[1] 율령제에서 덴노의 비서 역할을 담당했던 관직의 이름이다.

만과 동일 인물로 여겨진다. **저주를 내린 물건**을 사용해 후지와라노 미치나가를 살해하고자 했다. 밟으면 저주가 걸리도록 법성사의 경내에 저주를 내린 물건을 묻었지만, **아베노 세이메이**의 **식신**에게 간파당했다고 한다.

아베노 세이메이와 아시야 도만의 술 겨루기

어느 날, 두 사람은 궁궐 안에서 15개의 귤이 담긴 장궤의 내용물을 알아맞히는 술의 실력을 겨루었다. **아시야 도만**이 '귤이 15개'라고 대답하자 **아베노 세이메이**는 귤을 쥐로 바꾼 뒤 '쥐가 15마리'라고 대답해 이겼다고 한다.

아베노 세이메이와 아시야 도만의 대결

숙적인 **아베노 세이메이**와 **아시야 도만**의 최종 결전을 말한다. 교토에서 쫓겨난 도만과 그런 도만을 쫓아온 세이메이는 이윽고 효고현의 야리토비바시에서 대결하게 된다. 서로 활을 쏘며 싸웠지만, 기력이 다해 동시에 숨을 거뒀다고 한다.

가모 가문 賀茂家

가모노 다다유키와 그의 아들인 **가모노 야스노리** 등 뛰어난 **음양사**를 다수 배출한 엘리트 일족이다. 가모 가문은 **슈겐도**의 창시자인 **엔노 오즈누**(가모노 에노키미)의 자손이라고 한다.

가모노 야스노리 賀茂泰憲

헤이안 시대의 **음양사**로, **아베노 세이메이**의 스승이다. 열 살 때 이미 **귀신**을 볼 수 있었다고 하며, 아버지인 다다유키에게 다양한 **음양도**의 술법을 전수받았다. 궁중에서 점을 치거나 **기우제** 의식 등을 지휘했다.

오쓰노 오우라 大津大浦

나라 시대에 활약했던 **음양사**다. 대대로 **음양도**에 뛰어난 인물을 많이 배출한 가문 출신으로, 승려의 신분으로 신라로 유학을 다녀온 뒤 환속해 음양사가 되었다. 후지와라노 나카마로를 섬겼지만, 나카마로가 모반을 계획하고 있다는 사실을 알고 조정에 밀고했다. 그 공을 인정받아 출세했지만, 아버지인 와케오가 반란을 계획했기 때문에 오우라 또한 좌천되었다.

유게노 고레오 弓削是雄

헤이안 시대 전기에 활약한 **음양사**다. **식점**으로 살해당할 뻔한 남자를 구했다는 전설이 《곤쟈쿠모노가타리슈》에 실려 있다.

시게오카노 가와히토 滋岳川人

헤이안 시대 전기에 활약한 **음양사**다. 음

양료 장관인 음양두陰陽頭[1]를 지냈으며, 천문 관측과 음형 둔갑술이 주특기였다고 한다. 《고단쇼江談抄》에는 가와히토가 **오룡제**를 지냈다고 기록되어 있다.

야마노우에노 후나누시 山上船主

나라 시대 말기부터 헤이안 시대 초기에 활약한 **음양사**다. **음양료**의 장관인 음양두 자리까지 올라갔지만, 실각해 좌천되었다. 그 후, 간무 덴노를 염매한 죄로 오키섬으로 유배를 갔다. 《만엽집》에 등장하는 유명한 가인인 야마노우에노 오쿠라의 아들이라는 설도 있다.

엔노 円能

헤이안 시대의 **법사 음양사**다. 사다이진左大臣[2]인 후지와라노 미치나가를 실각시키려는 자들에 가담해 **부적**으로 저주해 살해하고자 한 죄로 체포되었다.

기이치 호겐 鬼一法眼

《기케이키義経記》에 등장하는 **음양사**다. 문무를 겸비한 자로 알려져 있으며, 미나모토노 요시쓰네가 병법이 적힌 비기서를 훔쳐 갔다는 전설이 있다.

---

1 음양료의 최고 직책이다.
2 좌대신을 뜻한다.

장수·무사

사카노우에노 다무라마로
坂上田村麻呂

헤이안 시대 초기에 활약했던 장수다. 아쿠라왕阿久良王과 곤헤이카金平鹿, 팔면대왕八面大王 등 수많은 **오니**를 퇴치한 영웅적 존재다. 이야기에서는 사카노우에노 다무라마루坂上田村丸라는 이름으로 등장한다.

후지와라노 히데사토 **藤原秀郷**

헤이안 시대 중기의 장수다. 미카미산의 큰 지네를 쓰러뜨린 전설로 유명하다. 이때, 화살촉에 침을 발라 지네를 쓰러뜨렸다고 하는데, 당시에는 인간의 침에는 어떠한 **주력**이 있다고 믿었다. 조정에 반란을 일으킨 **다이라노 마사카도**를 토벌한 것도 히데사토였다.

관련어 다와라노 도타俵藤太

미나모토노 요리미쓰 **源頼光**

헤이안 시대 중기의 장수다. 사천왕과 함께 **쓰치구모**, 수도를 휩쓸던 **슈텐도지**를 퇴치했다.

와타나베노 쓰나 **渡辺綱**

헤이안 시대의 장수이자 **미나모토노 요리미쓰**를 섬기던 사천왕 중 한 명이다. 쓰나는 규키라는 요괴의 팔을 벤 다음 다시 팔을 찾아가지 못하도록 매일 밤 숙직 당번(밤에 황궁이나 귀족의 집에서 보초를 서던 자)에게 **히키메**를 쏘게 했다는 전설이 있다.

미나모토노 요시이에 **源義家**

'하치만 다로'라고도 불리는 헤이안 시대의 장수다. 호리카와 덴노가 고민에 싸여 잠 못 드는 밤이 지속되자, 요시이에가 **활시위를 세 번 퉁기며** '전 무쓰노카미[3]인 미나모토노 요시이에다'라고 이름을 밝혔더니 덴노의 상태가 나아졌다고 한다. 《헤이케 이야기》에 나오는 에피소드다.

미나모토노 요리마사의 누에 퇴치

신궁으로 유명한 헤이안 시대의 장수다. 《겐페이조스이키源平盛衰記》에는 니조 덴노가 병으로 쓰러졌을 때, **미나모토노 요시이에가** 했던 것처럼 **활시위를 퉁겼다**는 고사가 실려 있다. 또한, 《헤이케 이야기》나 《아즈마카가미吾妻鏡》에는 니조 덴노가 **누에**라는 요마 때문에 병에 걸렸다는 사실을 알고 요리마사가 활을 쏴 누에를 떨어뜨렸다는 전설도 남아있다.

---

3   무쓰국의 관직명으로 행정, 사법 등의 국무 전반을 총괄하는 장관이다.

주술의 기본 용어

공격의 술식

회복·소생 보조의 술식

특수 능력·예지 예언의 술식

주술·이능력자 이형의 존재

주구·무기·무구

이계·경계 공간의 영역

세계·이야기

다이라노 기요모리의 안력

다이라노 기요모리는 요괴도 퇴치할 수 있을 정도의 안력을 가지고 있었다. 어느 날, 기요모리가 눈이 내린 정원을 바라보고 있었다. 그러자 어디선가 무수히 많은 해골이 모여들더니 약 45m 정도 되는 큰 해골을 만들어 기요모리를 바라봤다. 기요모리가 조금도 허둥대는 기색 없이 그 시선을 당당하게 되받아치니 해골이 형태도 없이 사라졌다고 한다.

다이라노 요시카도 平良門

다이라노 마사카도의 유복자다. 니쿠시 센이라는 기인으로부터 **두꺼비 요술**을 전수받아 누나인 **다키야샤히메**와 함께 역모를 꾀했다. 작은 돌을 수많은 **두꺼비**로 바꾸어 서로 싸우게 했다. 독본인 《**우토우야스카타츄기덴**善知鳥安方忠義伝》에 등장한다. 또한, 고칸인 《**도키와이마사쿠라노고마**時話今桜野駒》에서는 쓰치구모로부터 거미 **요술**을 전수받았다고 전해진다.

미나모토노 요시쓰네 源良経

미나모토노 요시쓰네는 고조 대교에서 점프를 해 무사시보 벤케이의 공격을 피하거나 단노우라 전투에서 배에서 배로 뛰어다니며 이동하는 '팔척 뛰기'를 선보이는 등 **닌자**를 연상케 하는 움직임을 보였다. 나아가 충신이었던 이세노 사부

로 요시모리 또한 **닌자**라는 설도 있다.

미나모토노 사네토모 源実朝의 흉조

미나모토노 사네토모가 쓰루가오카 하치만구에서 암살되기 전에 여러 흉조가 일어났다고 한다. 하치만구로 가던 길에 신의 사자로 여겨지는 비둘기가 죽는 꿈을 꾸었는데, 실제로 비둘기가 죽어있었다. 또, 하치만구에서는 비둘기가 일제히 날아오른 탓에 사네토모의 검이 부러지기도 했지만 사네토모는 이러한 흉조를 간과했다.

다키구치 무사 滝口の武士

헤이안 시대 후기에 궁궐을 호위하는 무사이지만, 무력이 아닌 **명현**[1]이나 **야부사메** 등의 **주술**로 삿된 것을 물리치는 주술사적인 역할을 담당했다고 한다.

호소카와 가쓰모토 細川勝元

무로마치 시대 중기의 장수이면서 **두꺼비술**에도 능숙했다. 교토의 류안지에 도적들이 몰래 들어왔을 때 거대한 **두꺼비**로 변해 위협했다는 내용이 기담집 《다마하하키玉箒木》에 실려 있다. 가쓰모토의 아들은 **이즈나법**에 심취했던 호소카와 마사모토다.

---

1   활시위 튕기기를 말한다.

마다라자에몬 魔陀羅佐衛門

견신술을 다루던 낭인이다. 이마에 '개 견犬' 자가 적힌 표식을 두르고 얼룩무 늬의 옷을 입고 다녔다. 커다란 얼룩무 늬 개로 변신해 두루마리를 훔쳤다. 고칸 《소나레마쓰킨시노코시미노礒馴松金糸 腰糞》에 나오는 등장인물이다.

모리 모토나리 毛利元就

세력 다툼에서는 **주술**이 많이 이용되었 다. 모리 모토나리가 이쓰쿠시마 신사에 서 아마코 하루히코의 인형을 만들어 조 복 기도를 올렸더니 7일째 되는 날에 인 형의 목이 떨어졌다. 하루히코는 그해에 병사했다고 한다.

승려·법사

구카이 空海

헤이안 시대 초기에 활약한 **밀교**승으로, 일본 **주술**계에서 가장 중요한 인물 중 하나다. 사누키국(지금의 가가와현)에서 태어난 구카이는 15세에 상경한다. 18세 에는 대학에 입학하지만, 곧 그만두고 산 악 수행을 떠났다. 이때 한 승려로부터 **허공장 구문 지법**을 전수받는다. **사이초** 와 함께 견당사로 발탁되어 중국으로 건 너가 **밀교**를 배웠고, 일본으로 돌아와 진 언종을 확산시켰다. **사와라 친왕**의 원령

을 진정시키고 기우제를 지내 비를 불렀 으며 사가 덴노의 앞에서 대일여래를 강 림시켰고 지팡이로 연못을 쳐서 끓게 만 드는 등 그가 선보인 다양한 **주술**이 전 설로 남아있다. **고야산**에서는 지금도 유 이니維那라고 하는 시종이 사당에 모신 구카이의 위패 앞에 하루 두 번 제삿밥 을 올린다.
관련어 홍법 대사

마오 真魚

구카이의 아명이다.

홍법 대사 弘法大師

구카이의 시호(사후에 부여되는 칭호)다.

사이초 最澄

헤이안 시대의 **밀교**승이다. **구카이**와 함 께 당나라로 유학을 다녀온 뒤 천태종을 창시했다. 당시, 히에이산으로 옮겨간 **이 부키도지**라는 **오니**가 악행을 거듭하자 사이초가 **법력**으로 산에서 내쫓았다는 전설이 있다.

슈엔 修円

구카이의 라이벌이었던 승려다. 생밤을 삶는 기도가 주특기였다. 평소처럼 슈엔 이 덴노 앞에서 언제나처럼 기도로 밤을 삶으려고 하는데, 그늘 뒤에서 이를 지켜 보던 구카이가 **주력**으로 방해했다. 그 이

주술의 기본 용어

음양의 역식

회복·소생 보조의 용식

특수 능력·예지 예언이나 예지

이롭수 있는 물질계 이능수 있는 물질계

주구·무기·부적

이계·결계 금기의 영역

서적·이야기

후 두 사람은 앙숙이 되었고, 서로 **저주**를 내릴 정도로 증오했다고 한다. **슈빈**守敏의 모델로 여겨진다.

슈빈 守敏

구카이의 이야기에 등장하는 가공의 승려로, 구카이의 라이벌이다. 실존 인물이던 **밀교승 슈엔**을 모델로 삼았다고 여겨진다.

구카이 VS 슈빈 ① (기우제 대결)

《고보다이시노고혼지》에 나오는 **구카이**와 **슈빈**의 기우제 **주력** 대결이다. 덴노 앞에서 체면을 구긴 슈빈이 구카이를 증오해 주력으로 세상의 모든 용신을 병 안에 가둔 뒤 **비를 내리는** 주력을 겨루자고 했다. 그러나 구카이는 병에 봉인되어 있지 않았던 선녀 용왕을 불러내 무사히 비를 내리게 했다고 한다.

구카이 VS 슈빈 ② (저주 대전)

《고보다이시노고혼지》에 나오는 **구카이**와 **슈빈**의 **저주** 대전이다. 슈빈은 결국 구카이를 주살하기 위해 세이지西寺에서 '**항삼세명왕법**'을 시전하는데, 이를 들은 구카이는 도지東寺에서 '**군다리명왕법**'을 시전했다. 그러나, 두 사람의 **주력**이 비등했기에 항삼세명왕과 군다리명왕이 날린 화살이 허공에서 맞부딪히며 천지가 진동할 정도의 충격을 줬

다. 이를 본 구카이는 계책을 짜내어 '구카이가 슈빈의 힘을 이기지 못하고 죽었다'라는 소문을 흘렸다. 이를 들은 슈빈이 방심해 기도를 그만두자마자 구카이가 저주를 날려 군마리명왕의 화살이 슈빈의 미간을 관통했고 그 자리에서 피를 토하며 죽었다고 한다.

슈빈과 지장보살

슈빈과 관련된 일화 중 하나다. **구카이**를 숨어서 기다리던 슈빈이 등 뒤에서 화살을 쏘았는데, 근처에 있던 지장보살이 대신 화살을 맞는 바람에 구카이는 털끝 하나 다치지 않았다고 한다. 이후 슈빈이 **법력**을 잃게 되면서 세이지가 쇠퇴하게 되었다고 한다.

겐신 源信

헤이안 시대의 천태종 승려다. 어느 날 겐신은 히에이산에서 우연히 나찰녀라는 귀녀를 만났다. 나찰녀는 겐신에게 '인간을 데려오라는 주인님의 명령을 수행하지 못했으니 죽임을 당할 것이다. 그러니 성불시켜줬으면 좋겠다'라고 부탁했다. 그 뒤로 **오니**에게 죽임을 당한 나찰녀를 위해 겐신이 공양을 올렸고, 그의 **법력** 덕분에 나찰녀는 무사히 성불해 천상에서 다시 태어날 수 있었다고 한다. 《왕생요집往生要集》이라는 서적을 통해 일본에 사후 세계와 지옥에 관한 개념을

전한 인물로 유명하다.

사이교 西行

헤이안~가마쿠라 시대의 승려이자 가인이다. 사이교는 원래는 무사였는데, 이유는 알 수 없지만 스물셋의 나이에 출가했다고 한다. 고야산에서 수행하던 서른두 살의 사이교가 들판에 버려진 유골을 모아 **반혼술**을 시전했다는 이야기가 《**센주쇼撰集抄**》에 기록되어 있다.

겐노 玄翁·源翁

남보쿠초 시대에 활약했던 조동종曹洞宗 승려. **구미호**가 변신한 **살생석**을 통째로 깨부쉈다는 전설이 있다. 이 설화를 바탕으로 쇠망치를 '겐노'라고 부르게 되었다. 본명은 겐노 신쇼다.

신제이 信誓

천태종 승려. 신제이는 부모가 병사하자 법화경을 낭독해 되살리고자 했다. 그러자 꿈에 염라대왕이 나타나 '부모의 수명을 늘려 명계에서 내보내겠다'라고 적힌 편지를 건네줬는데, 꿈에서 깨자 부모가 살아 돌아왔다고 한다.

료겐 良源

헤이안 시대의 천태종 고승이다. 수도에 역병이 유행했을 때, 료겐이 기도를 올리자 거울에 뿔이 난 **오니**로 변한 모습이

비쳤다. 오니로 변한 자신의 모습을 제자에게 그리게 한 뒤 **호부**로 만들어 수도 사람들에게 나누어주니 역병이 더는 확산되지 않았다고 한다. 이러한 전설 때문에 **뿔 대사**라고도 불렀다. 그밖에도 기일이 정월 초사흘이라 간잔元三[1] 대사, 마치 콩알처럼 작은 몸으로 입궐했다는 전설로부터 콩 대사, 마귀를 소멸시키는 영력을 가지고 있었다고 해서 마멸 대사 등 다양한 이름으로 불렀다.

라이고 頼豪

무서운 **요술**을 사용하던 헤이안 시대의 천태종 승려다. 시라가와 덴노의 명으로 황자 탄생을 기원하는 기도를 올렸지만, 엔랴쿠지의 방해로 보상을 받지 못했다. 머리끝까지 화가 난 라이고는 백일 동안 머리도 손톱도 깎지 않았고 **호마**를 태워 저주를 내리면서 굶어 죽었다. 그러자 태어난 황자는 요절했고, 라이고의 **원령**은 철로 된 어금니에 돌같이 단단한 몸을 지닌 거대한 **쥐** 요괴인 뎃소가 되어 엔랴쿠지를 습격했다고 한다.

묘렌 命蓮·明練

비발법을 익힌 진언종 승려다. 묘렌은 시나노국(지금의 나가노현)의 시기산 속에 살았는데, 산골 마을로 바리때를 날

---

1 정월(元)의 세 번째(三) 되는 날이라는 뜻이다.

려 동네 부호로부터 음식을 받으며 살았다. 이를 지긋지긋하게 여긴 부호가 어느 날 묘렌이 날린 바리때를 창고에 숨겨버렸다. 그러자 바리때를 숨겨 놓은 창고가 통째로 시가산으로 날아가 버렸다고 한다. 산에 있으면서 다이고 덴노의 병을 치료했다는 전설도 있다.

쇼쿠 性空

헤이안 시대의 **밀교**승이다. 손에 바늘을 쥐고 태어나는 등 어렸을 때부터 기적을 일으켰다. **비발법**을 시전하거나 불경 속에서 쌀을 꺼내는 등 **주술**적 전설도 다수 남겼다. 또한, **비사문천**으로부터 받은 **오쓰·와카**라는 **호법 동자**를 데리고 다녔다고 한다.

니치조 日蔵

헤이안 시대의 승려다. 산에서 수행 중에 숨을 거뒀는데 30일 후에 다시 살아났다는 전설이 있다. 죽었을 때 지옥부터 극락까지 모두 방문했던 니치조는 니혼다조이토쿠텐日本太政威德天이 된 **스가와라노 미치자네**와 지옥에 떨어진 다이고 덴노와 만났다고 한다.
관련어 도켄道賢

도켄 道賢

니치조의 법명이다.

묘에쇼닌 明恵上人

가마쿠라 시대 전기의 화엄종 승려다. 묘에쇼닌은 해외를 가려고 했는데, 근처에 사는 임신부가 돌연 공중부양으로 천장 근처에 매달아 둔 장지의 상인방 위로 올라가 '나는 가스가 대명신이다'라고 외치며 묘에쇼닌의 앞을 가로막았다. 쇼닌이 알겠다고 하자 여인은 새처럼 사뿐하게 바닥에 내려왔다고 한다.

몬칸 文観

가마쿠라 시대 말기의 승려다. 진언종에서는 사파라 여겼던 **다치가와류**를 크게 성공시켰다. 호조 다카토키北条高時를 조복한 죄로 실각해 귀양을 갔다. 가마쿠라 막부가 멸망한 뒤 수도로 돌아왔지만, 다시 권력을 잃고 만다.
관련어 고신弘真, 오노노 소조小野僧正

덴카이 天海

도쿠가와 이에야스를 섬기던 재상이다. **음양오행**설에 따라 **에도성**을 지은 **밀교**승이다. 무시무시한 **법력**의 소유자로, 이에야스의 적을 주살하거나 **기우제**를 지내 가뭄에 고통받는 사람들을 구했다는 등의 일화가 남아있다. 108세에 숨을 거뒀는데, **잔무**残夢라는 승려에게서 장수의 비결을 전수받았다는 설도 있다.

잔무 残夢

무로마치 시대 아이즈 지방의 승려로, 250살 넘게 살았다고 전해진다. 본명은 슌후 도진이다. 오래 살 수 있는 '장수술'을 터득한 탓에 300년도 훨씬 전에 일어났던 겐페이 전쟁도 마치 그 자리에 있었던 것처럼 생생하게 묘사했다고 한다. 미나모토노 요시쓰네가 죽은 후에도 살아남아 불로불사가 되었다는 소문이 있었던 **히타치 보카이손**常陸坊海尊과 동일 인물이라는 설도 있다. **덴카이**와도 만난 적이 있는데, 그에게 구기자밥이 장수의 비결이라고 알려줬다고 한다. 그리고 이를 따라한 덴카이 또한 108세까지 살았다고 전해진다.

유텐 쇼닌 祐天上人

에도 시대의 정토종 승려로, 손에 꼽힐만한 실력을 지닌 **주술**사라고 알려졌다. 제령술 실력이 뛰어났으며, 악령인 **가사네**를 회유해 성불시켰다는 전설이 있다.

쇼쿠 証空

가마쿠라 시대의 미이데라에 소속된 승려다. 미이데라에 속해있던 지코라는 고승이 죽음을 앞두게 되자, 젊은 제자인 쇼쿠가 그를 대신해 죽겠다고 나섰다. 이에 **아베노 세이메이**는 **태산부군제**를 거행해 두 사람의 수명을 바꿔줬다. 쇼쿠는 숨을 거뒀지만, **부동명왕**이 이를 불쌍히 여겨 눈물을 흘리며 쇼쿠 대신 지옥에 떨어졌다. 결과적으로는 지옥의 염라대왕이 두 사람의 수명을 늘려줬다고 한다. 이 이야기는 《나키후도엔기泣不動縁起(후도리에키엔기不動利益縁起)》에 실려 있다.

마이간 도카쿠 晦巌道廓

에도 시대 말기의 기승이다. 발바닥에 '큰 대大' 자가 적혀 있는데, 여기에 먹물을 묻혀 도장처럼 찍은 **호부**는 악령 퇴치 등의 효과가 있어 중요하게 여겼다. 또한, 처형장을 떠나지 못하는 죄인들의 **원령**을 좌선의 힘으로 성불시키기도 했다.

간병 선사 看病禅師

궁중의 기도 승려였다. 황족이나 귀족이 아플 때 **주술**로 치료했다고 한다. 유명한 간병 선사로는 **도쿄**道鏡가 있다.

도쿄 道鏡

나라 시대에 쇼토쿠(고켄) 덴노의 총애를 받아 세력을 넓혔던 **간병 선사**다. 도쿄는 '수요 비법'으로 고켄 덴노의 병을 치료해 신임을 받으면서 권력을 손에 넣게 되었다. 그러나 우사하치만궁의 신탁을 날조한 사건 때문에 실각해 좌천되었다. 그가 사용했다고 알려진 수요 비법은 **수요도**의 일종으로 추정되는데, 당시 일본에는 수요도가 전파되기 전이라 실제로 어떤 **주법**을 이용했는지는 불명이다.

관련어 유게노 도쿄弓削道鏡

야오비쿠니 八百比丘尼

인어를 먹고 800살까지 살았다고 전해지는 여성이다. 인어 고기는 불로장생의 묘약이라 믿었는데, 인어를 죽이거나 먹으면 흉사가 일어난다고 한다.

가미나리 도지 雷童子

벼락에서 태어났다. 엄청난 괴력의 소유자로 간고지에 사는 오니를 퇴치했다. 《일본영이기日本靈異記》에 등장한다.

슈겐자·야마부시

엔노 오즈누 役小角

나라·아스카 시대의 인물로 **슈겐도**의 창시자다. 세 살에 글을 익히고 여덟 살에 학교에 들어갔으며 열일곱 살에는 **가쓰라기산**으로 들어가 **공작명왕법**을 배우는 등 수행을 거듭했다. 하늘을 날거나 비를 내리게 하는 술법 등 초인적인 **주력**을 갖고 있으며 **젠키·고키**라는 이름의 **귀신**을 부렸다. 가쓰라기산에 있던 **히토코토누시**의 중상모략으로 어머니가 인질로 잡힌 엔노 오즈누는 체포되어 이즈 오시마로 유배를 갔다. 유배된 이후에도 '바다 위를 달리고 봉황처럼 하늘을 날

았다', '밤이 되면 **후지산**으로 날아가 수행했다' 등 엔노 오즈누에 관한 소문이 끊이지 않았고, 이윽고 **선인**이 되어 하늘로 날아갔다고도 한다. 실존 인물이지만 초인적인 에피소드가 구전되는 사이에 전설화되었다.

관련어 엔노 우바소쿠役優婆塞, 엔노 교자役行者

엔노 교자 役優婆塞

엔노 오즈누를 가리키는 말이다.

슈겐자 修驗者

슈겐도의 수행자를 말한다. 보통 금강저를 들고 **소라고동**을 목에 걸고 있다. 수행으로 **법력**을 얻어 **가지 기도**나 조복, **탁선** 등을 거행하고 전쟁에서는 종군 기도사와 간첩으로서도 활약했다고 한다.

관련어 슈겐조修驗僧, **야마부시**

야마부시 山伏

슈겐자를 가리키는 말이다.

산인 山人

세속을 싫어해 산에서 사는 사람을 가리킨다. 수렵이나 제철, 목탄 만들기 등의 일을 하고 **야마부시**와 교류하기도 했다고 한다.

관련어 산민

노조 타이시 能除太子

엔노 오즈누가 등장하기 이전인 고훈 시대 후기부터 아스카 시대에 거쳐 활약했던 정체불명의 **슈겐자**다. 큰 눈, 오똑한 코, 귀까지 찢어진 입, 검붉은 얼굴색 등 그 생김새가 범상치 않다. 스슌 덴노의 아들이자 **쇼토쿠 태자**의 사촌이라는 고귀한 신분이지만 스슌 덴노가 소가노 우마코에게 살해당한 탓에 도호쿠로 도망을 가 하구로산에서 수행을 거듭했다고 한다. 그 후에는 각지에서 아픈 사람들을 고쳐줬다고 한다. **신선도**에도 정통했다고 전해지며, 125세까지 살았다고 한다.

관련어 노조센能除仙, 하치코 황자蜂子皇子

다이초 太澄

나라 시대에 활약했던 전설의 **슈겐자**다. 하쿠산 **슈겐도**의 창시자다. 후쿠이현의 오치산에서 수행을 하며 **법력**을 얻었다고 한다. **주문**으로 돌을 자유자재로 움직이고 하늘을 날아다니며 **기우제**를 올리거나 병을 치료했다. **후세리교자**臥行者, **조조교자**淨定行者라는 두 명의 **호법 동자**를 거느렸는데, 그들 또한 비행술과 **비발법** 등을 능숙하게 부렸다고 한다.

호렌 法蓮

아스카 시대부터 나라 시대에 걸쳐 활약했던 **슈겐자**로, **주술** 치료가 주특기였다. 히코산에서 수행하며 **가지 기도** 등으로 많은 사람의 병을 고쳐줬다. 수백 살을 살았다고 전해진다.

만간 万巻

하루에 만 권의 경을 읽어 만간이라 불리게 된 **슈겐자**다. 일본 전국을 떠돌며 수행을 하다가 하코네에 도착했는데, 아시노코에 살고 있던 악한 용을 **법력**으로 물리쳤다는 전설이 있다.

죠조 淨蔵

헤이안 시대의 천태종 승려이자 **슈겐자**다. 일곱 살에 **호법 동자**를 다루는 등 **법력**에 재주를 보였으며, **가지 기도**로 **원령**을 조복하고 **비발법**을 다루는 등 다양한 **주술**을 사용했다. **다이라노 마사카도**가 반란을 일으켰을 때는 엔랴쿠지에서 대위덕법을 시전했다. 기도를 올리자 대위덕**명왕**의 **적시**가 마사카도가 가문이 있는 동쪽으로 소리를 내며 날아가 마사카도를 맞췄다고 한다. 이는 실제로 《**고지단**古事談》 등에 전설로 기록되어 있다. 《**센주쇼**》에는 이치조의 다리(훗날 **이치조모도리바시**)에서 아버지인 사이조의 장례 행렬과 마주쳤을 때 죠조가 **법력**으로 되살렸다고 한다. 이 다리는 아버지가 다시 살아났기 때문에 모도리바시라고도 불렸다.

구술의 기본 용어

공격의 술식

회복·소환 보조의 술식

특수 능력·제자 예언의 술식

종사 이능력자 이형의 생명체

주구·무기·부적

이계·결계 금기의 영역

서적·이야기

슈뉴 修入

헤이안 시대의 천태종 승려이자 **슈겐자**다. 《고콘초몬주古今著聞集》에는 라이벌이었던 죠조와 법력을 겨뤘다는 이야기가 남겨져 있다. 죠조가 두 사람 사이에 있던 바위에 **호법 동자**를 빙의시켜 허공에 띄우자 슈뉴가 **주문**으로 허공에 떠 있던 바위를 떨어뜨리려고 했다. 결국 두 사람의 힘이 충돌하며 바위가 둘로 쪼개졌다고 한다.

소오 相応

부동명왕법으로 악령이나 악귀 등을 조복하는 주특기를 가지고 있었던 헤이안 시대 전기의 승려이자 **슈겐자**다. **법력**으로 병마에 씌인 후지와라노 요시미의 딸을 구하면서 이름을 알렸다. 그 후에도 세이와 덴노와 다이고 덴노 등의 병도 치료했다. 히에이산에 전해지는 **산림두수**山林斗敷의 수행인 천일회봉행千日回峰行을 시작한 것도 소오였다.

쟈쿠센 寂仙

예언과 윤회전생을 했다고 전해지는 전설적인 **슈겐자**다. 쟈쿠센은 이요국(지금의 에히메현)의 이시쓰치산에서 수행했는데, 죽기 전에 '28년 후에 진노라는 이름의 황자로 다시 태어나리라'라는 유언을 남겼다. 그리고 28년이 지나 당시 덴노였던 간무 덴노는 자신의 아들 이름을 진노 친왕이라 지었다. 이후 진노 친왕은 즉위해 사가 덴노가 되었다. 《일본령이기》에 실려 있는 내용이다.

곤렌 金蓮

사냥꾼에서 **야마부시**가 된 나라 시대의 **슈겐자**다. 어느 날, 이즈모국(지금의 시마네현)에서 사냥꾼으로 살던 요리미치라는 남자의 앞에 금빛 늑대가 나타났다. 동굴로 들어가려는 늑대를 향해 화살을 쏘려는 찰나, 눈앞에 지장보살이 나타나 그때까지 요리미치가 저지른 살생의 죄를 늘어놓았다. 그러자 늑대가 비구니로 변신하더니 자신의 이름이 도란니登攬尼라고 밝혔다. 도란니가 요리미치에게 수행하라 이르자 요리미치는 그길로 곤렌이라는 이름으로 출가했다. 두 사람은 부부가 되어 야마부시와 **무녀**의 힘으로 활약했다고 한다.

쇼보 聖宝

헤이안 시대의 진언종 승려이자 **슈겐자**다. 엔노 오즈누가 시작한 **오미네산 순례** 수행을 다시 부흥시킨 인물로 알려졌다. 오미네산에 **독사**가 나타나 순례를 할 수 없게 되자 쇼보가 독사를 쓰러뜨렸다는 전설이 있다.

엔친 円珍

영개靈蓋를 가진 헤이안 시대의 **슈겐자**

다. 영개란 정수리가 뾰족한 두상을 가리키는 말로, 이러한 두상을 가진 사람은 미래를 예지하는 힘이 있다고 믿었다. 실제로 엔친 역시 무시무시한 **법력**을 갖추고 있었다고 한다. 중국 당나라의 절에서 일어난 화재를 예지해 일본에서 불을 껐다는 전설도 있다.

히타치보 가이손 常陸坊海尊
미나모토노 요시쓰네의 가신이었던 승려다 요시쓰네의 사후, **야마부시**의 생존자로서 불로불사의 몸을 얻어 살아갔다는 전설이 있다. 에도 시대 때의 인물인 **잔무**라는 승려와 동일 인물이 아니냐는 설도 있다.

모쿠지키 木喰
에도 시대의 **슈겐자**다. 슈겐자로서 일본 전국을 돌아다니며 악령을 조복하고 병을 치료했다. 동시에, 불교 화가로서 많은 불상을 남겼다.
관련어 모쿠지키 고교묘만木喰御形明満

가쿠교 角行
후지코를 탄생시킨 **슈겐자**다. 센고쿠 시대 후기 나가사키에서 태어난 인물로, 열아홉 살 때 꿈에서 **엔노 오즈누**의 계시를 받고 **후지산 동굴**에서 수행을 시작했다. 도쿠가와 이에야스가 가쿠교를 만나기 위해 동굴을 방문했다고도 한다.

하야시 지쓰카가 林実利
메이지 시대의 **슈겐자**다. 스물다섯 살에 용왕의 **탁선**을 받아 출가했고, 16년간 **오미네산**에서 수행했다. 1884년, **자신의 목숨을 바쳐 중생을 구하고**(사신捨身) 열반에 들기 위해(입정入定) 나치 폭포에 몸을 던졌다.

모카쿠마 보쿠센 猛覚魔卜仙
구보테산에 절을 세운 **슈겐자**다. 이누가타케에 사는 팔귀라는 오니(이름이 아니라 여덟 마리의 오니라는 설도 있다)를 **법력**으로 퇴치해 항아리 안에 봉인했다.

가이겐 怪玄
요시노산의 덴구당에 사는 **슈겐자**다. 닷콘키·바쿠하쿠키라는 오니를 부리며 **은형술**과 변신술을 구사하는 **요술사**이기도 하다. **주문**을 읊고 경문을 뒤집으니 벼룩 요괴, 이 요괴, 모기 요괴가 나타났다. 또 가이겐 스스로 약 1.5m 크기의 장구벌레로 변신해 엉덩이에서 물을 뿜어내며 적을 괴롭혔다는 내용이 고칸《마쓰토우메타케토리모노가타리》에 실려 있다.

마후타로 魔風太郎
엔노 오즈누의 비술을 전수받은 슈겐도의 승려다. 원래 이름은 가만보라고 한다. 어느 날, 형인 오쿠마마루가 수도의 토벌사인 **사카노우에노 다무라마루**의 공격에 쓰러지고 말았다. 가만보는 형의 뒤를 이어 산적의 수령이 되기로 결심했다. 산들을 움직이거나 먹구름을 타고 하늘을 날아다니는 **주력**을 발동시키고 자신을 마후타로라고 밝혔다.

선인

선인 仙人·僊人

중국의 **도교**에서 이상적으로 여기는 존재다. 속세를 벗어나 산속에 살며 하늘을 날아다니는 등 다양한 **신통력**을 구사할 수 있다. 도교에서 이상으로 삼는 존재다. 음식을 먹을 필요가 없는 불로불사라는 말도 있다. 도교의 경전인 《운급칠첨雲笈七籤》에서는 선인의 계급을 상선上仙, 고선高仙, 대선大仙, 현선玄仙, 진선眞仙, 신선神仙, 영선靈仙, 지선至仙으로 나눈다.

신선 神仙

신통력을 구사하는 불로불사의 **선인**이다. 태어났을 때부터 신선인 사람을 가리키기도 한다.

신인 神人

선인의 다른 이름으로, 신에 가까운 존재라는 뜻이다. 태어날 때부터 신선이 될 소질을 갖춘 사람을 말한다.

진인 眞人

선인의 다른 이름으로, **도**를 습득해서 수행을 거친 뒤 신선이 되는 사람이다.

천선 天仙

높은 위치에 있는 **선인**이다. 자유자재로 하늘을 나는 술법을 구사할 수 있으며 천계에 산다. 하늘을 날아다닐 수 있는 건 천선뿐이라고도 한다.

지선 地仙

지상에 사는 **선인**을 말한다. 천선이 되기 위해 지상에서 수행하고 있다.

수선 水仙

하천이나 호수 등 물속에서 사는 **선인**을 말한다.

시해선 尸解仙

생전의 육체를 버리고 죽음을 통해 선인이 되는 사람을 말한다. 태극권의 창시자로 알려진 장삼풍은 죽은 지 200년이 지난 후 사람들 앞에 나타나 **선인**이 되는 방법을 알려줬다고 한다.

시해 尸解

육체는 죽고 그 영혼은 **신선**이 되는 일을 말한다. 시해란 '시체를 해방한다'라는 의미다.

팔선 八仙

중국에서 전설로 내려오는 유명한 여덟 명의 **선인**이다. **종리권**(한종리), **여동빈**, **조국구**, **한상자**, **장과로**, **남채화**, **이철괴** (철괴리), **하선고**, 이렇게 여덟 명이다.

종리권 鍾離權

팔선 중 한 명이자 **여동빈**의 스승으로 유명하다. 전쟁 중에 우연히 어느 산에 들어가게 되었는데, 그곳에서 동화제군 이라는 **신선**을 만나 여러 가지 **선술**을 전수받았다고 한다.

관련어 한종리

여동빈 呂洞賓

팔선 중 한 명으로 중국에서 가장 인기 가 많은 **선인**이다. 관리로 일했었는데, 산에서 선인 중 한 명인 **종리권**을 만나 수행을 거듭한 끝에 다양한 **선술**을 익히 게 되었다. **선인**이 된 이후에는 가난한 사람들이나 아픈 사람들을 도우며 민중 의 인기를 얻었다. 홍콩과 대만에서는 점 쟁이의 수호신으로 추앙받고 있다.

관련어 여조呂祖

조국구 曹國舅

팔선 중 한 명이다. 어느 날, **종리권**과 **여 동빈**이 조국구가 수행하고 있는 곳을 지 나갔다. 두 사람이 어떤 수행을 하느냐고 묻자 조국구가 대답을 했는데, 두 사람이

그 대답을 듣고 크게 기뻐하며 **선술**을 가르쳐주고 동료로 받아들였다고 한다.

한상자 韓湘子

팔선 중 한 명이다. 한상자는 스무 살 무 렵에 행방불명이 되었는데, 몇 년 후에 집으로 돌아왔을 때는 **선술**을 사용할 줄 알았다고 한다. 심은 지 얼마 안 된 꽃을 피우는 등의 술법을 사용했다고 한다.

장과로 張果老

팔선 중 한 명으로 상서로운 흰 당나귀 를 타고 다닌다. 이 당나귀는 하루에 수 만 리를 걸을 수 있다고 하며 종이처럼 접을 수 있는데 물을 적시면 다시 당나 귀로 변한다고 한다(종이 당나귀).

남채화 藍采和

팔선 중 한 명으로 기발한 의상을 입고 다닌다. 나이를 먹지 않고 항상 **선인**의 가르침이 담긴 노래를 부르며 거리를 걸 어 다닌다고 한다. 여름에는 두꺼운 옷을 입거나 겨울에는 얇은 옷을 입기도 하고 신발은 한쪽만 신으며 낡아 떨어진 옷을 입거나 검은 나무를 허리에 두르는 등 기묘한 행색을 하고 다닌다. 남자인지 여 자인지 모른다는 설도 있다.

이철괴 李鐵拐 (철괴리 鐵拐李)

팔선 중 한 명으로, 철로 된 지팡이를 짚

주술의 기본 용어

공격의 술식

회복·소생 보조의 술식

특수 능력·예지 예언의 술식

종사·이능력자 이형의 존재

주구·무기·부적

이계·경계 금기의 영역

서적·이야기

고 다닌다. '철괴'는 철로 만든 지팡이라는 뜻이다. 어느 날 육체를 제자에게 부탁하고 혼이 몸을 빠져나갔는데, 제자가 실수로 이철괴의 몸을 화장해 버렸다고 한다. 이내 돌아온 이철괴는 육체가 사라진 것을 깨닫고 근처에 있던 굶어 죽기 직전이던 절름발이 남자의 몸으로 들어갔다고 한다. 오늘날 늠름한 풍채의 소유자였던 이철괴를 지팡이를 짚은 남성으로 묘사하는 것은 이 때문이다.

하선고 何仙姑

팔선 중 한 명으로 유일한 여자 선인이다. 열다섯 살 때 꿈에 신선이 나와 **선인**이 되는 방법을 가르쳐 줬다. '운모 가루를 계속 먹으라'는 신선의 가르침에 따랐는데, 서서히 몸이 가벼워지더니 이윽고 하늘을 날 수 있게 되었다고 한다.

서왕모 西王母

곤륜崑崙에 사는 선녀다. 불로불사가 될 수 있는 **선도**仙桃 등을 가지고 있다. 절세 미녀라 불리지만 고대 중국의 서적인 《산해경山海經》에 따르면 호랑이와 같은 날카로운 이빨에 표범의 꼬리를 가진 모습으로 묘사되어 있다.

왕원 王遠

중국 한나라 때의 **선인**이다. 미래를 예견하는 힘을 가지고 있다. 그가 죽은 후 유

해가 사라졌는데, **시해**해서 **선인**이 되었다고 전해진다.

호공 壺公

중국 한나라 시대의 **선인**이다. 천계에서 추방당한 뒤 인간계에서 약을 팔았다. 항아리를 통해 선인과 인간의 세계를 오가고 있다.

팽조 彭祖

고대 중국의 은나라 시대에 활약한 **도교**의 대가다. 은나라 시대에 이미 760세를 넘겼다고 하는데, 겉모습은 청년과 똑같았다고 한다. **방중술**이나 **단약** 제조 능력이 뛰어났다.

덴신 도진 天しん道人

막부 말 삽화가 삽입된 장편 소설 《오노노고마치우케요겐지에小野小町浮世源氏繪》에 등장하는 **선인**이다. 하늘에 있는 28수에게 기도해 지상 모든 신의 '히후'가 담긴 부채를 사카노우에노 다무라마루에게 건넸다. 다무라마루는 이 부채로 **마후타로**의 술을 격파했다고 한다.

구니야스 선인 国安仙人

메이지 시대에 나타난 일본 최후의 **선인**으로 여겨지는 인물이다. 모습을 감추거나 하늘에서 조개나 생선을 내리게 하는 등의 **신통력**을 가지고 있으며, 덴노의 상담

역을 담당했다고 알려져 있다.

구메 선인 久米仙人

비행술을 구사하는 전설의 **선인**이다. 구메 선인은 야마토국을 날아다니다가 강가에서 빨래하던 젊은 여인의 하얀 정강이에 시선을 빼앗겨 그만 땅으로 곤두박질치고 말았다. 이후 그 여인을 아내로 맞이해 속세에서 살았다고 한다.

하쿠도 선인 白道仙人

아베노 세이메이의 스승으로 알려진 **선인**이다. 세이메이의 전설 중에는 하쿠도 선인이 **아시야 도만**에게 살해당한 세이메이의 유골을 모아 **태산부군제**를 거행해 소생시켰다는 일화가 있다.

덴구 소승 도라키치

에도 시대에 **덴구**에게 납치당한 아이다. 이 아이는 **신선**계로 끌려가 **선술**을 익힌 뒤 돌아왔다고 한다.

관련어 다카야마 도라키치, 이계 귀환자

방사·도사

방사 方士

고대 중국에서 **방술**을 다루던 자를 말한다.

도사 道士

도교의 가르침에 따라 수행하고 특별한 힘을 지닌 자를 부르는 이름이다. **방술**을 다루는 **방사**를 가리킬 때도 있다.

부주 선생 符呪先生

요괴를 퇴치하는 **영부**를 전문으로 만드는 **도사**를 말한다.

노자 老子

고대 중국의 사상가이자 **도교**의 창시자다. 《노자(노자 도덕경)》 등의 저서를 남겼다. 노자의 생애는 베일에 싸여있어 신격화된 전설이 많이 남아있다.

서복 徐福

중국 진나라의 시황제를 섬겼던 **방사**다. '시황제가 원하는 불로불사의 선약은 동쪽 바다 저 멀리에 있는 **봉래산 선인**이 가지고 있다'라고 진언해 시황제의 명으로 동쪽 바다로 떠났다. 하지만, 그 후의 소식은 전해지지 않는다. 서복 일행이 일본으로 건너왔다는 전설도 있다.

닌자

닌자 忍者

인술을 이용해 첩보 활동 등을 벌이는 자들을 말한다. **슈겐도**의 창시자인 **엔노**

오즈누가 원조라고도 한다.

미치노오미노 미코토 道臣命

《일본서기》에 등장하는 **닌자**의 시조라 여겨지는 인물이다. '풍가어술諷歌倒語術'을 사용해 진무 덴노를 지켰다. 풍가어는 적에게 들키지 않게 말이나 노래를 암호로 해서 만드는 술이다. 미치노오미노 미코토는 의표를 찌른 공격이 주특기였다고 한다.

오토모노 사비토 大伴細人

쇼토쿠 태자로부터 '시노비志能便' 임무를 부여받은 인물이다. 이를 **닌자**의 원형으로 본다. 사비토는 이후 고가류 닌자의 시조가 되었다고 여겨진다.

핫토리 한조 服部半蔵

그 유명한 '핫토리 한조'는 개인의 이름이 아니라 대대로 집안을 잇는 당주의 이름이다. 그중에서도 핫토리 한조 마사나리는 도쿠가와 막부 설립의 중요 인물로서 활약해 '**닌자**의 아버지'라 불리게 되었다.

후마 고타로 風魔小太郎

고호조 씨를 섬기던 **닌자**의 우두머리다. 사가미국(지금의 가나가와현) 후마무라 출신으로, '후마 고타로'는 개인의 이름이 아닌 대대로 내려오는 당주의 이름이

다. 5대 고타로는 2m가 넘는 키에 이마가 튀어나온 몸집이 큰 사나이로, 그 목소리가 5km 밖에서도 들렸다고 한다. 밤눈이 밝아지는 특수한 훈련을 받아 야습이 주특기였다.

사루토비 사스케 猿飛佐助

《다치가와분코立川文庫》에 등장인물로, 사나다 유키무라를 섬기던 사나다 10 용사 중 한 명이다. 도자와 하쿠운사이에게서 고가류 **인술**을 배웠고 열다섯 살 때 사나다 유키무라의 눈에 띄었다.

기리가쿠레 사이조 霧隠才蔵

《다치가와분코》에 등장하는 가공의 인물로, 사나다 10 용사 중 한 명이다. 이가류 **인술**을 배워 도적으로 활동했는데, **사루토비 사스케** 일행에게 붙잡힌 뒤 개과천선했다고 한다.

구마와카 熊若

다케다 신겐을 섬기던 **닌자**로, 발이 무척 빨랐다. 약 256km에 달하는 거리를 네 시간 만에 주파했다는 전설이 있다. 도난 사건의 누명을 썼지만, 진범인 **환술사 가토 단조**를 붙잡았다.

이다텐 韋馱天

도요토미 히데요시를 섬겼다고 전해지는 **닌자**다. 하루에 50리(약 200km)를 달

릴 정도로 발이 빨랐다고 한다.

마쓰오 바쇼 松尾芭蕉

전국을 떠돌던 하이카이 시인이다. 이가 출신의 마쓰오 바쇼는 **핫토리 한조** 마사나리의 친척에게서 하이쿠를 배웠다. 나아가, 하루에 수십 킬로미터나 되는 산길을 돌파할 정도로 다리 힘이 좋았고 여행 자금에도 문제가 없었다는 점에서 도쿠가와 가문에서 돌보던 **닌자**가 아니었느냐는 설이 있다.

사나다슈 真田衆

센고쿠 시대에 사나다 가문을 모시던 사나다슈는 고가에 전해 내려오는 '이즈나술'이라는 **주술**적인 산악 슈겐 **인술**을 부렸다고 한다. 이즈나산의 이즈나 곤겐에게 특수한 공물을 바쳐 **닌자**의 비술을 전수받았다고 전해진다.

후지타 세이코 藤田西湖

다이쇼~쇼와 시대의 고가류 닌자로, 일본 최후의 **닌자**라고도 한다. **인술**을 구사해 정부의 스파이로도 활동했다고 한다. 모든 고통을 없애주는 자침술 덕분에 500개의 바늘로 찔러도 아무렇지도 않았다고 한다. 뜨거운 물을 손으로 받는 술, **불 밟기** 술 등도 사용했다고 한다.

환술사·요술사

환술사 幻術師

환각을 선보여 사람들을 현혹시키고 신비한 일을 행하는 사람이다. 수상한 술법을 사용하기도 한다.
관련어 환각자, 요술사

요술사 妖術師

사람이 아닌 듯한 기술이나 힘, 수상한 **요술**을 부리는 사람을 말한다.
관련어 환술사

가신 고지 果心居士

센고쿠 시대의 **환술사**. 오다 노부나가를 비롯해 수많은 센고쿠 다이묘 앞에서 **환술**을 선보였다. 어느 날, 마쓰나가 히사히데는 자신의 거성으로 가신 고지를 초대해 **"수많은 전쟁에서 살아 돌아온 내게 공포심을 줄 수 있겠는가."**하고 물었다. 그러자 가신은 수년 전에 죽은 히사히데의 아내의 환영을 불러내어 히사히데를 부들부들 떨게 했다고 한다. 또한, 가신은 도요토미 히데요시의 앞에서도 환술을 부렸는데, 히데요시가 감추고 있던 과거의 행적을 폭로해버린 탓에 그의 역린을 건드려 처형당할 지경에 이르렀다. 하지만, **쥐**로 변신해 포승줄을 빠져나와 (**쥐 변신술**) 솔개에게 자신을 물게 해 어디론가 날아가 버렸다고 전해진다. 훗날, 1612년에 도쿠가와 이에야스의 앞에 모습을 드러냈다는 전설이 남아있다.

가토 단조 加藤段蔵

센고쿠 다이묘가 두려워했던 **환술사**다. 소를 통째로 삼키는 **탄우술**이 주특기로 거리에서 자주 선보였다고 한다. 하루는 한 남자가 가토의 환술에 트집을 잡았다. 화가 난 단조가 옆에 있던 박꽃의 떡잎에 부채질했더니 박꽃 줄기가 2척(약 61cm) 가까이 자라났다. 단조가 이를 단검으로 베자 멀리 있던 그 남자의 목이 깨끗하게 떨어지며 절명했다고 한다. 또, 우에스기 겐신의 가신이 되기 위해 시험을 치렀을 때, 중진인 나오에 가게쓰나의 검을 훔치고 성을 지키는 개를 죽였으며 성의 시녀를 데리고 사라지는 솜씨를 선보였다. 단조의 묘기를 본 겐신은 두려워하며 그를 없애라는 명령을 내렸다고 한다. 그 후, 단조는 다케다 신겐의 진으로 향했지만 신겐 역시 두려워했다고 한다.

지라이야 自来也

에도 시대의 독본 《지라이야세쓰와》에 등장하는 **두꺼비 술사**다. 지라이야는 에치고국(지금의 니이가타현) 묘코산의 기인(실은 두꺼비의 정령)으로부터 **두꺼비술**을 전수받게 된다. 거대한 두꺼비로 변신하기(**두꺼비 변신술**), 두꺼비가 토해낸 무지개를 건너 하늘을 가로지르기(**두꺼비 타기**) 등의 요술을 부렸다. 의적으로 활동했는데, 손에 **뱀**의 피를 부으면 주술이 파괴된다는 약점이 있다.

지라이야 児雷也

두꺼비 술사다. 《지라이야세쓰와》에서 약 30년 후에 지어진 고칸 《**지라이야고케쓰모노가타리**》에 등장한다. 센소 도닌으로부터 두꺼비 **요술**을 전수받았다. 설화에 나오는 **지라이야**自来也와 설정이 비슷하고 사용하는 술도 똑같지만(**두꺼비 변신술, 두꺼비 타기** 등), 그쪽과는 달리 미남자다. **뱀 요술사**인 **오로치마루**의 숙적이자 **민달팽이 술사**인 **쓰나데**의 연인이다.

오로치마루 大蛇丸

뱀 술사다. 《지라이야고케쓰모노가타리》에 도적으로 등장하며, **지라이야**와 **쓰나데**의 숙적으로 등장한다. 큰 뱀의 뱃속에서 태어났으며, 몸과 혼을 분리하는 술법이 주특기다. 지라이야의 두꺼비, 오로치마루의 큰 뱀, 쓰나데의 민달팽이가 바다 위에서 서로 견제하며 옴짝달싹 못하는 장면이 유명하다.

쓰나데 綱手

민달팽이 술사다. 《지라이야고케쓰모노가타리》에 등장한다. '장차 **지라이야**의 아내가 될 운명'이라는 선녀의 예언에 따라, 반드시 만날 거라는 믿음 하나로 지라이야를 찾아 떠났다. **오로치마루가** 지라이야를 위협하고 있을 때 나타나 단검인 가쓰유마루를 휘두르자 오로치마루가 겁을 먹고 도망갔다.

다키야샤히메 滝夜叉姫

해골 술사다. **다이라노 마사카도**의 유복자로 본명은 사쓰키히메다. 가마쿠라 시대에 남동생인 **다이라노 요시카도**와 함께 역모를 결심한 다키야샤히메는 아버지의 원수를 갚고자 기후네 묘진에게 기도를 올려 **요술**을 배웠다. 소마의 옛 궁궐에 요괴를 소환해 이를 퇴치하러 온 자들의 실력을 보고 동료로 삼고자 했다. 요술로 해골을 조종할 수 있으며 다양한 요괴를 소환할 수도 있었다. 또한, 《**우토 우야스타카츄기덴**》에는 남동생인 요시카도가 요술을 가르쳐줬다고 되어 있다.

나나아야히메 七綾姫

거미 **술사**다. 가부키 『**모도리바시세나니 고히이키**』 등의 등장인물로, **다이라노 마사카도**의 유복자로 여겨지는 미녀다. 아버지의 원수를 갚고자 **거미술**을 익힌 뒤 스스로 거미로 변신해 아버지의 유품인 소중한 두루마리를 되찾아 온다(**거미 변신술**). 이야기 속 등장인물 중에는 **두꺼비 술사**인 **다이라노 요시카도**, 해골 술사

인 **다키야샤히메**가 마사카도의 유복자로 잘 알려져 있다.

와카나히메 若菜姫

거미 술사다. 에도 시대의 고칸 《**시라누 이모노가타리**》에 등장한다. 기리스탄 다이묘인 오토모 소린의 딸로, 거미의 정령으로부터 **요술**을 배웠다. '시라누이'라는 이름으로 남장을 하고 다니며 오토모 가문의 재건에 힘썼다. **인**을 맺어 거대한 거미를 소환하고 거미줄로 적의 움직임을 봉쇄하는 능력이 탁월했다. 그밖에도 거미에게 밀서를 훔치게 하거나 거미로 공격하거나 거미를 유녀로 변신시켜 스파이로 잠입시키기도 하고 거미줄을 처 허공을 이동하는 등(**거미 타기**)의 술법을 사용했다. 남장한 와카나히메가 여장한 도리야마 슈사쿠와 대립하며 서로 요술을 겨루는 장면은 이야기의 절정이다.

아자에몬 痣右衛門

고칸 《**오우기오우기고코니가키조메扇々愛書初**》에 등장하는 **거미 술사**다. 어부였던 아자에몬은 **쓰치구모**의 후예로부터 '나무카이켄쿠이타우타이키야우하라이소하라이소'라는 **진언**과 기독교의 기도문이 섞인 듯한 **주문**을 배워 거미 요술을 부릴 수 있게 되었다.

이시구모 호인 石蜘法印

거미 술사다. 거대한 거미를 불러와 시체에 파고들게 해 시신을 소생시키는 초혼 의식을 거행했다. 죽은 이는 생전과 똑같은 모습으로 소생하지만, 사실 그 정체는 역모를 꾀하는 쓰치구모였다. 가부키 『**시텐노모미지노에도구마**四天王楓江戸粧』에 등장한다.

쓰치구모 다로 土蜘太郎

거미 술사다. 가쓰라기산에 사는 무당거미 정령으로부터 '거미 **선술**'을 배웠다. 고칸《**우메노요시베이무라사키즈킨**梅由兵衛紫頭巾》에 등장한다. 금령 도인의 **선술**에 요술로 맞서는 **맞대결**이 펼쳐진다.

후지나미 유카리노조 藤浪由緣之丞

나비 술사다. 본명은 후지나미 유카리노조 하루토키다. 열다섯 살까지 여자로 자랐지만, 사실은 아름다운 외모의 남성이다. 이와후지의 혼령으로부터 **요술**을 배웠다. 종이 나비를 조종하거나 거대한 나비를 타고 하늘을 날거나(**나비 타기**), 거대한 나비로 변신한다(**나비 변신술**). 막부 말 장편 고칸인《**호쿠세쓰비단지다이카가미**》에 등장한다.

시미즈 요시타카 美妙水義高

쥐 술사다. 기소 요시타카의 유복자로, 꿈에서 뎃소가 된 **라이고** 아쟈리의 혼령

이 나타나 **쥐 요술**을 가르쳐줬다고 한다. 거대한 쥐를 소환해 추격자의 앞을 가로막는다고 한다.

산로시 仙娘子

사람을 말로 변신시키는 **요술사**다. 바레쓰 도인이라는 기인에게 전수받은 **요술**로, 단바산 깊숙한 곳에서 여행자에게 구운 보리떡을 먹여 말로 변신시킨 뒤 팔아먹었다.

나나쿠사 시로 七草四郎

지카마쓰 몬자에몬의 조루리인『**게이세이시마바라카에루갓센**』에 등장하는 **두꺼비 술사**로, **두꺼비**로 변신하거나 거대한 두꺼비의 등에 타 하늘을 날아다니거나, 오색의 숨결을 뱉어 무지개로 만들어 두꺼비의 모습으로 건너 도망가는 등의 **요술**이 주특기였다. 아마쿠사 시로가 모델이라고 한다.

덴지쿠 도쿠베 天竺德兵衛

이국 출신의 술사다. 가부키 『**와카미도리니시키소가**若緑錦曽我』 등에 등장한다. 이국의 피를 이어받아 아버지로부터 전수받은 **두꺼비술**을 구사해 반역을 꾀했다. 뱀의 피, 혹은 사주에 사巳가 포함된 사람의 피로 술법을 격파할 수 있다는 약점도 있다. '데이데이. 하라이소 하

라이소.¹'라는 주문이 주특기다.

야마히메 琊魔姫

무척 아리따운 여성 **두꺼비 술사**다. 하지만, 그 정체는 '교쿠시 도인'이라는 기인으로, '가레이센'이라는 마도사와 함께 인간에게 두꺼비술을 전파해 천하를 마도에 빠뜨리고자 했다. 에도 시대의 독본인 《아코기모노가타리阿古義物語》에 등장한다.

닛키 단조 仁木弾正

쥐 술사다. 다테 소동을 그린 가부키『메이보쿠센다이하기伽羅先代萩』의 등장인물이다. 거대한 쥐로 변해 두루마기를 훔치려고 할 때, 저택의 바닥 아래에서 지키고 있던 아라지시 오토코노스케가 보낸 뎃소에게 공격을 받아 정체를 드러낸다. 쥐로 변하는 술법은 시노비 술법이라고도 한다.

아쿠타 아쿠고로 惡田悪五郎

여우 술사다. 여우 빙의귀의 **요술**을 구사해 천하를 손에 넣으려고 했다. 술법으로 하늘에 무지개를 띄워 여우 무리와 함께 건넜다. 고칸 《가무리코토바쓰쿠시노시라누이》에 등장한다.

1   데이(でい)는 데우스(천제, 하느님)가 잘못 전해진 말이며, 하라이소(はらいそ)는 천국이라는 뜻의 포르투갈어다.

마시 다마루 摩斯陀丸

큰 원숭이와 인간 여성 사이에서 태어난 반인반수의 **요술사**다. 비행술을 구사하고 마술로 사람이나 사물을 허공으로 띄워 뺏는다. **시마무라 가니**의 숙적이다. 《시마무라가니미나토노아다우치島村蟹水門仇討》에 악역으로 등장한다.

우시와카 사부로 요시토라
牛若三朗義虎

막부 말의 장편 독본《슌케쓰신토스이코덴俊傑神稲水滸伝》에 등장하는 미나모토노 요시쓰네의 후예다. 산속에 숨어 지내며 **은형술**, 비행술 등을 익혔다. 가문을 재건하려고 했던 주인공 오야마 아쿠시로 다카마사에게 **환술**과 **요술**을 가르쳐 주며 의기투합했다.

고마히메 姑摩姫

어린 시절에 **가쓰라기산**의 **선인**으로부터 **선술**을 배운 소녀다. 열 살 때 비행술, 분신술, **은형술** 등을 익혔고 먹지 않아도 굶어 죽지 않으며 자지 않아도 피곤함을 느끼지 않게 되었다. 독본《가이칸쿄키쿄카쿠덴開巻奇任客伝》에 등장한다.

후지와라노 지카타 藤原千方

아스카 시대의 지방 호족이다. '후지와라 욘키'라 불리는 네 마리의 **오니**를 부리는 **요술사**로, 금속처럼 몸이 단단한 긴키, 돌풍을 일으키는 후키, 홍수를 일으키는 스이키, 몸을 감추는 온교키 등 특수한 능력을 지닌 오니와 함께 지방을 다스렸다.

도적

이시카와 고에몬 石川五右衛門

아즈치 모모야마 시대에 실존했다고 여겨지는 대도적이다. 에도 시대의 연극 등에서는 이가류 **닌자**로 자주 다뤄진다. 가부키 『**하데쿠라베이시카와조메**艶競石川染』에서는 망한 무가의 자손으로 나온다. 아버지의 한을 풀고자 **은형술**을 사용해 몸을 감추고 원수의 가보와 금은보화를 훔쳐 달아난다. 가부키 『고노시타가게하자마갓센木下陰狹間合戰』에서는 개를 부하로 변신시키는 술법도 터득했다고 나온다.

네즈미코조 가이덴 鼠小僧快伝

환술을 다루는 도적이다. 실록 《텐메이스이코덴天明水滸伝》에 등장한다. **덴구**에게 납치당해 아사마산에 살면서 덴구의 동료가 되어 **은형술**, 비행술 등을 배운다. 훗날 맹우인 도쿠지로와 함께 부자로부터 빼앗아 가난한 자들에게 나누어 주는 의적이 되었다. 에도 시대 후기의 도적인 네즈미코조 지로키치鼠小僧次郎吉와는 다른 인물이다.

이나바 고조 稲葉小僧

에도 시대 중기의 도적이다. 가부키 『**게이세이시노바즈가이케**けいせい忍術池』에서는 이나바 도조라는 이름으로 등장한다. 망한 무가의 자손으로 나오는데, **은형술** 등의 **인술**로 복수한다.

호시카게 도에몬 星影土右衛門

에도 시대의 독본 《아사마가타케오모카게조시浅間嶽面影草子[1]》와 그 속편에 등장하는 악인 도적이다. 시녀의 딸이자 이미 정혼자가 있던 사쓰키에 대한 어긋난 연심 때문에 나쁜 길로 들어서게 된다. **은형술**을 익혀 살인, 강도 등의 악행도 저질렀다. 마지막에는 호시카게 도에몬에게 아버지와 언니인 와스레가이를 살해당한 야도카리가 거울을 들이밀자 은형술이 간파되어 목이 잘렸다고 한다.

하카마다레 야스스케 袴垂保輔

요술을 사용하는 헤이안 시대의 대도적이다. **기도마루**와 요술을 겨뤘을 때 하카마다레 야스스케는 불꽃을 일으키고 독수리를 소환했다고 한다. 또한, **미나모토 노 요리미쓰** 일행이 아시가라산으로 들어오자 곰과 이무기가 싸우는 환영을 만들어냈고, 일행이 거기에 정신이 팔린 틈을 타 짐을 훔쳤다. 임기응변으로 모습을

1 　조시(草子)는 삽화가 실린 에도 시대의 대중소설이다.

감추는 '둔형술'을 사용하기도 했다. 에도 시대의 독본인 《시텐노쇼토이로쿠四天王剿盜異錄》에 등장한다.

무라사키

구미호의 **원령**이 씌인 소녀다. '마행 **환술**'을 사용해 나스노[2]에서 여행자들에게 독이 든 보리 경단을 먹여 말로 변신시킨 뒤 팔아치웠다고 한다. 보검을 입에 물고 '**사술**의 인문'을 맺어 도깨비불을 나타나게 하는 등의 **환술**이 주특기였다는 이야기가 고칸 《**셋쇼세키고니치노카이단**殺生石後日怪談》에 나온다.

모운 고쿠시 蒙雲国師

미즈치라고 하는 **뱀** 도깨비가 승려의 모습으로 변신한 것이다. 바위가 폭발하면서 요란하게 등장했는데, 나이가 많은 **신선**을 자처하며 왕을 속였다. **환술**을 선보이거나 소와 호랑이를 합체시킨 괴물을 만들어냈다.

기도사·영매사

영매사 靈媒師

신령이나 사령 등, 눈에 보이지 않는 영적인 존재와 교류할 수 있는 힘을 가진 **영능력자**다. 이러한 영적인 존재를 몸에 **빙의**시켜 **접신** 상태로 **탁선**을 거행한다. **샤먼**, **무녀**의 일종이다.

관련어 아오모리의 **이타코**, 오키나와의 유타 등

샤먼 shaman

신령이나 사령 등의 영적 존재와 직접 교류할 수 있는 **영능력자**다. 혼령을 자신에게 빙의시키는 '빙령계'와 자신의 혼을 영계로 보내는 '탈혼계'로 나뉜다. 일본은 대부분 '빙령계'다.

관련어 무녀

다유 太夫

이자나기류의 기도사를 부르는 호칭이다. 제사나 기도, **탁선** 등을 거행한다.

오가미야 拜み屋

민간 기도사를 가리키는 말이다.

사만 saman

시베리아의 **영매사**다. '**샤먼**'의 어원이기도 하다. 자신의 영혼을 천계로 보내는 **주술**적 의식을 거행해 **탁선**을 받는 탈혼계 샤먼이다.

동계 童乩

대만의 **영매사**를 가리킨다. 계동乩童이라 부르기도 한다.

2　오늘날 도치기현 북부 지역이다.

무당

한국의 여성 **영매사**를 가리킨다. 격렬한 가무를 선보이는 '굿'이라는 제의로 영매를 한다.

점술사·풍수사

우라베 卜部

복점으로 길흉을 점치는 율령제의 관직이다. 《쓰레즈레구사徒然草》로 유명한 요시다 겐코는 이즈의 우라베 씨의 후손이라고 한다.

점몽사 占夢師

꿈을 해석하는 점술사다. 헤이안 시대에 많이 있었다.

예언자 予言者·豫言者

예언자予言者는 개인적인 일, 혹은 세계나 인류의 미래에 일어날 사건을 미리 알수 있는 사람이다. 반면, 예언자預言者는 신탁을 사람들에게 전하는 신의 사자다.

풍수사 風水師

풍수를 이용해 **기**의 흐름을 읽어내는 술사다. 풍수는 고대 중국에서 전해진 **점술**로, 지형이나 방위 등의 자연 현상을 보면서 좋은 기운을 읽어내고 그 지역의 길흉을 판단한다.

산가지 점

길거리 점술사의 원조격이다. 가마쿠라시대의 점술사로, 마을에서 '산가지로 점을 쳐 드려요, 점 보세요, 심지어 잘 친답니다'라는 말로 사람들을 끌어모아 점대나 산가지(역에서 사용하는 도구)를 사용해 역점을 쳤다.

도쇼 登照

인상학 술사다. 얼굴이나 목소리, 동작만 보고도 그 사람의 수명이나 길흉을 예언했다고 한다.

영능력자·초능력자

영능력자

영적 세계나 영적 존재와 교류할 수 있는 영능력을 가진 사람이다. **영매사**, **샤먼**, **무녀**, **무당** 등도 포함된다.

초능력자

현대 과학으로는 해명할 수 없는 신기한 일을 실현할 수 있는 특수 능력자다. **천리안(투시)**, 공중부양, 물리 영매(**엑토플라즘**) 등을 할 수 있다. **신통력**을 가졌다.

조난 도시에 長南年惠

메이지 시대 초기, 물리 영매로 세간을 떠들썩하게 했던 **영능력자**다. 혼령이 물질적인 형태를 갖추는 현상인 **엑토플라즘**을 시전했던 여성으로, 허공에 신수를 뿌려 밀봉된 병을 채우는 능력이 있었다. 사기죄로 체포되었을 때도 판사가 내건 조건에서 빈 병에 신수를 가득 채워 무죄를 선고받았다. 이 사건은 '심령 재판'으로 기록되었다.

미후네 지즈코 御船千鶴子

메이지 시대 말기의 **영능력자**다. **투시** 능력자로, **천리안** 유행에 불을 지핀 장본인이다. 극도의 집중력을 가졌으며, 최면술을 연습하다가 투시 능력이 생겨났다고 한다. 《링》의 주인공 사다코의 어머니의 모델이기도 하다.

나가오 이쿠코 長尾郁子

미후네 지즈코와 같은 시대에 활약한 **영능력자**로, **천리안**을 가지고 있다. 도쿄 제국 대학 조교수인 후쿠라이 도모키치의 입회하에 세계 최초로 **염사** 실험에 성공했다.

다카하시 사다코 高橋貞子

미후네 지즈코, **나가오 이쿠코**와 같은 시대에 활약한 **영능력자**다. 타고난 **무당**으로, 실험을 할 때는 각성 상태에서 자신의 손가락 등을 **염사**했다.

미타 고이치 三田光一

천리안, **염사** 능력자다. 도쿄 제국 대학 조교수인 후쿠라이 도모키치의 조사를 받아들여 1931년에는 세계 최초로 '달의 뒷면'의 사진을 염사했다.

빙의귀 술사

빙의 혈통

견신, **원숭이신**, 나가나와신(**뱀신**), **헤비 미코**, **대롱 여우**, **오사키**, **인호人狐** 등의 동물신이나 동물령을 모시는 가문을 가리킨다. 당주가 원한을 품거나 미워하기만 해도 동물신이나 동물령의 **저주**가 발동되기도 한다. 견신 혈통, 원숭이신 혈통, 나가나와 혈통, 여우 혈통, **도뵤** 혈통 등으로도 불린다.

대롱 술사

대롱 여우를 키우는 **빙의 혈통**의 가문을 가리킨다.

관련어 구다야管野

인형신

도미야현의 **빙의귀**다. 무덤 흙과 자신의 피를 섞어 만든 **인형**으로, 이를 모시면 인형신이 빙의되어 어떤 소원이든 이뤄 준다고 한다. 다만, 인형신 술사는 고통스러운 죽음을 맞이하며 지옥에 떨어진다고 한다.

고보다네 牛蒡種

주부 지방의 **빙의 혈통**을 말한다. 무시무시한 **사안**邪眼 · **사시**邪視를 가지고 있으며 고보다네가 노려보기만 해도 상대방은 다치거나 심한 경우 죽기도 한다. 고보다네가 자신이 가진 **주력**을 버리고자 한다면 소중히 여기는 비싼 물건에 고보다네가 빙의되기를 기도하며 길에 버리면 이를 주운 사람에게 옮겨간다고 한다.

관련어 호법 빙의

이치자마 イチジャマー

이치자마 술사다. 이치자마는 오키나와의 **빙의귀**로 여성의 **생령**이라고 한다. 이치자마가 누군가를 증오하기만 해도 상대방은 불행해진다. 나아가, 이치자마 부토키이라고 하는 본존에 기도를 올리면 상대방을 저주로 죽일 수 있는 무시무시한 힘을 가진다. 이치자마는 오른손 엄지가 납작하다고 한다.

헤비미코 蛇蠱

가가와현 쇼도섬에 있는 가문이 모시는 **뱀**의 **빙의귀**다. 헤비미코 집안의 사람이 '밉다'라고 생각하는 순간 상대방에게 **저주**가 내려져 뱀이 그 사람의 내장으로 파고 들어가 죽인다고 한다.

스이카즈라 吸葛

저주신으로 모셔지는 **견신**의 일종이다. 사람들 몰래 만든 구멍에 **뱀** 등을 잔뜩 집어넣어 신으로 추앙하는 **주법**에서 생겨난다. 빙의된 사람은 착란 상태에 빠진다.

여우 빙의

사람이 **여우**의 혼령에 씌는 일을 말한다. 혹은 씐 사람을 가리킨다. **대롱 여우**, **오사키**, **인호**, **야생 여우**, 들여우 등도 '여우'라 칭한다. 여우 빙의에는 사람에게 빙의하는 것과 집안에 빙의하는 것(**빙의 혈통**)으로 나뉜다. 그 밖에도 **다기니천법** 등의 영향을 받아 여우의 혼령을 불러와 **탁선**을 받기도 한다.

여우 바람

사가현에서는 **빙의귀**를 이렇게 부른다. **여우**에게 홀린 상태를 '여우 바람을 따라간다'라고 표현한다. 만일 여우 바람을 따라간 사람에게 **너구리**가 외우는 **주문**을 들려주면 다시 원상태로 돌아온다고 한다.

여우 빙의가 남긴 노래

메이지 시대에 **여우**에게 **빙의**된 여성이 남겼다고 전해지는 수수께끼의 노래다. 의미는 불명이다. '못킨샤리리코(もっきんしゃりりこ), 스쿠넷(すくねっ)초, 난쟈이(ちょ, なんじゃい), 완냐크우타이로쿠(わんにゃうずうたいろく), 손쿄(そんきょう), 포코포코묘(ぽこぽこみょう), 포코포코묘(ぽこぽこみょう)'

너구리 빙의

너구리의 혼령이 씌는 일을 말한다. 또는 씐 사람을 가리킨다. 너구리는 사람의 영혼을 내쫓고 그 몸에 자신의 영혼을 **빙의**시킨다. 너구리에 빙의되면 포만감을 느끼지 못해 이상할 정도로 밥을 많이 먹다가 갑자기 숨을 거둔다. 가가와현, 오카야마현에는 가문에 빙의해 사람이 사역하는 너구리 혼령도 있다고 한다. 아이치현에서는 너구리 혼령을 불러와 **탁선**을 거행하는 너구리 소환의 풍습이 있다고 한다.

오소리 빙의

오소리의 혼령이 씌는 일, 또는 씐 사람을 가리킨다. 민속학적으로 너구리와 오소리는 다른 동물로 취급한다. 너구리나 여우는 쫓을 수가 있지만, 오소리는 빙의되면 치료할 수 없다고 한다. **빙의**된 오소리가 사람의 피를 빨아먹기 때문에 몸이 쇠약해져 죽는다고 한다.

여우 술사

여우의 혼령을 사람에게 빙의시키는 사법을 행하는 사람이다. 승려나 기도사, **슈겐자** 등이 있다. 사람에게 여우를 빙의시켜 아프게 하거나 주살하는 것 외에도 여우의 혼령을 불러 **은형술**(**환여우의 주문**으로 몸을 숨김)을 시전하는 사람도 있었다고 한다.

뱀 빙의

뱀의 혼령이 씌는 일, 또는 씐 사람을 가리킨다. 후쿠오카현에서는 빙의되면 뱀처럼 S자로 걷게 되고, 손가락 사이에서 뱀 혀가 나온다고 한다.

다카마 高天

무로마치 시대의 **여우 술사**다. 쇼군의 주치의였던 남자로, 세 마리의 여우를 부리면서 쇼군에게 여우를 빙의시켜 병을 얻게 했다고 한다.

너구리 술사 마산

메이지~다이쇼 시대 가가와현에 살았던 노파로, **너구리** 술사였다. 마산은 눈에 보이지 않는 어미 너구리와 새끼 너구리를 부렸는데, 이들을 상담하러 오는 마을 사람들에게 빙의시켜 도와줬다고 한다.

도쿠베에 德兵衛

여우 빙의에서 벗어나게 해주는 술사였다. 어느 날, 난장판이 된 집을 보고 화가 잔뜩 난 도쿠베가 집을 어지럽힌 **여우**를 붙잡았다. 그러자 여우는 꼬리 가죽이 벗겨질 정도로 필사적으로 발버둥을 쳐 도망쳤다. 그 후로 여우는 도쿠베에를 무서워하게 되었으며, 그가 여우의 꼬리 가죽을 보여주기만 해도 사람에게 빙의된 여우가 도망쳤다고 한다.

기타 술사

주금사 呪禁師·呪禁師

주금도呪禁道의 **주법**으로 병을 고치는 술사다. 주금사는 병마와 악귀로부터 몸을 보호하고자 **해오법**解忤法, **지금법**持禁法이라는 **주술**을 배웠다. 나라 시대부터 헤이안 시대에 걸쳐 궁중 의료를 담당하는 전약료典藥寮에 소속되어 있었으나, 차차로 **음양사**의 그늘에 가려졌다.

주사 呪師

주법을 행하는 승려를 말한다. 원래는 퇴마 의례를 담당했는데, 시간이 지나 이 의례가 예능화되면서 **사루가쿠시** 등의 예인이 주사 역할을 담당하게 되었다.

외법 술사

사법이나 **요술**을 다루는 자를 말한다.

주의 呪醫·주술의 呪術醫

기도와 신령의 힘을 이용한 **주술**로 병을 고치는 사람을 말한다. 일본에서는 **음양사**와 **슈겐자**가 주의 역할을 담당했다.

이즈나 술사

이즈나법을 다루는 술사를 말한다.

군배자 軍配者

전장에서 전투를 돕는 **주술**사다. 개전일의 길흉, 공격해야 할 방향, 날씨 변화, 적진 등을 점친다.

미사사기타로 모리카도 陵太郎守門

견신 술사다. **인**을 맺고 **주문**을 외우면 허공에 견신이 나타나므로 손을 대지 않고도 무기를 파괴할 수 있었다. 《히바리야마고니치노사에즈리鶴山後日囀》의 등장인물이다.

다치바나 나라마로 橘奈良麻呂

나라 시대의 **사술**사다. 과녁에 원적의 모습을 그리고 그 눈동자를 쏘는 술을 배웠다고 한다.

지진모소비와 地神盲僧琵琶

비파를 켜 기도를 하는 소리의 **주술**사다. 지금도 규슈 지방에 남아있다고 한다.

아베노 나카마로 阿部仲麻呂

《**고단쇼**》에 등장하는 아베노 나카마로는 이국에서 숨을 거두어 **오니**가 되었는데, 비행술 등의 **신통력**을 구사해 같은 견당사였던 기비노 마키비를 도와줬다고 한다. 나카마로는 **아베노 세이메이**의 선조라는 설도 있다.

오노노 다카무라 小野篁

헤이안 시대 초기의 박학다식했던 문인 귀족이다. **육도의 사거리**에 있는 우물을 통해 이승과 저승을 오가며 낮에는 조정 관료로, 밤에는 염라대왕의 신하로 일했다는 전설이 있다. 염라청으로 갈 때는 몸에서 혼이 빠져나가는 분신술을 이용했다고 한다. 또한, 죽은 사람을 소생시키기도 했는데, 후지와라노 요시미라는 관리가 중병으로 세상을 떠나자 곧바로 염라대왕에게 고해 그를 되살렸다고 한다.

오노노 고마치 小野小町

헤이안 시대의 가인으로, **오노노 다카무라**의 자손이라는 설이 있다. **와카**로 날씨를 조종하는 술사이기도 하다. 맑은 날이 계속되자 덴노의 명령으로 **비가 내리기를 바라는** 와카를 지어 읊었더니 굵은 빗방울이 쏟아졌다고 한다(**오노노 고마치의 와카**).

기우의 오마치

오노노 고마치를 가리키는 말이다.

오유라 お由良

막부 말기의 사쓰마번을 다스렸던 시마즈 나리유키 집안의 차남인 히사미쓰의 어머니다. 히사미쓰를 후계자로 만들기 위해 **슈겐자**와 모의해 시마즈 가문의 아들들을 차례로 주살했다. 시마즈 가문의

장남인 나리아키라의 아들은 여덟 살에 세상을 떠났다. 차남이 사망했을 때 마룻바닥에서 조복 인형이 발견되었다. 이것이 훗날, '오유라 소동'이라고 불리는 **저주** 사건이다.

가키노모토 히토마로 柿元人麻呂

만엽집에 등장하는 가인인 가키노모토 히토마로는 화재를 막아주는 신으로 추앙받고 있다. 그의 이름이 '불아, 멈춰라 火止まろ[1]'라는 문장과 발음이 똑같기 때문이다. '사람이 태어나다人生まれる[2]'라는 문장과도 발음이 비슷해 아이를 점지해주는 신으로 모시는 지역도 있다. **언령** 신앙에는 이와 같은 언어유희를 이용한 **주문**이 많다.

다케노우치노 스쿠네 武内宿禰

《고사기》, 《일본서기》에 200세 이상 살았다고 기록되어 있는 관리다. 다케노우치노 스쿠네는 244년에 걸쳐 제12대부터 제16대까지 총 다섯 명의 덴노를 섬겼다고 한다. 나아가, **검과 거울**을 바쳐 기도하면 거대한 바위도 부수는 벼락을 내리게 하는 신비한 힘을 가졌다고도 전해진다.

---

1 히(火)는 '불', 토마로(止まろ)는 '멈춰라'라는 뜻이다.
2 히토(人)는 '사람', 우마레루(生まれる)는 '태어나다'라는 뜻이다.

이치카와 단주로 市川團十郎

가부키 배우다. 이치카와 단주로의 '미에'에는 사악한 것을 없애는 **니라미**의 **주력**이 깃들어있어 단주로가 노려보면 1년 내내 병에 걸리지 않는 등 액막이의 효과가 있다고 알려져 있다.

마룻바닥 아래의 노파

헤이안 시대 전기에 일어난 **저주** 사건이다. 다이고 덴노에게 아들이 생기는 걸 방해하고자 **염매**하는 자가 있다는 점괘가 나왔다. 이를 토대로 조사한 결과, 백발의 노파가 황후인 후지와라노 온시가 지내는 히가시고조덴의 마루 아래에서 부러진 **가래나무 활**을 입에 물고 저주를 내리고 있었다고 한다.

신불

이자나기 イザナギ

이자나기는 일본 신화에 등장하는 창조신 중 하나다. 이자나기는 아내인 이자나미가 죽자 **황천국**으로 향했는데, 썩어 문드러진 아내의 모습을 보고 놀라 도망친다. 모욕을 당한 이자나미는 남편을 쫓아가 **요모쓰히라 언덕**에 있는 거대한 바위 앞에서 이자나기를 따라잡았다. 이자나미가 남편에게 '하루에 천 명의 인간을 죽이겠다'라고 선언하자 이자나기는 '그

렇다면 나는 하루에 1,500명의 아이가 태어나게 하겠다'라고 되받아쳤다고 한다. 이는 일본에 서 가장 오래된 **저주**와 **저주 반환**으로 여겨진다.

아마테라스 アマテラス

일본 신화에 등장하는 태양신으로, **다카마가하라**를 다스린다. 《**고사기**》에서는 **이자나기**가 물로 왼쪽 눈을 **씻자** 아마테라스가 태어났다고 한다. 남동생인 **스사노오**와의 **서약**, 아마노이와토(천상의 동굴)에 틀어박혔던 신화 등으로 유명하다.

관련어 아마테라스 오미카미

스사노오 スサノオ

일본 신화에 등장하는 난폭한 신이다. **아마테라스**의 남동생으로, **이자나기가 삿된 것을 씻어낼 때** 코에서 태어났다. **다카마가하라**에서는 **삿된 것**과 악의 화신이다. 다카마가하라에서 추방되어 지상에 내려왔을 때, **야마타노오로치**를 퇴치했다는 전설로도 유명하다.

여와 女媧와 복희 伏羲

중국 신화에 등장하는 부부 신이다. 여와는 대지를 치유하는 여신이고, 복희는 **팔괘**를 만든 남신이다. 이 세계를 하늘과 땅, 남자와 여자로 나누는 **음양오행**설을 상징하는 신들이다.

태산부군 泰山府君

명계의 신이자 수명의 신이다. **도교의 신**으로 중국의 태산에서 제사를 지냈기 때문에 이러한 이름이 붙었다. 불교에서는 태산부군太山府君이라고도 표기한다. **아베노 세이메이**가 거행했던 연명술인 **태산부군제**는 사후 세계를 관장하는 이 신에게 기도하는 술이다.

방위신 方位神

음양도의 방위술 개념에 따라 각 방위를 관장하는 신이다.

관련어 대장군, 금신 등

팔장신 八將神

년도의 방위의 길흉을 관장하는 여덟 명의 신이다. 대부분 흉의 신력을 숨기고 있다. 오성(토성은 두 명의 신)과 더불어 **나후성**羅睺星, **계도성**計都星을 관장한다.

세덕신 歲德神

모든 덕을 관장하는 신이다. 세덕신이 있는 방향은 그 해의 길방吉方으로 여겨진다.

태세신 太歲神

팔장신 중 하나로 **세덕신**의 자녀이자 **목요성**의 신이다. 무언가를 옮길 때는 길하지만, 다툼을 할 때는 불길하다고 여겨지는 방위다.

대음신 大陰神

팔장신 중 하나로 태세신의 아내이자 **진성**鎭星의 신이다. 진성은 토성의 다른 이름이기도 하다. 결혼과 출산 등, 여성과 관련된 일을 할 때 불길하다고 여겨지는 방위다.

대장군 大將軍

팔장신 중 하나로 **태백성**의 신이다. 태백성은 금성을 뜻한다. 모든 일에 있어 가장 불길하다고 여겨지는 방위다.

세파신 歲破神

팔장신 중 하나로 **진성**鎭星의 신이다. 불길한 방향으로 여긴다.

세살신 歲殺神

팔장신 중 하나로 **태백성**의 신이다. 이사할 때나 며느리, 혹은 사위를 들일 때 불길한 방향으로 여겨진다.

세형신 歲刑神

팔장신 중 하나로 **진성**辰星의 신이다. 이 진성은 수성을 뜻한다. 형벌을 관장한다. 나무를 심거나 씨를 뿌릴 때 불길하다고 여겨지는 방위다.

황번신 黃幡神

팔장신 중 하나로 **나후성**의 신이다. 집을 지을 때 불길한 방향으로 여겨진다.

중심이 기운 용어

공격의 순서

회복·소생
보조의 순서

특수 능력·예지
예언의 순서

출사·이능력자
이능의 단체

주구·무기·부적

이계·결계
금기의 용어

서적·이야기

표미신 豹尾神

팔장신 중 하나로 **계도성**의 신이다. 꼬리가 달린 생물을 손에 넣으려고 할 때 불길하다고 여겨지는 방위다.

금신 金神

일본의 토속 **방위신** 중 가장 무서운 신이다. 방위를 침범한 본인뿐 아니라, 친족 일곱 명을 살해할 정도의 **재앙**을 내린다고 한다(**금신칠살**金神七殺).

오대명왕 五大明王

밀교에서 성난 표정을 한 다섯 명의 **명왕**이다. **부동명왕**, 항삼세명왕, **군다리명왕**, 대위덕명왕, 금강야차명왕이다. 금강야차 대신 오추사마명왕이 들어갈 때도 있다. 오대명왕에 대한 믿음은 헤이안 시대부터 확산되었다.

명왕 明王

대일여래의 명을 받아 악을 쓰러뜨리는 왕이다. 신앙심이 없는 자를 항복시켜 개과천선하게 한다. 명왕은 **오대명왕** 등 그 종류가 다양하다. 항삼세명왕은 천마, 군다리명왕은 상수마, 대위덕명왕은 독룡·인마, 금강야차명왕은 번뇌마, 오추사마명왕은 수목이 일으키는 재앙을 항복시킨다고 한다. 특히, **부동명왕**은 대일여래의 화신이며, 명왕의 대표적 존재다.

부동명왕 不動明王

오대명왕의 주존이다. 대일여래가 악을 항복시킬 때의 모습으로 모든 번뇌와 악을 **항복**시키는 존재다. 치켜 올라간 눈꼬리와 송곳니가 특징이며 등 뒤로는 화염이 불타오르고 있고 오른손에는 **항마검**을 들고 있다. 긍갈라矜羯羅, 제타기制吒迦라는 이름의 동자를 권속으로 부린다.
관련어 부동존不動尊

군다리명왕 軍荼利明王

오대명왕 중 하나로, 남쪽에 배치되어 있다. 번뇌와 장애를 없애준다. 여덟 개의 팔로 **인**을 맺거나 **윤보**輪寶, **삼고저**三鈷杵를 들고 있다. **군다리명왕법**은 군다리명왕에게 기도하는 주법이다.

제석천 帝釋天

인도 신화에서 전쟁의 신 인드라에 해당하는 불교의 수호신이다. **밀교**에서는 십이천의 한 사람으로 동쪽을 수호한다. **아수라**와의 전투가 유명하다.

비사문천 毘沙門天

불교의 호법신이다. 사천왕 중 하나인 다문천왕多聞天王을 가리키며, **밀교**에서는 십이천 중 한 사람이다. 싸움의 신, 재복의 신으로 모셔진다.

길상천 吉祥天

불교의 수호신으로 복과 덕을 내려주는 천녀다. 귀자모신의 딸이자 **비사문천**의 아내다(여동생이라는 설도 있다). 미의 여신으로 알려져 있다.

흑암천 黑闇天

재앙을 부르는 여신이다. **길상천**의 여동생으로 추한 외모를 갖고 있다. **밀교**에서는 염라대왕의 아내다.

팔부중 八部衆

불법을 수호하는 여덟 신이다. 천, 용, **야차**, **건달파**, **아수라**, **가루라**, 긴나라, 마후라가를 가리킨다.

야차 夜叉

팔부중의 하나다. 인도에서는 **귀신**으로 표현하는데, 일본에서는 **비사문천**의 권속이자 악을 먹는 선한 신으로 여겨진다.

비행야차 飛行夜叉

공중을 날아다니는 **야차**다. 야차는 하늘을 날 수 있다고 믿었다.

건달파 乾闥婆

팔부중의 하나다. **제석천**을 모시는 신으로, 춤과 음악을 관장한다. 고기와 술을 멀리하고 향기만을 먹으며 살아간다. 아이들의 수호신이기도 하다.

아수라 阿修羅

팔부중의 하나다. 인도 신화에서는 **귀신**이며 싸움을 좋아해 **제석천**과 대결하기도 했다. 세 개의 얼굴, 여섯 개의 팔을 가진 모습으로 묘사되는 일이 많다.

가루라 迦樓羅

팔부중의 하나다. 용을 먹는 새의 왕으로, 인도 신화의 가루다에 해당한다. 가루라에게 기도해 비바람을 멈추게 하는 **가루라법**迦樓羅法이 있다.

금시조왕 金翅鳥王

가루라의 다른 이름이다.

팔대용왕 八大龍王

팔부중 중 '용'에 속하는 여덟 마리의 용신이다. 비와 바다를 관장하는 것 외에도 동물의 혼령을 내쫓는 역할도 한다. 난타, 발난타, 사가라, 화수길, 덕차가, 아뇩달(아나바달다), 마나사, 우발라가 있다.

다기니천 茶枳尼天

살아있을 때는 최고의 영예를 안겨주지만, 마지막에 비참한 형태로 목숨을 빼앗는 암흑의 신이다. 죽은 이의 살을 먹는 **야차**이기도 하다. 이 **주법**을 시전하는 자는 무시무시한 **주력**을 얻는 대신, 죽은 후에는 자신의 인황人黄[1]을 다기니천에게 바쳐야만 한다. 다기니천에게 잡아먹힌 인물로는 다이라노 기요모리, **고다이고 덴노**, 아시카가 다다요시 등이 있다. 일본에서는 이나리신과 동일시된다.

마리지천 摩利支天

'서광', '위엄'을 상징하는 고대 인도의 여신이다. 일본에서는 **비사문천**과 어깨를 나란히 하는 군신으로 무장들이 믿는다. '마리지천'을 외치거나 갑옷에 '마리지천'을 한자씩 적어 넣는 **주법**이 있었다. 마리지천에 기도하는 주법으로는 **마리지천 은형법** 등이 있다.

마타라신 摩多羅神

천태종에서 믿는 수호신이다. 엔닌이라는 승려가 당에서 귀국할 때 나타났다고 한다. 마타라신에 기도하는 술법으로는 **현지 귀명단玄旨歸命壇** 법이 있다.

묘견보살 妙見菩薩

밀교에서 **북진** 또는 **북두**를 신격화한 보살이다. 존성왕법은 묘견보살에게 장수와 제액을 기원하는 의식이다. 천태종에서는 **길상천**과 동일시된다.

관련어 존성왕尊星王

----

1   신체의 한 부위이며 사람의 머리나 심장에 깃든 엉성한 마음. 번뇌가 응집된 것이라는 해석이 있다.

진택영부신 鎭宅靈符神

72종의 **영부**신이다. 집안의 평화를 지키는 신으로, 영부에는 장수와 재복을 불러오는 등의 효과도 있다. **밀교**와 음양도에서 모시는데, 밀교에서는 **묘견보살**과 동일시한다는 설도 있다.

허공장보살 虛空藏菩薩

무한히 확장되는 허공(드넓은 하늘)처럼 무량한 지혜와 공덕을 가진 보살이다. **허공장 구문 지법**, **오대 허공장법** 등의 술법이 있다. 허공장보살의 지혜를 다섯으로 나누는 것을 오대허공장보살이라고 하며, 가운데와 동서남북에 법계, 금강, 연화, 보광, 업용허공장이 위치한다. 이들은 각각 백, 황, 적, 청, 흑으로 표현된다.

금강장왕권현 金剛藏王權現

엔노 오즈누가 **오미네산**의 **유슈쓰 바위**에서 수행했을 때 나타난 신으로, **슈겐도**의 본존이다. 세 개의 눈, 화가 잔뜩 난 모습으로 묘사되며 악을 **항복시키는 힘**을 지니고 있다.

관련어 자오곤겐藏王權現

십이신장 十二神將

약사여래의 신도를 지키는 열두 명의 신으로, 약사여래의 권속이다. 12이라는 숫자는 **간지**와 연결되어 시각과 방위를 담당한다고 여겨졌다. 궁비라, 벌절라, 마호라 등이 있다.

이세후쿠

에도 시대의 야마토국(지금의 나라현)에 있던 생불이다. 그 정체는 늙은 **여우**라고 한다.

삼척동자 三尺童子

아키하산에 사는 화재를 막는(화재 예방) 신이다. 수행을 거쳐 **신통력**을 얻은 승려다. 자유자재로 하늘을 날아다니거나 **흰여우**를 타고 이동했다고 전해진다.

조왕신

집의 아궁이를 수호하는 불의 신이다. 《**고사기**》에도 그 기록이 남아있다.

울루 鬱壘

중국에 전해지는 문의 신으로, **복숭아**를 신격화한 것이다. 형제 신인 **신다**神荼와 함께 **귀문**을 지킨다. 갈대 밧줄로 악귀를 붙잡아 호랑이에게 먹인다.

신다 神荼

귀문을 지키는 문의 신이다. 갈대를 신격화했다. 형제 신인 **울루**와 함께 그려진 그림을 문 위에 걸어두면 악귀를 막을 수 있다고 한다.

언령신

각각의 글자에 깃든 **언령**의 신이다. 모음과 자음을 조합해 만든 글자로 운세를 점치는 언령 **점술**도 있다.

치우 蚩尤

고대 중국의 군신이다. 《**산해경**》에 따르면, 바람과 비의 신과 함께 황제黃帝와 싸웠지만 패배했다고 한다.

히토코토누시 一言主神

가쓰라기산에 사는 **탁선**의 신으로, 한마디의 말로 선악을 판단할 수 있다. 《**일본영이기**》에 따르면, 히토코토누시가 덴노에게 **엔노 오즈누**가 모반의 뜻이 품고 있다고 중상모략을 했는데, 이에 화가 난 엔노 오즈누의 주문에 꼼짝달싹하지 못했다고 한다.

오시라 님 オシラ様

도호쿠 지방의 민간신앙으로, 남녀가 한 쌍이다. 약 30cm 정도의 막대기에 얼굴을 새겨넣고 천으로 감싼 것을 **신체**로 모신다. 오시라 놀이라고 불리는 접신 의식을 행한다.
관련어 양잠의 신

와카미야 님 若宮様

인간에게 악행을 저지르는 악령을 사당 등에서 모신 것이다. 신으로 모실 테니

더는 재앙을 내리지 말라고 악령에게 다짐을 받은 뒤 봉인한다.

재앙신

재앙이나 재해를 불러오는 신이다.

사역마·정령

야타가라스 八咫烏

구마노 신사의 사자로 알려진 다리가 세 개인 까마귀다. 《**고사기**》에 따르면, 진무 텐노가 동쪽으로 원정을 떠날 때 길을 안내했다고 한다. 까마귀와 관련된 **주술**로는 **구마노 우왕부**가 있다.

고마이누 狛犬

신사의 수호신이다. 입구 양쪽에 놓여있는데, 한쪽은 입을 벌리고 '아阿'라 외치고 있으며 한쪽은 입을 다물고 '음吽' 소리를 내고 있다. 원래는 중국의 상상 속 영수인 벽사라고 한다.

아베노 세이메이의 식신

아베노 세이메이는 일상생활에서도 잡무를 볼 때는 **식신**을 이용했다는 전설이 있다. 《**곤쟈쿠모노가타리슈**》에 그 내용이 나온다.

십이천장 十二天將

아베노 세이메이 등의 **음양사**가 부렸다고 전해지는 **식신**이다. 원래는 방위의 신으로 **인형**을 이용해 제사를 지냈다. **음양도**의 점술 중 하나인 **식점**에 사용하는 원반에는 십이천장의 이름인 귀인, **현무**, 구진, **주작**, **청룡**, 대음, 태상, 천공, 태후, 등사, **백호**, 육합이 새겨져 있다.

식왕자 式王子

이자나기류의 다유가 부렸다고 전해지는 **귀신**이다. **식신**이라고도 한다. 고헤이를 사용해 움직이게 한다. 식왕자는 **음양사**가 부리던 식신의 자손으로 여겼다.

십이 히나고 왕자

식왕자의 부하다. **음양사**가 부리는 **식신**, **십이천장**을 가리킨다는 설도 있다.

다카다의 왕자

이자나기류의 **식왕자**다. '**저주의 구분**'으로 봉인한 **저주**를 감시하는 역할을 담당한다.

젠키 前鬼·고키 後鬼

엔노 오즈누를 섬기는 **호법 동자**로, 부부이다. 오즈누의 곁에서 수행한 두 사람은 기카쿠와 기켄이라는 사람의 이름을 부여받아 고키구마, 고키도, 고키조五鬼上, 고키쓰구, 고키조五鬼助라는 다섯 아이를 낳았다고 한다.

후세리교자 臥行者 · 조조교자 浄定行者

슈겐자인 **다이초**를 섬겼던 **호법 동자**다. 비행술이나 **비발법**을 다루었다. 어느 날, 후세리교자가 쌀을 운반하는 뱃사공에게 보시를 요청했다가 거절당했다. 그래서 후세리교자는 쌀가마니를 조종해 다이초가 있는 산으로 보내버렸다. 눈앞에서 **법력**을 목격하고 감동한 뱃사공은 다이초에게 제자로 받아달라 요청했다. 이 뱃사공이 조조교자다. 또한, 다이초가 덴노를 치료하기 위해 수도를 방문했는데, 그만 법구를 잃어버리고 말았다. 이때, 다이초를 수행하던 조조교자가 눈 깜짝할 사이에 법구를 가지고 왔다는 전설도 있다.

오쓰 乙 · 와카 若

천태종의 승려인 **쇼쿠**를 모시던 **호법 동자**다. **비사문천**이 하사했다고 한다.
관련어 오쓰도·와카도, 오토텐 호법·와카텐 호법

추타귀 追打鬼 · 파나나귀 婆羅羅鬼

손이尊意라는 천태**밀교**의 승려가 부렸다고 전해지는 호법신이다. 호령 퇴치의 주문에 등장한다(**여우 혼령에게 거짓말하기**).

홍법 대사의 견신

홍법 대사 구카이가 권속으로 다스렸던 호법 **견신**이다. 들개를 그린 종이에 **주법**을 걸어 수호신으로 소환했는데, 어느 날 이 견신이 도망치고 말았다. 속박에서 벗어난 견신은 손을 쓸 수 없는 **외도**로 접어들어 **빙의귀**가 되었다고 한다. 이는 견신이 생겨나게 된 전설 중 하나다.

가나메 새

이자나기류에 전해지는 '**이자나기 제문**'에 등장하는 새다. 이자나기 저택의 보석함 속에서 뛰쳐나왔다고 한다. 이자나기 대신의 **식신**이거나 수호신이라는 설이 있다.

원령·악령·영혼·유령

원령 怨靈

강한 원한을 품고 **재앙**을 일으키는 사령이나 **생령**을 가리킨다. 재난이 일어나면 원령의 짓이라고 믿었던 사람들은 원령의 혼을 진정시키도록 공양하고 신으로 추앙함으로써 재액을 피하고자 했다.

영혼 靈魂

영, 또는 혼이라고도 부른다. 사람의 생명을 뒷받침하며 육체를 빠져나가도 존재할 수 있다. **신토**계의 **주술**에서는 영

혼이 만물에 깃들어져 있다고 여겨 영혼을 부활시켜 주술에 이용했다.

생령 生靈

사람의 **영혼**, 혹은 기를 가리킨다. 때로는 통제에서 벗어나 증오하는 상대에게 들러붙어 해를 입히거나 목숨을 빼앗기도 한다.《겐지 이야기》에 등장하는 **로쿠조노미야스도코로**六条御息所가 유명하다.

관련어 생혼生魂, 궁귀窮鬼

쇼토쿠 태자 聖德太子

섭정으로 활약했던 아스카 시대의 정치가다. 622년에 병사했다고 전해지는데, 쇼토쿠 태자의 **원령**이 수도를 쑥대밭으로 만들었던 사건 때문에 암살되었다는 설도 나돌았다. 태자가 사망한 지 23년째 되는 해이자 태자 일족의 대가 끊긴 다음 해에는 호수의 물이 핏빛으로 변해 악취를 내뿜었고 괴조가 나타났으며 정체 모를 풀과 꽃들이 자라났다. 또한, 두 마리의 **두꺼비**와 붉은 소가 두 발로 걸어 다녔으며 무수히 많은 개구리가 문 주위를 맴돌며 뛰어다니는 등 다양한 이변이 일어났다고 한다.

나가야 왕 長屋王

죽은 뒤 **원령**으로 변한 나라 시대의 사다이진이다. 그와 대립하던 후지와라 씨가 '나가야 왕이 몰래 **좌도(요술)**를 배워

나라를 뒤집으려고 하고 있다'라며 조정에 거짓 밀고를 한 탓에 나가야 왕은 자결을 명받았다. 불태워진 뒤 강에 버려진 그의 유해가 도사(지금의 고치현)로 흘러 들어가면서 그곳의 많은 사람이 나가이 왕의 원령 때문에 목숨을 잃었다고 한다.

스가와라노 미치자네 菅原道真

일본의 삼대 **원령** 중 한 사람이다. 헤이안 시대 전기의 학자로, 우다이진右大臣[1]의 자리까지 올랐지만 누명을 뒤집어쓰고 좌천되어 사망했다. 훗날 그의 정적이 죽고 재해가 발생하자 사람들은 원령이 된 미치자네가 내린 **재앙**이라고 생각해 두려움에 빠져 그를 신으로 모셨다. 지금은 학문의 신으로 여겨진다. 또한, 미치자네의 상징인 '매화'의 원래 뜻이 별이라는 점에서 **오망성**의 **주술**이 담겨있는 것이라는 설이 있다.

다이라노 마사카도 平将門

일본의 삼대 **원령** 중 한 사람이다. 헤이안 시대 중기, 간토 지역의 호족으로서 세력을 키웠지만 **후지와라노 히데사토**의 손에 쓰러지고 말았다. 교토에서 효수된 목이 간토 지역까지 날아왔다는 전설이 있다. 지금도 도쿄에 있는 **다이라노**

---

1   우대신을 뜻한다.

마사카도의 목 무덤을 이전하려고 하거나 어지르면 **재앙**이 일어난다고 한다.

스토쿠 덴노 崇德天皇

일본의 삼대 **원령** 중 한 사람이다. 헤이안 시대 후기의 덴노로, 고시라카와 덴노와의 후계 싸움에서 패배해 유배를 간다. 그리고 귀환의 꿈을 이루지 못하고 그대로 사망했다. 수도의 대화재나 적대시하던 자들의 사망 등은 모두 스토쿠 덴노의 원령이 일으킨 **재앙**으로 여겨졌다.

사와라 친왕 早良親王

간무 덴노의 남동생으로 억울하게 죄를 뒤집어쓰고 유배를 가 사망했다. **원령**이 되어 **재앙**을 일으켰다고 한다.

이요 친왕 伊予親王

간무 덴노의 황자로, 모반의 죄를 물어 유폐되었다. 어머니와 함께 억울함을 주장하며 독을 마시고 자살했는데, **원령**이 되었다고 한다.

다치바나 하야나리 橘逸勢

헤이안 시대의 정치가다. 조와의 변으로 귀향을 가는 도중에 억울하게 죽임을 당했다. 그가 죽을 때 **하얀 무지개**, 혜성 등의 흉조가 나타났으므로 이러한 것들이 보이면 원령이 된 하야나리의 **재앙**으로 여겨졌다.

구스노키 마사시게 楠木正成

가마쿠라~남보쿠초 시대의 무장으로, 죽은 뒤 **원령**이 되었다. 마사시게를 쓰러뜨린 장수 오모리 히코시치의 보검을 노려 미녀의 모습으로 나타나거나 괴이한 모습으로 허공에 나타났다.《다이헤이키 太平記》에 등장한다.

로쿠조노미야스도코로 六条御息所

《겐지 이야기》에 등장하는 미망인이다. 질투심 때문에 **생령**이 되어 연적을 주살했다.

나비가 된 사자의 영혼

독본 《우토우야스카타추기덴》에 나오는 신비한 나비다. 무장인 미나모토노 요리노부가 니쿠시엔이라는 **요술사**의 술법에 걸려 미쳐 날뛰다 부하를 살해하고 말았다. 그러자, 죽은 부하의 영혼이 **나비** 무리로 변해 무언가를 전하려는 듯 요리노부의 주변을 맴돌았고, 요리노부는 그제야 제정신으로 돌아왔다고 한다.

시모요노호시 霜夜星

원령이 등장하는 독본이다.《시모요노호시》에서는 한 여인이 남편에게 배신당한 원한을 품고 죽어 **원령**이 된다. 이 여인은 입에서 무수히 많은 **쥐**를 토해내어 매일 밤 남편을 괴롭혔다. 남편을 실컷 괴롭히고 난 후에는 쥐들이 다시 모여 여인으로 변해 집을 나섰다고 한다.

우부메 姑獲鳥·産女
난산으로 죽은 여성의 **원령**이자 요괴다.

가사네 累
에도 시대의 악령이다. 가사네라는 여인
은 남편(아버지라는 설도 있음)에게 잔
혹하게 살해당했다. 그녀는 악령으로 변
해 남편의 후처에게 빙의되었는데, **유텐
쇼닌**이 성불시켰다고 한다. 이 사건은 훗
날 《가사네 괴담》으로 널리 알려졌다.

다비라 茶毘羅
기시키법에 의해 소생해 조종되는 죽은
이를 말한다.

지사이
항해할 때 만날 수 있는 재해를 대신 받
아들이는 **산 제물**로, 고기를 먹지 않으
며 씻지 않는다. 무사히 항해를 끝마치면
보상이 주어지지만, 실패하면 목숨을 잃
는다. 《위지왜인전》에 등장한다.

오니

오니 鬼
신통력을 부리는 상상 속의 괴물이다. 혹
은 눈에 보이지 않는 위협적인 존재다.

몸을 드러내지 않기에 '숨을 은隱' 자의
발음이 '오니'로 변했다는 설이 있다. 괴
물, 불교에서 말하는 **귀신(팔부중)**, 신[1]
등 그 종류가 다양하다.

귀신 鬼神
눈에 보이지 않는 무시무시한 존재다. 신
과 정령을 가리킨다.

마쓰로와누타미 まつろわぬ民
야마토 조정을 따르지 않는 사람들을 가
리키는 말이다.
관련어 오니, 쓰치구모

구가미미노 미카사 玖賀耳之御笠
《고사기》에 나오는 인물로, 단바국(지금
의 교토부)에 살았다고 전해진다. **쓰치
구모, 오니, 마쓰로와누타미**의 우두머리
였다고 한다.

후지와라 온키 藤原四鬼
후지와라노 지카타가 사역했던 네 마리
의 **오니**다. 금속처럼 몸이 단단한 긴키,
돌풍을 일으키는 후키, 홍수를 일으키는
스이키, 몸을 감추는 인교키 등 특수한
능력을 지닌 네 마리의 오니를 거느리고
싸웠다.

---

1   지방에 따라서는 오니를 선한 것으로 인식하는 사
     례가 있다.

에이코 英胡·가루아시 軽足· 쓰치구마 土熊

미카미가다케(지금의 오에산)에 사는 세 마리의 **오니**다. 하늘을 날고 바위를 깨부수며 비를 내리게 하는 **요술**을 사용할 줄 아는데, 쓰치구마는 바위를 깨부수고 땅속으로 파고 들어가 몸을 숨기는 **은형술**을 사용했다. **쇼토쿠 태자**의 남동생인 **다이마 황자**의 손에 토벌당했다.

료멘스쿠나 両面宿儺

하나의 몸에 머리가 두 개, 팔다리가 네 개씩 달린 특이한 생김새의 영웅이자 **오니**다. 《**일본서기**》에서는 히나국(지금의 기후현)의 백성을 위협하다가 조정군에게 토벌당하는 '스쿠나'라는 이름의 악귀로 등장한다. 반면, 기후현 히다 지방에서는 나쁜 용과 오니를 토벌하는 등 영웅으로서 추앙받고 있다. 네 개의 팔을 사용해 검과 활을 능숙하게 다루던 무예의 달인이었다고 한다. 기후현 다카야마시에는 십일면관음의 화신으로서 모습을 드러냈다는 전설도 남아 있다.

아쿠로 왕 悪路王

이와테현의 닷코쿠노이와야를 거점으로 날뛰던 **귀신**이다. **마쓰로와누타미**의 우두머리였다는 설도 있다.

오타케마루 大嶽丸

사카노우에노 다무라마로에게 살해당한 사람들의 원한으로부터 생겨났다고 전해지는 **오니**로, 스즈카산에 살고 있다. 무시무시한 **신통력**을 가지고 있으며 삼명의 **검**이라 불리는 세 자루의 강력한 검을 다루는 무적의 오니였다고 전해진다.

스즈카 고젠 鈴鹿御前

스즈카산의 귀녀다. **오타케마루**를 방심하게 해 세 자루의 **검** 중 **두** 지루를 빼앗아 힘을 약화시켰다.

이부키도지 伊吹童子

오토기조시[2]인 《이부키도지》에 등장하는 **오니**다. 어머니의 뱃속에 33개월이나 있었던 이부키도지는 귀자鬼子[3]로서 태어나 이부키산에 버려졌다. **신통력**을 습득한 탓에 평생 소년의 모습으로 살았다고 한다. 이윽고 **히에이산**으로 옮겨갔지만, **사이초**가 **법력**으로 내쫓았다.《**이부키도지**》에는 훗날 오에산에 살며 슈텐도지가 되었다고 되어 있다.

슈텐도지 酒呑童子

오에산을 본거지로 삼은 헤이안 시대의 **오니** 다이쇼다. **이바라키도지**와 윤키(구

2   무로마치 시대에 쓰인 일본 설화로 일본 중세의 대표적인 문학 장르 중 하나다.
3   부모를 닮지 않은 못된 아이, 이가 난 채 태어난 아이, 못생긴 아이 등의 뜻이 있다.

주술의 기본 용어

공격계 술식

회복·소생 보조의 술식

특수 능력·체질 예언의 술식

술자·이능력자 이형의 생명체

주구·무기·부적

이계·경계 금기의 영역

신적·이야기

마도지, 호시쿠마도지, 도라쿠마도지, 가네도지)를 수하에 두었다. 후세에 **야마타노오로치**의 분신이라는 설정도 추가되었는데, **미나모토노 요리미쓰**가 건넨 **신편귀독주**를 마시고 인사불성이 되어 쓰러졌다고 한다.

게도마루 外道丸

슈텐도지의 아명이다. 절에서 자란 게도마루는 그 용모가 무척 아름다웠다고 하는데, 여인들의 원한이 담긴 연서를 태운 연기에 휩싸여 **오니**로 변했다. 그 후 오에산의 슈텐도지가 되었다고 한다.

이바라키도지 茨木童子

슈텐도지의 첫 번째 부하인 오니다. 라쇼몬(**이치조모도리바시**라는 설도 있음)에서 무장인 **와타나베노 쓰나**와 싸워 팔이 잘렸다. 자주 여인으로 변신하곤 한다.

기도마루 鬼童丸

미나모토노 요리미쓰의 목숨을 노리는 요적이다. 오에산의 **슈텐도지**의 자식이라고도 하며, 소로 변해 몸을 숨기고 미나모토노 요리미쓰를 기다렸다. 에도시대에 그려진 교쿠테이 바킨曲亭馬琴의 독본에는 기도마루가 요술사로 등장해 도적인 **하카마다레 야스스케**와 요술 대결을 펼친다.

우시고젠 丑御前

미나모토노 요리미쓰의 남동생으로, **스가와라노 미치자네**의 **원령**이 몸 안에 깃든 채 태어났다고 한다. 축일에 귀자로 태어나 훗날 무사시국(지금의 도쿄도)에서 형인 요리미쓰의 손에 쓰러졌다. 또 다른 전설로는 센소지에서 승려를 살해한 뒤, 강 건너에 있는 우시고젠샤로 몸을 날려 사라졌다고 한다.

모미지 紅葉

나가노현의 **도가쿠시산**에 살던 귀녀를 말한다. 무로마치 시대 후기의 요쿄쿠謠曲[1]인 《모미지가리紅葉狩》라는 작품에 등장한다. 단풍을 감상하던 도중에 나타난 미녀의 정체가 **오니**라는 사실을 간파한 다이라노 고레모치의 손에 퇴치당한다. 도가쿠시산에는 '**기나사**[2]' 등 오니와 관련된 전설이 많다.

우라 温羅

기비국(지금의 오카야마현) 기노조산의 기노조에 살던 **오니**다. **기비쓰 히코노미코토**의 손에 목이 잘렸지만, 13년 동안 계속 으르렁거렸다고 한다. 훗날 기비쓰 신사에서 신탁을 내리는 신으로 모시게 되었다(**나루카마 제의**). 모모타로에 등

---

1   일본의 전통 예능인 노가쿠(能楽)의 대본을 가리킨다.
2   나가노현에 있는 지명으로, '도깨비가 없어진 마을'이라는 뜻이다. 모미지와 관련된 전설이 남아있다.

장하는 오니의 모델이다.

쓰노 대사 角大師
료겐을 가리키는 말이다.

푸른 두건
도치기현에 있는 허름한 절에는 어린 아이를 먹고 **오니**로 변한 식인귀가 살고 있었는데, 고승인 가이안이 오니에게 푸른 두건을 씌우고 한시를 읊자 성불했다. 에도시대의 괴담인 《우게쓰모노가타리 雨月物語》에 등장한다.

우지의 하시히메
《헤이케 이야기》에 등장하는 **축시의 참배**의 원형이 되는 귀녀. 하시히메는 귀족가의 영애였는데, 질투에 눈이 멀어 **기후네 신사**의 신이 말한 대로 21일 동안 변장하고 우지강에서 목욕재계를 했다. 그러자 산채로 **오니**로 변해 살육을 반복했다고 한다.

시키 屍鬼
시체에 빙의되어 죽은 이의 몸을 움직이는 **귀신**을 가리킨다. **기시키법**으로 조종하는데 원적을 습격한다.
관련어 기시키

가쓰라기산의 승려
애욕에 빠져 **오니**가 된 헤이안 시대 전기의 승려다. 이 승려는 굶어 죽어 오니로 변했는데, 텐노의 황후와 정을 통했다. **소오**相応에게 퇴마당했다는 이야기도 있다.

진륜 塵輪
추아이 텐노에게 퇴치된 외국의 **오니**다. 신궁을 맞고 떨어진 목은 **귀석**鬼石의 형태로 오늘날까지 남아 있다.

쇼케라 ショウケラ
천장에 있는 창문에서 집을 훔쳐보는 **오니**다. 60일에 한 번 돌아오는 경신일에 사람의 몸 안에서 나와 천제에게 그 사람의 악행을 고자질한다. 쇼케라가 악행을 고한 사람은 수명이 깎인다고 한다. **경신 신앙**의 삼시충에서 유래한 요괴라고도 한다.
→ '쇼케라의 화 피하기'는 76쪽 참조

마귀·요괴·도깨비·귀신

야쓰노카미 夜刀神
일본 신화에 등장하는 뿔이 달린 **뱀**신이다. 그 모습을 보기만 해도 일족이 멸망한다고 한다. 야쓰노카미는 갈대밭을 개간하려던 호족을 방해하려고 했지만 패배하고 말았다. 그의 **재앙**을 두려워한 호족은 신과 인간의 영역을 나누기 위해

185

'표식의 지팡이'를 세워두었다고 한다. 《히타치쿠니후도키常陸国風土記》에 나오는 내용이다.

사마 四魔

인간을 마도로 떨어뜨려 죽음에 이르게 하는 네 종류의 마물이다. 사마는 번뇌를 낳는 번뇌마, 몸과 마음을 어지럽게 하는 오온마, 목숨을 빼앗는 사마, 선행을 방해하는 천마(제육천마왕이라고도 한다)를 가리킨다.

구미호

아홉 개의 금빛 꼬리가 달린 **여우**다. '신변기이술'로 미녀로 변신해 권력자를 타락시키고 나라를 농락한다. 중국 주왕紂王의 왕후였던 달기, 유왕幽王의 왕후였던 포사褒姒가 대표적이다. 일본에서는 **다마모노마에**로 변신해 덴노를 농락했는데 **음양사**에게 정체를 들켜 수도에서 탈출했고 시모쓰케국 나스노에 숨어 있다가 살해되었다. 그 후, 구미호의 **원령**은 '살생석'이라는 바위로 변해 인간이나 동물을 괴롭게 하는 독기를 내뿜었는데, 여행 중이던 고승 **겐노**가 바위를 깨부수어 해탈했다고 한다.

다마모노마에 玉藻前

덴노를 농락한 절세 미녀로 그 정체는 아름다운 **요호**인 금빛 **구미호**였다. **아베**

노 세이메이의 전설이 담긴 《호키쇼》에 따르면 다마모노마에는 고노에 덴노를 속였지만, 세이메이의 **태산부군제**로 인해 정체가 들통났다고 한다. 노[1] 작품인 《셋쇼세키》에서는 구미호가 도바 덴노를 속였고, 아베노 야스나리가 정체를 밝힌 것으로 묘사된다.

야마타노오로치 ヤマタノオロチ

여덟 개의 머리와 꼬리를 지닌 큰 뱀이다. 일본 신화에서 **스사노오**가 술을 먹여 퇴치했다고 한다. 이때 큰 뱀의 꼬리에서 빠져나온 신검이 **천총운검**[2]이다. 큰 뱀은 **슈텐도지**와 안토쿠 덴노로 다시 태어났다고 한다.

쓰치구모 土蜘蛛

거미를 닮은 거대한 요괴로, **미나모토노 요리미쓰**가 명검 **구모키리마루**로 쓰러뜨렸다. 에도 시대의 이야기 등에는 악의 화신으로 등장한다(**이시구모 법인** 등). 신화에서는 야마토 조정에 반기를 들었던 '마쓰로와누타미'를 가리키는 말로도 쓰인다.

누에 鵺

밤에 우는 불길한 새다. 호랑지빠귀라고도 하며, 이 새의 울음소리를 들으면 불

---

1 일본의 가무극으로 전통 예능인 노가쿠 중 하나다.
2 초치검, 구사나기의 검이라고도 한다.

길하다고 여겼다. 훗날 여러 동물이 합쳐진 듯한 모습의 괴물이 교토에 나타났는데, 이를 가리켜 누에라고 불렀다.

쓰쿠모가미 付喪神

오래된 물건에 신령이 깃들어 요괴로 변해버린 것을 가리킨다. 물건을 함부로 쓴 사람을 공격한다고 한다. **쓰쿠모가미 봉인 주법**도 있다.

관련어 구십구신九十九神

역병신 疫病神

역병 등을 일으키는 악신이다. 역병이 유행하면 마을에서는 역병신을 내보내는 **주술**적 행사가 거행되었다.

덴구 天狗

야마부시의 모습을 한 요괴로 알려져 있는데, **법력(주력)**이 강한 **슈겐자**나 승려가 타락해 덴구가 되었다고도 한다. **구카이**의 제자인 신제이 또한 남의 아내를 사랑한 나머지 덴구로 변했다고 한다.

핫텐구 八天狗

여덟 곳의 산에 사는 **덴구**다. **아타고산**의 타로보·**히라산**의 지로보·사가미다이산의 호키보·**오미네산**의 젠키보·**구라마산**의 소조보·**이즈나산**의 사부로보·**시라미네산**의 사가미보·**히코산**의 부젠보가 있다.

천구 天狗

중국의 지리서인 《**산해경**》에 등장하는 전설의 동물이다. 혹은 번개와 같은 천체 현상을 가리키기도 한다.

갓파 河童

갓파는 사람에게 빙의되거나 변신하기도 하고 사람을 돕는 등 지역마다 전설이 다르다. 제의 중 하나인 스모와 물의 신에게 바치는 공물인 오이를 좋아한다는 점 때문에 물의 신과 관련성이 있다고 여겨진다.

겐문 ケンムン

갓파와 비슷한 요괴다. 산이나 바다에서 사람을 홀려 몸에 혹을 붙여준다. 대만고무나무 등을 왼새끼[3]로 묶어 **못**을 박아 넣고 **주문**을 외우면 혹이 사라진다고 한다.

기요히메 清姫

승려인 안친安珍에게 배신을 당한 여인이다. 연심이 원한으로 변해 **뱀**이 되는데, 범종 속에 숨어 있던 안친을 태워 죽였다. 범종은 **결계**를 암시하는데, 번뇌의 불꽃이 결계를 깼다는 의미가 담겨있기도 하다.

---

3   왼쪽으로 꼬는 새끼줄을 말한다. 금줄은 반드시 왼새끼로 만들어야 한다.

오사카베히메 刑部姫

효고현의 히메지성 천수각에 사는 요정이다. 일설에 따르면 원래 히메지성이 위치한 히메산 오사카베 **신사**의 대신으로, 오사카베히메가 내린 **재앙** 때문에 히메지성의 성주인 이케다 데루마사가 병으로 쓰러졌다고 한다.

게 승려

황폐한 절에 사는 게의 모습을 한 괴물이다. 중으로 변해 인간에게 '양발이 여덟 개, 옆으로 자유자재로 걸으며 눈은 하늘을 향해 뻗어 있다. 이것은 무엇일까?'라고 질문을 던지는데, 대답하지 못한다면 잡아먹는다.

나베시마의 고양이 괴물 소동

가부키 공연으로서도 인기가 좋은 고양이 괴물 전설이다. 고양이를 기르던 주인이 살해당하자, 그의 원수를 갚고자 고마라는 이름의 **고양이**가 일곱 개의 꼬리를 가진 약 50cm의 괴물 고양이로 변신해 나베시마 일가에게 복수한다.

산모토 고로자에몬 山本五郎左衛門

《이노우모노노케로쿠》에 등장하는 요괴 우두머리다. 스스로 마왕이라 칭했는데, 요괴의 괴이함을 보고도 꿈쩍도 하지 않는 이노우 헤이타로의 다부진 기개를 칭찬했다. 헤이타로가 나무 몽둥이로 기둥을 치며 '산모토 고로자에몬은 이리 오너라'라고 말하면 어디선가 나타나 도움을 준다.

예언수

아마비에 アマビエ

역병을 막는 그림에 그려진 **예언수**予言獸다. 1846년, 히고국(지금의 구마모토현)의 바다에 나타난 뒤로 6년 동안은 풍년이 들었다. 그런 다음 병이 유행하자 자신의 모습을 베껴 사람들에게 보여주라고 한 뒤 모습을 감추었다. 최근 신종 코로나바이러스가 유행하면서 SNS 등에서 주목을 받았다.

아마비코 アマビコ

병이나 농작물의 풍년과 흉년을 예언하는 요괴로, 그 모습을 베껴 부적으로 만들면 재난을 피할 수 있다고 한다. **아마비에**라는 이름은 이 아마비코를 잘못 적은 것이라는 설이 있다.

구단 件

서일본 지역에 전해 내려오는 **예언**수로, 인간과 소 사이에서 태어난 인면수신의 괴물이다. 재해와 역병 등을 예언한 뒤 바로 죽는다고 한다.

신사 히메 神社姫

미래를 **예언**하는 인어다. 신사 히메란 에도 시대 때 히젠국(지금의 사가현, 나가사키현)에 나타난 뿔이 달린 인간의 머리와 물고기의 몸을 가진 요괴를 말한다. 자신이 **용궁**의 사자라 밝히고 콜레라 유행을 예언했다. 초상화를 베껴 부적으로 만들면 재난을 피하고 장수할 수 있다고 한다.

구다베 クダ部

엣추국(지금의 도야마현)에 나타난 인면수신의 **예언**수다. **아마비에**나 **신사 히메**와 마찬가지로 역병을 예언하고 그 모습을 베껴 부적으로 만들라고 조언한 뒤 사라졌다고 한다.

백택 白澤

사람의 말을 할 줄 아는 중국의 영수다. 과거 중국의 황제는 백택의 조언에 따라 세상의 모든 악한 것을 없애고자 했다.

요겐노토리 ヨゲンノトリ

야마나시현에 전해오는 **예언**수로, 까만 머리와 하얀 머리가 달린 까마귀다. **아마비에**와 마찬가지로 최근 유행한 신종 코로나바이러스가 유행하면서 SNS 등에서 주목을 받았고, 야마나시현립 박물관의 학예사가 요겐노토리라고 이름 붙였다.

동물·생물

여우

일본의 삼대 **빙의귀** 중 제일 먼저 언급되는 동물이다. 일본 전국 각지에 그 전설이 전해지고 여우 빙의귀의 종류 또한 **오사키, 야생 여우, 인호, 대롱 여우**, 이즈나, **구다쇼**, 구다, **오토라기쓰네** 등 무수히 많다.

뱀

일본의 삼대 **빙의귀** 중 하나다. 시코쿠 지역부터 산요 지방에 거쳐 많이 분포하고 있으며, 뱀, 뱀신을 비롯해 **도뵤**, 돈보신, 나가나메 등 다양한 명칭으로 불린다. 그 이름을 부르기만 해도 불길하다고 여겨 **그 단어를 피하기 위해** 긴 벌레·긴 사람·긴 밧줄·긴 것 등으로 불렸다.

개

일본의 삼대 **빙의귀** 중 하나다. 주고쿠·규슈 지방에 전해지는 인공적인 저주 신인 **견신**이 대표적이다. 견신은 인가메, 인가미, 이리가메 등으로도 불린다.

너구리

너구리 빙의 등, 사람에게 빙의하기 쉬운 대표적인 동물이다. 후쿠시마현에서 너구리는 사람으로 변신해 원래 모습의 주인을 죽이고 그 혀를 먹는다고 한다. 그리고, 혀를 먹으면 너구리도 사람의 말을 할 수 있게 된다고 믿었다. 악행을 벌이는 너구리도 있지만, 은신 형부와 같이 신으로 모셔지는 너구리도 있다.

관련어 오웃상, 도맛코 너구리 등

백호 白狐

신통력을 가진 하얀 **여우**다. 해를 거듭하면서 털색이 하얗게 변한다. 사람으로 변신할 수 있다고 여겼다.

고양이

주력이 높은 동물로, 죽으면 고양이 신이 되어 빙의한다. 고양이가 죽은 사람의 혼을 빨아먹고 그 사체를 움직인다고 한다.

쥐

《고사기》에는 쥐가 신의 목숨을 구했다는 기록이 있다. 이 때문에 쥐는 신의 사자이자 사람의 말을 이해하는 동물로 여겼다. 그래서 쥐의 재앙을 피하고자 쥐를 복신으로서 모시거나 쥐라는 이름을 **언급할 수 없는 단어**로 여겨 직접 부르지 않고 '요메'와 같은 다른 이름으로 불렀다.

후지와라노 미치나가의 흰 개

후지와라노 미치나가가 기르던 개로, **주물**을 감지할 수 있을 정도로 똑똑했다. 어느 날 절에 들어가려던 미치나가의 옷

을 물고 절대 놓지 않았다. **아베노 세이메이**가 조사해 보니 땅에서 주물이 나왔다고 한다.

종이 당나귀

팔선 중 한 사람인 **장과로**가 이동할 때 탔다고 하는 하얀 당나귀를 말한다. 하루에 수만 리를 이동할 수 있고, 타지 않을 때는 종이처럼 접을 수 있었으므로 쉽게 들고 다닐 수 있었다. 당나귀에 탈 때는 접은 종이 당나귀에 물을 뿌리면 다시 당나귀로 변신한다고 한다.

슈카쿠 守鶴

군마현 다테바야시에 있는 모린지에 살던 **주력**을 가진 **너구리**다. 어느 날, 차를 끓일 솥이 없어 주지 스님이 곤란해하던 찰나, 슈카쿠 스님이 아무리 물을 퍼도 마르지 않는 솥을 건넸다. 슈카쿠는 161년이나 모린지에서 지내다가 모습을 감추었다고 한다. 이 전설이 전래 동화인 '분부쿠챠가마分福茶釜'의 모티브가 되었다.

묘친 妙椿

《난소사토미핫켄덴南總里見八犬傳》의 등장인물이다. 후세히메의 애견인 야쓰후사를 키운 **너구리**의 화신이다. **요술**을 사용해 사토미 가문에 복수하고자 했다. 영옥인 미카소 구슬의 힘으로 이질을 일으

키거나 **환술**로 적을 현혹시켰다.

삼시 三尸

사람의 몸에 살며 노화나 질병 등을 일으킨다는 벌레다. **상시, 중시, 하시**가 있다. 곡물을 먹고 살아가기 때문에 **곡식을 먹지 않으면** 없앨 수 있다. 삼시는 기생하는 인간의 악행을 북의 황제에게 보고하는 역할을 한다. 그 악행의 정도가 심각하다면 수명이 줄어들기도 한다.

상시 上尸

삼시 중 하나다. **상단전**에 기생하며 귀나 코, 머리의 병을 일으킨다. **도사**와 같은 모습을 하고 있다.

관련어 청고青古(푸른 노인), 팽거彭踞

중시 中尸

삼시 중 하나다. 중**단전**에 기생하며 심장이나 폐, 정신적인 병을 일으킨다. 짐승과 같은 모습을 하고 있다.

관련어 백고白姑(흰 아가씨), 팽질彭質

하시 下尸

삼시 중 하나다. 하**단전**에 기생하며 뼈나 피부, 위장, 신경 계통의 질병을 일으킨다. 인간의 발등에 소머리가 있는 듯한 모습이다.

관련어 혈시血尸, 팽교彭矯

고쿠에 로산코 黑衣郎山公

요술을 사용하는 원숭이다. **천리안**을 가졌다. 자유자재로 검은 구름을 만들어 내고 큰 비를 내리게 해 홍수를 일으키거나 구름 속에서 팔을 뻗어 아녀자를 납치하는 등 악행을 저질렀다. 독본《가이엔 기담》에 등장하는 악역이다.

구즈노하 葛の葉

주력을 가진 명물 **여우**다. **아베노 세이메이**의 어머니로, 세이메이를 낳은 뒤 정체가 들통나 시노다의 숲으로 모습을 감추었다고 한다. 이처럼 인간으로 변한 여우의 전설은 상당히 많다.

관련어 시노다의 여우, 구즈노하 여우

시마무라가니 島村蟹

충신인 시마무라 다카노리의 혼령이 빙의된 게다. **마시다마루**에게 납치당한 주군의 영애를 구출하고자 스스로에게 상처를 입혀 게 무리로 변신한 뒤 영애를 바위굴로 옮겼다.《시마무라가니미나토노아다우치》의 등장인물이다.

빙의귀

영호 靈狐

영력을 가진 **여우**, 여우의 영이다. 또는, 신의 권속인 여우를 가리키기도 한다. **대**

롱 여우, **오사키** 등을 사역해 소원을 성취시키는 **주법**을 가리켜 영호 사역법, 영호술이라고 한다.

관련어 호령狐靈

대롱 여우

영력을 가진 몸집이 작은 **여우**로, **슈겐자** 등 **주술**을 부리는 자가 죽통이나 대롱 속에 숨겨 사역한다. 대롱 여우에게 빙의되면 머릿속에서 누군가의 명령하는 목소리가 들린다. 결국, 그 사람은 영혼을 갉아 먹혀 대롱 여우에게 몸을 빼앗기고 만다. 대롱 여우는 그 사람이 죽기 전에 몸을 찢고 뛰쳐나와 새로운 숙주를 찾는다고 한다. 하지만 원래 주인이 죽으면 명령할 사람이 없기 때문에 사람에게 빙의하지 않는다.

구다쇼 クダショウ

쥐처럼 몸집이 작은 동물을 말한다. **대롱 여우**를 가리키기도 한다. 줄여서 구다라고 부르기도 한다.

오사키 オサキ

영호의 일종인데, 족제비나 산족제비를 가리키기도 한다. **구미호**가 퇴치될 때 떨어져 나간 몸의 일부에서 태어났다는 설이 있다. **빙의 혈통**의 가문에 빙의해 부자로 만들어 주고, 증오하는 집안은 가세를 기울게 하고 병들게 하기도 한다. 사

람에게 빙의할 때는 사람의 겨드랑이 아래를 통해 들어온다고 한다. 고추를 태우면 진저리를 치며 도망간다고 한다.

관련어 오사키 기쓰네御先狐

이나리 기쓰네 稻荷狐

이나리 신사에 사는 **여우**다.

관련어 이나리신

야생 여우

이른바 도깨비 **여우**를 말한다. 사람을 홀린다. 여우나 너구리 등 축생의 영혼으로 타락한 사람의 영혼을 가리키기도 한다.

요호 妖狐

요술을 사용하는 도깨비 **여우**로, **구미호**가 대표적이다.

인호 人狐

중국 지방에 전해 내려오는 사람에게 빙의하는 **여우**다. 이즈모의 전설에 따르면 전체적인 모습은 족제비와 비슷하지만 꼬리는 여우를 닮았다. 악령이 씐 여우로, **빙의 혈통** 집안에 빙의하면 일흔다섯 마리까지 늘어난다. 수면에 진짜 정체가 비친다는 약점을 가지고 있어 물가를 꺼려한다.

오토라 기쓰네 おとら狐

주로 병자에게 들러붙어 신변잡기를 늘

어놓는 수다쟁이 **여우** 영혼이다. 빙의되면 왼쪽 눈과 왼발이 아프다고 한다.

도뵤 トウビョウ
뱀의 빙의귀다. 몸길이는 10~15cm 정도이고 목에 황금 띠무늬가 있는 뱀인데, 모습이 보이지 않는 작은 여우라고도 한다. 도뵤를 기르면 부자가 된다고 한다. 일흔다섯 마리가 무리를 이뤄 다니며, 이에 빙의되면 몸의 마디마디가 아프다고 한다. 주로 주고쿠 · 시코쿠 지방에 나타난다.

관련어 돈보 신

견신 犬神
개의 빙의귀다. 살아있는 개의 목만 나오게 땅에 묻고 굶긴 뒤 목을 베어서 죽이는 등의 방법을 통해 인공적으로 만들어진 혼령이다. 누군가를 **저주**하기 위해 만들었으며, 견신을 적에게 빙의시켜 주살한다고 한다. 개의 목을 상자에 담아 모시기도 한다. 견신은 사법이라 여겨져 이를 행하는 자는 그 업보를 반드시 돌려받는다고 전해진다. 견신은 왼쪽 엄지발가락을 통해 들어온다고 하며 빙의되면 눈꼬리가 올라가고 착란 현상을 일으킨다. 통나무와 같은 물건에 빙의되기도 한다.

시라치고 白児
견신이 부리는 종자다.

인가메 インガメ
구마모토현에 전해 내려오는 **빙의귀**다. **견신**의 일종으로 그 정체는 무시무시한 눈매와 송곳니를 가진 얼룩무늬 강아지라는 설이 있다. 인가메가 집에 빙의되면 집안에서 솥이 덜그럭거리는 소리가 난다고 한다. 부를 가져다주는 '후쿠인가메'와 재난을 일으키는 '아라인가메'가 있다.

게도 外道
주고쿠 지방의 **빙의귀**다. **견신**, 입이 세로로 찢어진 두더지, 족제비와 두더지의 중간 정도 크기의 발이 짧은 동물 등을 말한다. 개구리와 울음소리가 비슷한데 그 모습은 주인의 눈에만 보인다. 이나리 신의 권속이 타락한 것이라는 이야기도 있다. **빙의 혈통** 집안에 살며, 자신을 소홀히 대하면 사람에게 빙의해 그 집안을 망하게 한다.

원숭이 신 猿神
원숭이 **빙의귀**다. 원숭이 신에게 빙의되면 난폭해지고 그 피해는 **견신**보다 더 크다고 한다. 또한, 갑자기 공복감과 현기증이 덮친다고도 한다. 반면, **원숭이 약**은 **마귀 쫓기**에 이용된다.

두꺼비
두꺼비를 죽이면 사람에게 빙의해 재앙

을 내린다고 한다. 두꺼비 혼령은 귀에 자리 잡고 있으므로 빙의되면 귀가 무척 가렵다고 한다.

관련어 와쿠도

거북이

거북이 **빙의귀**는 미인을 좋아한다고 한다. 만일 빙의된다면 후쿠오카현의 고라산에 있는 다마타레노미코토 신사의 가미 호수에 거북이를 던지면 빙의가 풀린다고 한다.

호료

바다에서 흘러들어온 **뱀의 빙의귀**다. 호료를 모시고 기도를 드리면 공덕과 더불어 사람에게 재앙을 내릴 수 있는 **주력**도 받을 수 있다고 한다.

다리 ダリ

다리에 빙의되면 갑자기 허기를 느끼게 되며 몸을 움직일 수 없게 된다. 돌연사한 아귀餓鬼[1]의 혼령이라고 하며, **빙의**되었을 때는 음식을 조금만 먹어도 금방 떨어져 나간다. '피곤하다[2]'의 어원이기도 하다.

관련어 히다루가미, 이자리가미, 다라시

가제 カゼ

서일본 지역에 전해 내려오는 **빙의귀**다. 빙의되면 병에 걸린다. 그 정체는 누군가를 주살할 때 사용했던 **저주**의 사념 같은 것인데, 이 저주는 다른 사람에게도 감염된다고 믿었다. 아마미오시마에서는 가제에 빙의되면 마부이(영혼)가 빠져나간다고 믿었다.

관련어 정령풍, 미사키카제

쓰루기 ツルギ

히로시마현에 전해 내려오는 **빙의귀**다. 사무라이의 **원령**이라고 하는데, 돌이나 초목과 같이 땅에 있는 것을 함부로 집어든 자에게 빙의된다. 빙의되면 사당을 세우고 **검**을 묻는 의식을 거행해야 한다.

이치자마 イチジャマ

오키나와에 전해 내려오는 **빙의귀**로, 여인의 **생령**이다. 빙의되면 상처를 입거나 손해를 보기도 하고 병에 걸리기도 하는 등 다양한 불행이 덮친다. 양 엄지 끝을 강하게 압박하면 이치자마는 원래 주인의 곁으로 돌아간다고 한다.

---

1   계율을 어기거나 탐욕을 부려 죽은 뒤에도 늘 배고픔의 고통을 느끼는 육도의 중생을 말한다.
2   일본어로 다루이(だるい)를 가리킨다.

주술 도구로
활용할 수 있는

주구·무기·부적

주술의 기본 용어

주술의 분류

방위·소환
현존·술식

특수 능력·매개
예언의 술식

술사·이능력자
이형의 생명체

주구·무기·물건

이계·결계
금기와 영역

세계·이야기

주력이 담긴 도구

주물 呪物

주물이란 술사의 힘을 응축해 증폭시키는 아이템이다. 크게 '**고물蠱物**'과 '**주구呪具**'로 나뉜다.

고물 蠱物

저주의 힘을 응축시킨 것으로, 직접 그 대상에 **주문**을 시전하는 **주물**이다. **인형**·머리카락·**부적**·**나데모노** 등이 있다. 사용 후에는 대부분 폐기된다. **음양도**에서 사용하는 고물은 주로 저주할 상대방이 사는 집 바닥에 묻는 일이 많다.

주구 呪具

저주의 힘을 증폭시키는 **주물**로, 술의 효과를 높이거나 술사를 보조한다. **염주**·**거울**·**보구宝具** 등이 있다. 보통은 술법을 가르쳐준 스승으로부터 물려받는 일이 많아 오랫동안 사용된다.

염물 厭物

저주를 내린 **주물**을 가리킨다.

도코이도 詛戶

저주 도구를 가리킨다. **저주**할 때 사용하는데, 《**고사기**》에도 등장한다.

삼종신기 三種神器

천총운검, **팔척경곡옥**, **팔지경**을 말한다. 특별한 영력을 지녔다고 한다. 일본 신화에서 주신인 **아마테라스**가 지상으로 내려가는 손자 니니기에게 건넨 물건이라고 한다. 재난으로부터 몸을 지키는 힘이 있어 대대로 덴노가에 전해 내려왔다. 천총운검은 겐페이 전쟁 최후의 해전이었던 단노우라 전투 때 바다에 가라앉았다는 설이 있는데, 지금은 아쓰타 신궁에 보관되어 있다고 한다.

십종신보 十種神宝

열 종류의 신의 보물이다. 니기하야히가 천상에서 가지고 왔다고 하며, 거울 두 개·검 한 자루·보석 네 가지·세 종류의 **비례**(천)로 구성되어 있다. 신보를 흔들며 '**후루의 말**'을 읊으면 죽은 이를 되살릴 수 있을 정도의 영력이 발동된다. **삼종신기**가 가진 힘을 세분화한 것이라는 설도 있다. 십종신보는 현재 전해지고 있지는 않으며, 이를 상징하는 그림만이 남아있다. **충진경**·**변진경**·**팔악검**·**생옥**·**사반옥**·**족옥**·**도반옥**·**사비례**·**봉비례**·**품물비례**가 있다.

생옥 生玉

십종신보 중 하나다. 이를 소지한 사람은 장수할 수 있는 보옥이다. 목의 성질을 지녔다.

사반옥 死反玉

십종신보 중 하나다. 죽은 자를 되살릴 수 있는 힘을 지녔다. 금의 성질을 지녔다.

족옥 足玉

십종신보 중 하나다. 육신을 건강한 상태로 유지하게 해준다. 화의 성질을 지녔다.

도반옥 道反玉

십종신보 중 하나다. 육신에서 빠져나가

는 영혼을 붙잡는다. 수의 성질을 지녔다.

비례 比禮

고대 시대에 여성이 어깨에 걸치던 가늘고 긴 얇은 천이다. 고귀한 신분의 여성이 사용했던 비례에는 **주력**이 있다고 믿었는데, 만지면 재앙을 없애준다고 한다.

사비례 蛇比禮

십종신보 중 하나다. 머리 위로 치켜들

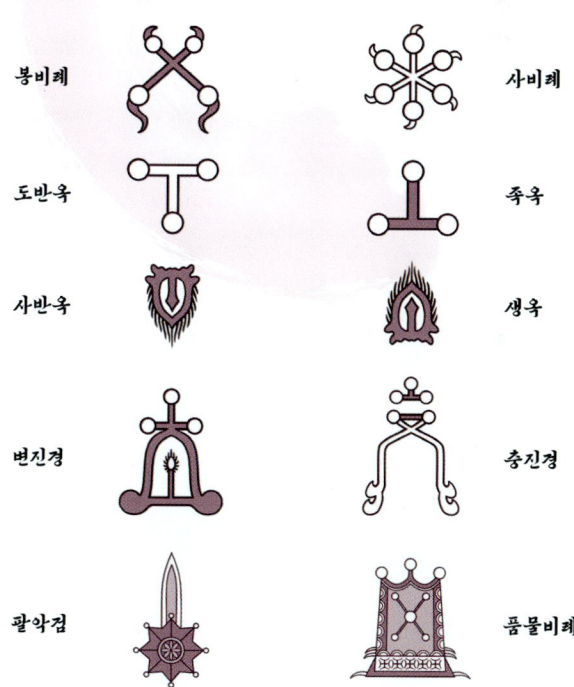

십종신보

봉비례

도반옥

사반옥

변진경

팔악검

사비례

족옥

생옥

충진경

품물비례

기만 해도 독사가 도망친다는 **마귀 쫓기** 천이다. 수의 성질을 지녔다. 일본 신화에서는 오쿠니누시가 뱀이 득실거리는 방에 들어갔을 때 사비례를 사용해 위험에서 벗어났다고 한다.

봉비례 蜂比禮

십종신보 중 하나다. 머리 위로 치켜들기만 해도 독충이 도망친다는 **마귀 쫓기** 천이다. 화의 성질을 지녔다. 일본 신화에서는 오쿠니누시가 지네와 벌이 우글거리는 방에 들어갔을 때 봉비례를 사용해 위험에서 벗어났다고 한다.

품물비례 品物比禮

십종신보 중 하나다. 악한 짐승이나 새 등 모든 요마를 없애주고 사악함을 물리친다는 **마귀 쫓기** 천이다.

시오미쓰타마 塩盈珠 ·
시오후루타마 塩乾珠

시오미쓰타마는 바다의 수위를 높이는 보주, 시오후루타마는 바다의 수위를 낮추는 보주다. 일본 신화에서는 바다의 신으로부터 이 보주를 건네받은 야마사치히코가 밀물과 썰물을 조종해 형인 우미사치히코를 굴복시켰다.

소라고둥

소라고둥으로 만든 악기로, **밀교**의 법구다. 소라고둥의 음은 부처가 설법을 전파하는 목소리를 나타내며, 들으면 모든 죄를 씻고 극락왕생할 수 있다고 한다. 전투 시에 아군의 사기를 북돋기 위해 울렸다고도 한다.

반혼향 反魂香

태우면 죽은 이의 모습이 연기 속에 나타난다는 전설 속의 향이다. 중국 전한 시기의 무제가 죽은 이씨 부인[1]을 그리워하며 반혼향을 피웠다고 한다. 유사한 효과를 지닌 소생약으로는 **반혼단**이 있다.

베개

옛날에는 꿈이란 영혼이 육체에서 빠져나가 다른 세계로 가는 상태라고 믿었다. 그래서 베개는 잘 때 다른 세계로 가기 위해 사용하는 **주구**로 여겨졌고, 베개를 밟는 등 함부로 다루는 일을 지극히 경계했다고 한다.

비밀 본존

타인에게 결코 발각되어서는 안 되는 비밀 불상이다. 특수한 소재로 만들어진 **인형** 등도 포함된다. 인간의 해골, 여우와 고양이·견신의 해골 등이 있다. **외법함**이라 불리는 비밀 **주구**에 넣어 보관한다.

---

1   이광리의 여동생으로 창읍왕 유박을 낳았다.

투명 도롱이·투명 삿갓

착용하면 다른 사람의 눈에 보이지 않게 되는 신비한 도롱이나 삿갓이다. **오니**나 **덴구**가 가진 보물로, 전래 동화의 주인공 모모타로가 쓰러뜨린 오니 또한 가지고 있었다. 투명 도롱이·투명 삿갓을 쓴 것처럼 자유자재로 몸을 감출 수 있는 술법이 바로 은형술이다.

요술 방망이

휘두르면 원하는 것이 나오는 신비한 방망이다. **투명 도롱이·투명 삿갓**과 더불어 **오니**가 가진 보물로, 전래 동화에서 일촌법사一寸法師와 싸웠던 오니가 가지고 있었다.

렌코의 붓

이 붓으로 그린 물건은 실제로 눈앞에 나타난다. 옛날옛적에 주고쿠에 살던 렌코는 산에 사는 한 은자로부터 그림을 그리면 실제 물건으로 둔갑시켜 주는 주력을 지닌 붓을 받았다. 덕분에 렌코는 수상한 술법을 부리는 사람으로 오해를 받아 체포되기까지 했다. 하지만, 그는 붓으로 그린 거대한 새를 타고 도망쳤다고 한다. 그 후 은자가 렌코의 앞에 다시 나타나 붓 때문에 불행한 일을 겪게 했다고 후회하면서 도로 가져가 버렸다고 한다.

여의보주 如意寶珠

원하는 만큼의 금은보화를 가져다준다는 지장보살의 신비한 진주다.

관련어 진타마니眞陀摩尼

뱀 빙의석

흰 **뱀**이 계속 나온다는 검은 돌이다. 이 돌을 손에 넣은 자에게는 생각지도 못한 행운이 찾아오지만, 그 댓가로 죽음이나 실명과 같은 **저주**를 받는다고 한다.

무덤가의 은행나무

예로부터 은행나무는 악한 나무로 여겨 멀리했는데, 불길한 나무에는 소원성취의 주력도 있다고 한다. 무덤가에 있는 은행 나뭇잎을 세 장 따서 마음에 둔 사람의 소매에 몰래 넣어두면 자신을 좋아하게 된다고 한다.

저주 도구

못

병이나 죽음과 같이 나쁜 것을 때려 없앨 수 있는 **주구**다. 또한, 예로부터 못은 **저주**의 **주문**에도 사용되었다. 못을 치면 '손가락이나 머리가 아프다', '아픈 사람이나 죽은 사람이 나온다'라고 믿었다. 그래서 나무에 못을 박는 행위는 불길하다고 여겼다.

구술의 기본 용어

장식의 술식

행동·소물 보조의 술식

특수 능력·배지 예언의 술식

술사·이능력자 이형의 생물체

주·주기·부적

이계·결계 금기의 영역

세계·이야기

바늘

주술을 부릴 때는 **못**과 똑같은 용도로 사용된다.

대못

길이가 약 15cm 정도 되는 굵은 못이다. **저주**를 내리는 **주문**에서는 **저주**하고픈 상대의 나이 수만큼 대못을 나무에 박는다.

이노리쿠기 祈り釘

저주 주문에 사용되는 못이다. 나무에 네모난 형태의 특수한 못을 저주하고픈 상대방이 사는 집이 있는 방향을 향해 박아 넣는다.

못머리 없는 못

저주 주문용 **못**이다. '사구四九'가 '사고死苦[1]'와 발음이 비슷하므로 산속에 있는 나무에 상대방의 모습을 새겨넣고 못머리가 없는 못을 마흔아홉 개를 박아 넣는다.

못머리 없는 못의 전설

못머리 없는 못의 기원이 되는 요쿄쿠인 《요로호지弱法師》에 나오는 이야기다. 계모가 자신의 아이에게 집안을 물려주기

위해 못머리 없는 못 마흔아홉 개를 만들었다. 그리고 절의 기둥에 주인공인 슌토쿠마루의 초상화를 붙여두고 못을 박으며 **저주 주문**을 읊었다. 마지막에 두 개의 **못**을 초상화의 양 눈에 박자 슌토쿠마루는 눈이 멀어 집에서 쫓겨나게 되었다고 한다.

인형

인형 주술에 사용되는 종이나 나무, 도자기로 만들어진 사람의 형태를 한 **고물**을 가리킨다. 사람을 대신하는 인형은 혼을 불러올 수 있다고 믿어 **저주**나 **액막이** 의식에서 사용되었다. 저주를 내릴 때는 적의 혼을 인형에 불어넣은 뒤 **못**을 박거나 자르면서 저주한다. 액막이를 할 때는 몸에 닿게 하거나 숨을 불어넣어 **샷된 것**이 옮아가게 한 다음 강이나 바다에 흘려보낸다.

관련어 가타시로, 나나세노하라에, 밀짚 인형, 나가시히나(히나 인형) 등

---

1 불교 용어로 팔고의 하나다. 죽음의 괴로움이나 죽음과 관련해 느끼게 되는 여러 괴로움을 이른다. 일본어로 사구(四九)와 사고(死苦)의 발음은 둘 다 시코(しこ)로 같다.

가타시로 形代

사람의 형태를 한 대역을 말한다. 사람의 죄나 재액, 병, **삿된 것** 등을 가타시로에게 옮긴 뒤 강에 흘려보내어 씻어낸다. 나무, 종이, 금속, 흙 등으로 만든다.

관련어 인형

밀짚 인형

밀짚을 엮어 사람의 모습으로 만든 인형이다. '**삿된 것**을 옮겨 떠맡게 한다', '밀짚 인형에 미워하는 상대방의 머리카락이나 손톱을 넣고 **못**을 박으면 상대를 저주할 수 있다' 등 술사의 목적에 따라 그 사용법이 다르다.

뱀이 붙은 밀짚 인형

저주 주문에 사용된 **밀짚 인형**이다. 에도 시대의 오타 난포가 쓴《반나절 잡담半日閑話》의 '간다 아이조메강의 괴물 개'라는 에피소드에 나온다. 1810년 4월 23일 아침, 간다의 아이조메강에서 **개**가 상자를 물어뜯고 있었다. 그 상자에는 밀짚 인형을 칭칭 감싼 **뱀**이 들어있었는데, 큰 **못**이 뱀의 머리부터 밀짚 인형을 관통하는 형태로 박혀있었다고 한다.

염매 인형

인형 주술에 사용되는 인형으로, 다른 사람을 **저주**해 죽이기 위한 **염매 주술**이 걸려 있다. 헤이조쿄[2] 유적에서 발견된 목제 염매 인형은 두 눈과 심장 부분에 나무**못**이 박혀있었다.

토우 土偶

조몬 시대를 대표하는 **주물**이다. 토우는 부수기 위해 만들기 때문에 **인형 주술**의 근원이라는 설도 있다.

골우 骨偶

동물의 뼈나 뿔로 만들어진 인형이다. 몸에 구멍이 뚫려 있는 등 기묘한 형태를 하고 있다. 도호쿠나 홋카이도 등의 유적에서 드물게 출토된다. **토우**와 마찬가지로 **인형 주술**에 사용되었을 것으로 추측한다.

관련어 각우角偶, 골각우骨角偶

재단 가위

나쁜 인연과의 단절을 상징하는 물건이다. 술법을 거행할 때 사용한 재단 가위를 땅에 묻으면 악연이 해소되는 등, **연을 끊는 저주**에도 사용되었다.

삿된 것·마귀 쫓기 도구

삼잎

신토의 큰 액막이 의식에서 액을 없애는

---

2   나라 시대의 일본 수도로 지금의 나라 지역을 가리킨다.

주문을 읊을 때 사용하는 **주물**이다. 삼
잎으로 몸을 쓸어 **삿된 것**을 옮긴 뒤 이
를 강물에 흘려보냈다. 여름에는 삼베옷
을 입기도 하므로 옷 대신 삼잎을 사용
했다는 설이 있다. 옷을 던져 삿된 것을
물리치는 **주술**적 행위는 **이자나기** 신화
에서 유래한다.

오누사 大幣

액막이 의식에 사용되는 주구다. 비쭈기
나무의 가지에 마나 닥나무 껍질로 만든
끈, **시데紙垂**를 붙인 것을 가리킨다. **삿
된 것**을 물리치고픈 사람이나 물건을 향
해 오누사를 좌·우·좌의 순으로 흔든다.

하라이구시 祓串

액막이 의식에 사용되는 주구다. 나무 막
대기 끝에 가늘게 자른 종이를 매단다.
삿된 것을 막대기에 옮겨 정화한다. **빗櫛**
과 어원이 같다.

빗 櫛

머리를 빗는 도구지만, **주구**로도 사용되
었다. '머리 발髮' 자는 '귀신 신神' 자와
발음이 같기 때문에[1] 머리를 빗는 행위
에는 **주술**적 의미가 담겨있다고 믿었다.
머리를 빗을 때 사용하는 빗에는 난폭
한 것을 진정시키는 효과가 있으므로 반

1　일본어로 머리카락과 신의 발음은 둘 다 가미(か
　み)로 같다.

대로 누군가를 저주할 때는 머리를 빗지
않고 풀어 헤치는 편이 좋다고 한다. '빗
くし'의 어원은 '영묘하다奇し(くし)'로 불
가사의한 것, 신비한 것이라는 의미가 있
다.

빗과 이자나기

일본 신화에 **이자나기**가 **황천국**에서 도
망칠 때, 쫓아오는 아지나미에게 **빗과 복
숭아**를 던졌다는 전설이 있다.

시데 紙垂

비쭈기나무나 **고헤이**, **금줄** 등에 종잇조
각이나 닥나무 껍질로 만든 끈을 매단
것이다. 오늘날에는 종잇조각을 주로 사
용한다. 유파에 따라 그 형태나 접는 법
이 다르다.

고헤이

시데를 나무 막대기 등에 끼운 도구다.
원래는 신에게 바치는 공물이었는데, 훗
날 **음양도** 등의 의식에 사용하게 되었다.

고헤이 인형

종이를 잘라(**고헤이**) 신의 모습을 형상
화한 종이 인형이다. **이자나기류의 주법**
에서는 자주 사용된다.

나데모노 撫物

음양도의 주법으로 **삿된 것**을 옮길 때

사용하는 **인형**이나 옷이다. 의뢰자의 대역으로 삼아 아픈 곳에 대고 문지른다. 나데모노를 강에 흘려보내거나 태우면 샛된 것을 없앨 수 있다.

지노와 茅の輪

띠²로 만든 고리다. 이를 빠져나가거나 몸에 걸치거나 장식하면 **샛된 것**이 정화되고 재난을 피할 수 있다고 한다. **소민 쇼라이의 부적**에 관한 전설에도 등장하며 지금도 나고시노**하라에** 의식 등에 사용된다.

미즈히키 水引

마나 종이로 만든 끈 다발로 답례품을 장식할 때 사용한다. 끈의 색이나 묶는 법에는 의미가 있는데, 나쁜 것을 피하는 **마귀 쫓기**나 개봉하지 않았음을 나타내는 봉인의 의미가 있다. 좋은 일에는 홀수, 나쁜 일에는 짝수를 사용한다.

염주

작은 구슬을 원형으로 엮어 만든 **주구**다. 강하게 염불할 때 염주를 손에 들고 있으면 기도의 힘이 증폭된다. 몸에 지니고 있으면 **마귀 쫓기**나 번뇌 정화의 효과도 있다. 구슬의 수는 번뇌의 수를 뜻하는 108개가 정석이다.

2 　 볏과의 여러해살이풀 이름이다.

방울

마귀 쫓기에 효과가 있는 **주구**로, 부적 등에 달려있기도 하다. **밀교**에서는 금강령이라고 하며, 소리를 울려 부처의 각성을 촉구하고 강림을 요청하기 위한 법구다.

윤보 輪寶

밀교의 법구다. 번뇌를 타파하는 힘이 있다. 원래는 날카로운 칼날이 달린 바퀴의 형상을 한 무기였다. 범어로 차크라라고 한다.

도향 塗香

밀교의 도구다. 향목을 빻은 가루나 연향을 말한다. 향을 몸에 발라 **샛된 것**을 정화한다.

향

불교에서 요괴 퇴치 등에 사용된다. 향기로운 향에는 악한 것을 접근하지 못하게 하는 힘이 있다고 한다.

소금

예로부터 **마귀 쫓기**에 사용되어 왔다. 소금이 방부제 역할을 하기 때문에 사기를 정화하는 효과가 있다고 여겨져 왔다.

소금 더미

소금을 쌓아 굳힌 것이다. 마물이 소금을

중술의 기본 용어

공간의 술식

질병·소멸
보호의 술식

특수 능력·예지
생애의 술식

출산·아이만세
이행의 생명체

주구·무기·물질

이계·합체
공간의 영역

시대·이야기

싫어하므로 집에 가까이 오지 못하게 두었다. 반대로 장사가 잘되길 바라는 마음에 가게 앞에 두기도 했다.

빗자루

삿된 것을 정화하는 **주구**다. 빗자루에는 사기를 쓸어내는 힘이 있다고 여겨 의식 때 사용했다. 죽은 이의 혼을 진정시키기 위한 공양에 사용되기도 했다.

대바구니

요마나 **빙의귀**는 눈이 많이 달린 것을 극도로 무서워하므로, 대바구니나 소쿠리 등 이음매가 많은 것은 **마귀 쫓기**의 **주구**가 되었다.

관련어 대바구니 매달기, 니라미

짚신

마귀 쫓기의 **주물**이다. 경계에 매달아 놓으면 외부로부터 재난이 침입하는 것을 막는 효과가 있다. 마을의 입구 등에 부적과 함께 큰 짚신을 걸어두고 '이 마을에는 이렇게 큰 짚신을 신는 거구의 남자가 산다'라는 점을 알려 재난의 침입을 막았다. **무언 제의**를 거행할 때 짚신을 신는 이유도 **마귀 쫓기**의 효과를 얻기 위해서라고 한다.

귀면와 鬼面瓦

지붕의 양 끝에 사용하는 **오니**의 얼굴을 새긴 기와를 말한다. 재난을 물리치는 **마귀 쫓기**의 효과가 있다고 한다. 집의 안전을 기원하기 위해 사용한다. 오니 이외에도 용이나 거북이, 사람, 연꽃 등의 모양도 귀면와라고 부른다. 일본에서 가장 오래된 귀면와는 호류지에 있다.

샤치호코 シャチホコ

지붕 위를 장식하는 기와, 또는 금속으로 만든 장식물이다. 화재로부터 건물을 지켜준다. 샤치는 물고기를 닮은 상상 속의 동물로 호랑이 머리에 등에는 가시가 나 있는데, 꼬리는 머리 쪽으로 향해 있는 것이 특징이다.

덴구 가면·오니 가면

덴구나 **오니**의 얼굴 가면이다. 현관에 걸어두면 요마의 침입을 막을 수 있다고 한다. 한냐[1] 가면이나 여우 가면은 음의 기운이 있어 요마를 불러들이므로 용맹한 오니나 덴구와 같이 양의 기운을 가진 가면이 좋다고 한다.

인면 묵화 토기

먹으로 사람의 얼굴을 그린 토기다. 죄나 **삿된 것**을 정화하는 **액막이** 의식에 사용되었다. 기와에는 삿된 것을 정화하고픈 사람의 얼굴이나 오니, 역병신 등을 그려

1   질투나 원망이 가득 찬 여자 귀신을 가리킨다.

넣었다고 한다. 토기에 숨을 불어넣어 뚜껑을 덮은 뒤 강에 흘려보낸다.

관련어 묵화 인면 토기

비늘무늬 기모노

에도 시대 때 액막이에 사용된 **주물**이다. 액년을 맞이한 열아홉 살의 여인이 비늘무늬 기모노를 입으면 액을 막을 수 있었다. **밀교**에서는 마물을 조복하는 조복단이 삼각형 모양인데, 이 비늘무늬도 연속된 삼각형으로 이뤄져 있다. 이러한 삼각형 무늬는 강력한 **마귀 쫓기**의 상징인 여성의 음부를 상징한다고도 일컬어진다.

붉은 고시마키

마귀 쫓기를 할 수 있는 옷이다. 붉은색은 조복의 힘이 있는 색이라 생각해 몸에 지니고 있으면 마귀를 쫓을 수 있다고 믿었다. 또한, 붉은 고시마키[2]를 두르고 있으면 불이나 물의 방향을 바꿀 수 있다고 한다.

분뇨

예로부터 분뇨는 흔히 사용하는 **마귀 쫓기**의 **주물**이었다. '집 주위에 대변을 뿌리면 **빙의귀**가 떨어져 나간다', '수달을 쫓을 때는 소변을 뿌린다', '**견신**에 빙의

2   여성의 예복 또는 속옷을 가리키기도 한다.

되었다면 변소의 판자를 달여 마시게 한다' 등의 방법이 전해진다.

도검

도 刀

한쪽 날 무기를 가리킨다. 예로부터 **삿된 것**을 없애고 사기를 정화하는 힘이 있다고 믿었다. 신에게 공물로 바치는 일도 많았다.

관련어 일본도

검 劍

밀교 주술에서 사용하는 법구다. 마물이나 번뇌를 베어내는 무기이기도 하다. **부동명왕**이나 문주보살은 끝이 뾰족한 도끼창, 핼버드를 사용한다.

날붙이

가위, 단검, 나이프 등의 철제 날붙이는 요괴나 마물이 싫어하는 **주물**이라고 한다. 밤에 **악몽**을 꾸거나 마물의 습격을 받지 않도록 베개맡이나 이불 아래에 날붙이를 두라는 풍습이 전국 각지에 있다. **여우 빙의귀**에게 '침을 놓겠다'라고 위협하면 겁에 질려 도망간다고 한다.

오도 妖刀

저주나 영력이 깃든 **칼**이다. 도쿠가와

가문에 불행을 불러온 요도 **무라마사**가 유명하다.

영검 靈劍

신비한 영력이 담긴 검이다.

관련어 수호검, 파적검 등

천총운검 天叢雲劍

일본 신화에 등장하는 **스사노오**가 이즈모국(지금의 시마네현)에서 **야마타노오로치**를 쓰러뜨렸을 때, 야마타노오로치의 꼬리에서 나온 검이다. **삼종신기** 중 하나다.

초치검 草薙劍

니니기가 지상에 가지고 온 **삼종신기** 중 하나다. 정식 명칭은 **천총운검**이다. **야마토 다케루**가 적들이 초원에 지른 불 속에 갇히자, 이 검이 저절로 주변의 풀을 베어냈다는 일화에서 초치검이라는 이름이 지어졌다고 한다.

십속검 十束劍

일본 신화에 등장하는 주먹 열 개 길이 정도 되는 장검이다. **스사노오**는 이 검으로 **야마타노오로치**를 베었다.

관련어 아마노하바키리

팔악검 八握劍

십종신보 중 하나로, 사악함을 정화하는

힘이 있다. 금의 성질을 지닌다.

법검 法劍

불교에서 번뇌를 끊어내는 힘을 가진 검이다.

항마검 降魔劍

부동명왕이 가지고 있는 악마를 항복시키기 위한 검이다.

관련어 항마의 이검利劍[1]

수호검 守護劍

덴노를 지키는 **영검**으로, **아베노 세이메이**가 재생시켰다고 한다. 가지고 있기만 해도 병마를 물리치며 장수할 수 있다.

관련어 호신검護身劍

파적검 破敵劍

아베노 세이메이가 재생시킨 **영검**이다. 덴노를 대신해 적을 토벌하는 다이쇼군에게 하사되었다. 가지고 있기만 해도 어떠한 공격이든 되받아칠 수 있고, 적이 공격해 오지 않는다.

칠지도 七枝刀

이소노카미 신궁에서 소장하고 있는 고대 철제 검[2]이다. 중앙의 칼날과 가지처럼 좌우 양쪽에 세 개씩 달려 있는 칼날

---

1   예리한 칼을 뜻한다.
2   백제가 일본에 하사한 그 칠지도다.

을 포함해 모두 일곱 개의 칼날을 가지고
있다. 양쪽에 달린 칼날은 용신의 어금니
를 나타낸다는 설과 **북두**칠성의 힘이 봉
인된 **칠성검**의 일종이라는 설이 있다.

칠성검 七星劍

칠성은 **북두**칠성을 가리킨다. 즉, 북두칠
성을 검신에 새겨넣은 **검**이다. 북두칠성
에는 백 가지의 사악함을 물리치고 승리
를 가져다준다는 힘이 있다고 믿었으므
로, 검에 별을 새겨넣어 그 힘이 깃들게
하고자 했다.

도지기리 야스쓰나 童子切安綱

헤이안 시대의 **오니**의 수괴인 **슈텐도지**
를 베었다고 하는 **명검**이다.

관련어 흡혈

오니키리 鬼切

헤이안 시대의 **오니**인 **이바라키도지**를
베었다고 전해 내려오는 **명검**이다.

관련어 오니키리마루, 히게키리

구모키리마루 蜘蛛切丸

헤이안 시대의 무장인 **미나모토노 요리
미쓰**가 괴승으로 변장한 **쓰치구모**를 벤
명검이다.

관련어 히자마루

네네키리마루 祢々切丸

남보쿠초 시대에 만들어진 **요도**다. 칼집
에서 멋대로 빠져나와 닛코산에 살던 요
괴 네네를 베어 쓰러뜨렸다고 한다.

무라마사 村正

저주받은 **요도**다. 도쿠가와 이에야스의
할아버지, 아버지, 아들, 아내의 목숨을
빼앗은 검으로 이에야스 자신 또한 무라
마사 때문에 상처를 입었다. 이처럼 도쿠
가와 가문에 불길한 일이 끊이지 않자,
에도 사람들은 무라마사가 요도라고 믿
었다.

무라사메마루 村雨丸

《난소사토미핫켄덴》의 등장인물인 이
누즈카 시노의 **명검**이다. 칼집에서 뽑을
때 흩뿌려지는 물방울이 불길을 잠재우
는 물보라를 일으킨다.

라이키리 雷切

나무 아래에서 벼락을 베었다고 해서
'라이키리'라는 이름이 붙은 센고쿠 시
대 무장인 다치바나 도세쓰의 애검이다.
원래는 '지도리'라 불렸다고 한다.

빙의귀를 떨어뜨리는 목검

에도 시대의 **덴구 소승 도라키치**가 신선
계에서 가지고 돌아온 두 자루의 목**검**이
다. 휴대하기만 해도 **마귀를 쫓을 수 있**

고, **빙의귀** 또한 두려움을 느껴 도망간다고 한다.

마쿠라 가타나 枕刀

무사가 잘 때 호신용으로 베개맡에 두는 **검**을 말한다. **마귀를 쫓는** 효과도 있다고 여겨졌다.

호신도

누워 있는 시신의 가슴팍에 얹는 **칼**이다. 죽음의 **부정함**을 정화하고, 죽은 이가 저세상으로 향할 때 부적으로 삼는다는 등의 의미가 있다.

아마노사카호코 天の逆鉾

가고시마현과 미야자키현 사이에 있는 **기리시마산**의 다카치호노미네 정상에 꽂혀 있는 창이다. 일본이 생겨날 때 사용된 아마노누호코天沼矛라는 말도 있다.

아마노오하바리 天之尾羽張

이자나기가 자식이자 아내인 이자나미를 죽게 한 가구쓰치[1]를 벨 때 사용한 신**검**이다.

관련어 이쓰노오하바리

후쓰노미타마 布都御魂

날뛰는 신들을 진정시키는 힘을 가지고

있다는 신**검**이다. **아마테라스**와 다카미무스히의 명으로 진무 덴노에게 전해졌다.

간장 干將·막야 莫耶

중국 춘추시대에 대장장이였던 간장이 만든 쌍**검**이다. 철을 제대로 녹여내기 위해 아내인 막야가 화로에 몸을 던진 덕분에 두 자루의 명검을 완성할 수 있었다고 한다. 몸 대신 손톱과 머리카락을 넣었다는 설도 있다.

활·화살

가래나무 활

가래나무로 만든 활이다. **무녀**가 **공수**할 때 사용하는 **주구**다. 각성 상태에 빠질 때 활시위를 퉁긴다. 실제로 활시위를 퉁길 뿐 아니라, 신가에 '가래나무 활'이라는 말을 넣으면 효과를 얻을 수도 있다.

관련어 요괴 퇴치를 기원하는 신가, 가래나무 활의 신가

파마시 破魔矢

파마궁破魔弓과 함께 사용하는 악마를 격파하는 활과 화살이다. **마귀 쫓기**를 위한 물건으로 익숙하다.

적시 鏑矢

마귀 쫓기 화살로, 쏘면 소리가 난다. **히**

---

1   가구쓰치는 이자나기와 이자나미 사이의 자녀로, 이자나미는 가구쓰치를 낳다가 죽었다.

키메 제의, **야부사메** 등에 사용된다.

관련어 효시嚆矢, 히비키아響矢

아메노카구유미 天香具弓

아메노우즈메의 활이다. 아마노이와토에 칩거한 **아마테라스**를 밖으로 끌어내기 위해 아메노우즈메가 아마노카구유미를 늘어놓고 친 것이 거문고의 시초라 여겨진다.

이쿠유미야 生弓矢

관통당하면 죽은 이도 살아 돌아온다는 신의 활이다. 일본 신화에서는 **스사노오**가 가지고 있었는데, 오쿠니누시가 훔쳐 인간계로 달아났다.

여섯 자루의 활

에도 시대의 **무녀**인 다무라 하라다유가 사용한 활이다. 가래나무, 대나무, 뽕나무 등 여섯 종류의 재료로 만들었다. 현은 여성의 머리카락을 삼베와 함께 꼬아 만들었다. 이 활을 무릎에 대고 왕골잎으로 퉁기며 **와카**를 읊어 **접신**을 행했다.

아마노카코유미 天鹿児弓

일본 신화에서 양위 명령을 받은 아메노와카히코가 받은 활이다. **다카마가하라**에서 정찰하러 보낸 꿩을 활로 쏘아 죽였는데, 다카미무스히가 그 활을 되쏘는 바람에 아메노와카히코는 죽고 말았다.

아마노하하야 天羽々矢

아메노와카히코가 하사받은 화살이다.

기타 무기·방어구

건곤권 乾坤圈

《봉신연의封神演義》,《서유기》에 등장하는 중국의 소년 신 나타가 다루는 무기로, 이를 손에 들고 태어났다고 한다. 이 무기는 던지면 상대방을 쓰러뜨린 뒤 다시 손안으로 돌아오는 고리 형태의 부적 무기다. **선인**이 만든 보구寶具 중 하나다.

여의금고봉 如意金箍棒

《서유기》에 등장하는 자유자재로 늘어났다가 줄어드는 곤봉으로, 손오공의 무기다. 원하는 만큼 길이가 늘어났다가 줄어드는 특수한 금속인 신진철神珍鐵로 만들어졌으며, 길이나 무게, 크기를 마음대로 바꿀 수 있고 그 길이는 천계에서 지옥까지 닿는다고 한다. 평소에는 작게 만들어 귓속에 넣고 다닌다고 한다.

관련어 여의봉如意棒

혼천능 混天綾

자유자재로 늘어났다가 줄어드는 진홍빛 천으로, 상대방을 묶어 그 움직임을 봉쇄할 수 있다. 물속에서 천을 흔들면 천지가 진동한다. 《봉신연의》의 등장인물인 나타가 태어났을 때부터 지니고 있던 보구다.

금강탁 金剛琢

어떤 물건이든 끌어당겨 빼앗아 오는 하얀 고리다. 《서유기》에 등장하는 독각시 대왕의 무기로, 손오공의 여의봉을 빼앗아 물리쳤다.

타신편 打神鞭

《봉신연의》에 나오는 막대기 모양의 무기로, 악의 혼령을 봉인한다. 타신편에는 여든네 개의 부인符印이 새겨져 있는데 각 부인에 하나의 영혼을 봉인할 수 있다. 태공망 여상이 가진 **선인**의 무기다.

화첨창 火尖槍

창끝에서 화염방사기처럼 불꽃이 뿜어져 나와 적을 불태우는 창이다. 《봉신연의》, 《서유기》에 등장하는 중국의 소년신 나타의 무기로, **선인**이 만든 보구 중 하나다.

홍호로 紅葫蘆

《서유기》에 등장하는 금각金角·은각銀角 형제가 천계에서 훔친 붉은 표주박이다. 이름이 불렸을 때 대답하면 호리병으로 빨려 들어가 녹아버린다.

파초선 芭蕉扇

날씨를 조종하고 불을 끄는 주력을 지닌 거대한 부채다. 한 번 부치면 큰바람이 불게 하고 두 번 부치면 비구름을 불러오며 세 번 부치면 큰비를 내리게 한다. 《서유기》에 나오는 무기다.

무소 곤노스케의 지팡이

미야모토 무사시의 라이벌인 무소 곤노스케가 꿈에서 신탁을 받아 통나무로 만든 무기다. 동자의 모습을 한 신으로부터 '통나무로 급소를 노려라'라는 조언을 받은 곤노스케는 길이 1m 이상의 지팡이를 만들어 무사시와 다시 결투를 벌여 승리했다.

구나이 苦無

강철로 만든 작은 무기다. 공격하거나 **수리검**처럼 던지거나 잠입할 때 물건을 파괴하는 등 그 용도는 제각각이다. **닌자**의 독자적인 무기라고 한다.

수리검 手裏劍

닌자가 호신용으로 휴대하는 투척용 무기다. 십자 수리검, 화차검, 차검, 봉수리검 등 그 종류가 다양하다.

호리히야 抛火矢

닌자가 사용하는 수류탄과 비슷한 무기다. 화약과 탄화를 넣은 것에 불을 붙여

적진으로 던져 작렬시킨다. 주로 야습 때 사용된다.

시코미즈에 仕込み杖

지팡이 속에 가늘고 긴 **칼**을 숨겨둔 무기다. 긴 칼 대신 창, 쇠사슬, 독약 등을 장치하기도 한다. 또는 지팡이 대신 철사나 담뱃대에 무기를 숨겨두기도 한다.

호시카부토 星甲

헤이안 시대의 **오니**들의 수괴였던 **슈텐도지**를 쓰러뜨린 **미나모토노 요리미쓰**의 투구다. 야와타, 스미요시, 구마노, 세 명의 신의 힘이 깃들어 있다. 요리미쓰가 슈텐도지의 머리를 베어버린 후 그 머리가 다시 요리미쓰에게 달려들었는데 호시카부토 덕분에 요리미쓰의 얼굴에는 상처 하나 나지 않았다.

히라이시 갑옷 避来矢鎧

이시카와 가문에 전해 내려오는 갑옷으로, 결코 활을 맞을 일이 없다고 한다. 헤이안 시대의 무장인 **후지와라노 히데사토**가 용신에게 하사받았다고 하며, 활이 날아와도 신의 힘 때문에 자연스레 비껴가므로 '히라이시避来矢'라고 불렸다. 단, 무척 무거워 움직이기 힘들다.

닌자 도구

미즈구모 水蜘蛛

수술을 시전할 때 사용하는 직경 66cm 정도의 동그란 발판이다. 진흙이나 늪에서 발이 빠지지 않도록 고안되었으며, 깊이를 알 수 없는 늪도 건널 수 있었다. 물 위에서 사용했다는 설도 있다.

사피향

닌자가 애용했던 **마귀를 쫓는** 향이다. 옷에 넣고 태우면 벌레를 쫓을 수도 있었다.

오색미

연락용이나 암호용으로 휴대했던 청·황·적·흑·자색의 쌀이다. 눈에 띄지 않는 장소에 뿌려 동료와 연락을 주고받았다.

마름쇠

도주용 아이템이다. 철, 나무, 천연 마름[1]의 씨앗 등으로 만들어졌다. 사방으로 가시가 돋친 것 같은 모양으로, 땅에 뿌려 추격자의 발을 묶는 용도로 사용했다.

시노비의 육구

적진을 탐색할 때 휴대하는 여섯 가지

---

1   연못에서 자라는 한해살이풀이다

도구로 삿갓, 휴대용 벼루, 약 상자, 갈고리줄, 삼척 수건, 불씨가 있다.

갈고리줄

돌담 등에 던져 벽을 기어오를 때 사용하는 도구다. 그 밖에도 적을 묶거나 함정을 팔 때 등 상황에 따라 다양하게 활용할 수 있다.

거울

거울

예로부터 마귀가 깃들어 있다고 여겨지는 **주물**이다. **마귀 쫓기**에도 사용되는데, 거울을 비춰 **요술**이나 **환술**을 간파했다는 이야기도 많다. **도교의 주술** 중에는 거울이 **이계**나 명계, 다른 나라의 정경을 볼 수 있는 비술이 있다. 거울은 '그림자 보기'가 어원이라는 설도 있으며, 거울에 비치는 것은 이계의 모습이라 여겼다.

팔지경 八咫鏡

삼종신기 중 하나다. 50cm 정도 크기의 둥근 **거울**로, 거울 면은 세공된 금속으로 이루어져 있다. 의식을 거행할 때는 주신인 **아마테라스**를 상징하는 태양의 빛을 반사하는 용도로 사용했다.

충진경 沖津鏡

십종신보 중 하나다. 다섯 개의 **거울**로 이루어져 있는데, 이는 오행의 힘을 나타낸다. 풍수대신의 영혼을 비추는 거울이라고 한다. 수의 성질을 가지고 있어 수덕·월덕의 거울이라 부르기도 한다.

변진경 辺津鏡

십종신보 중 하나다. 충진경과 한 쌍으로 여덟 개의 **거울**이 달려있다. 주신인 **아마테라스**의 영혼을 비추는 거울이며, 영광을 불러오는 힘이 깃들어 있다. 화의 성질을 가졌다.

조마경 照魔鏡

모습을 비추면 요마의 정체가 간파할 수 있는 **거울**이다. 항요경降妖鏡라고도 한다. 중국의 태공망 여상은 이 거울을 사용해 달기로 변한 **구미호**의 정체를 밝혀냈다. 또한, 조마경이 요괴인 **쓰쿠모가미**로 변하면 '운외경雲外鏡'이라고 부른다.

정파리 거울

죽은 이의 생전의 진실된 모습을 비춰주는 **거울**이다. 지옥의 염라대왕이 죽은 이를 심판할 때 사용한다.

거울 바위

미에현과 사가현 사이의 스즈카 고개에 있는 신비한 바위다. 옆을 지나는 사람의 모습을 거울처럼 비추는데, 바위에 사람이 비칠 때마다 **오니**가 나타나 잡아먹는다고 한다.

가부토 마에다테의 거울

마귀 쫓기 아이템인 **거울**에 무력의 상징인 투구를 조합한 **주물**이다. 더욱 강력한 **주력**을 가지게 되며, 마귀에 씐 사람 앞에서 이를 들고 문지르면 금세 제정신으로 돌아온다고 한다.

영약·비약

단약 丹藥
약이다. **도교**에서는 불로불사의 약을 의미한다.

금단 金丹
금이나 돌가루를 반죽해 만든 불로불사의 영약이다. 이를 마시면 **선인**이 될 수 있다고 한다. 고대 중국에서 만들었는데 수은 등이 포함되어 있어 이 약을 먹고 죽는 사람이 많았다.

복단 伏丹
마신 날로 **선인**이 된다는 **단약**이다. 가지고 있기만 해도 **오니**를 쫓는 효과도 있다고 한다.

단화 丹華
마시면 7일 후에 **선인**이 된다는 **단약**이다.

사시모구사
쑥의 다른 이름이다. **이부키도지**가 **신통력**을 갖게 된 불로불사의 약이라고도 한다.

구름 위를 나는 약
복용하게 되면 구름에 닿을 정도로 도약할 수 있다는 **선인**의 영약이다.《만엽집》에도 '나의 전성시대는 이미 끝이 났으니 구름 위를 나는 약을 먹는다 해도 다시 젊어질 리 없네'와 같은 문구가 등장한다.

원숭이 약
원숭이의 머리를 새카맣게 태워 가루로 만든 **주법** 약이다. 함부로 구할 수 없는 진귀한 만병통치약이었다. 재앙을 내리는 동물은 영감이 강하기 때문에 **마귀를 쫓을 수 있다**고 여겼다. 그래서 원숭이의 발, 두개골, 태아 찜은 비약의 귀중한 재료였다.

혼호약 魂呼藥
다마요바바리라는 새(새의 종류는 불명)를 검게 태운 것과 대들보 위의 먼지를 섞은 소생약이다. 백비탕으로 마시게 하면 소생시킬 수 있다.

주술의 기본 용어

주술의 기본 용어

최부·소생
보조의 술식

특수 능력·액기
예언의 술식

음사·이능력자
이형의 생물체

주 구 귀 부 주

이계·경계
금기의 영역

시대·이야기

오시로 御白

죽은 개를 화장한 재로 만든 비약이다. 이 재를 복용하면 의지를 빼앗기고 종노 롯을 하게 된다. **견신**과 비슷한 **고독**의 일종이다.

검은 고양이 검게 태우기

검은 고양이를 검게 태운 재를 술에 섞 은 비약이다. 에도 시대에 어떤 사람이 배에서 창자가 삐져나올 정도로 큰 부상 을 입었다고 한다. 그래서 검은 고양이를 검게 태운 뒤 그 재를 등에 발랐더니 창 자가 뱃속으로 도로 들어갔다고 한다.

은형약 隱形藥

모습을 감출 수 있는 환약이다. **은형술**에 도 사용된다.

다라니스케환 陀羅尼助丸

위장약이다. 원래는 **엔노 오즈누**가 만들 었다고 전해지는데 오늘날에도 사용되 고 있다.

반혼단 反魂丹

중국에서 소생의 효과가 있다고 여겨졌 던 영약이다. 일본에서는 도야마의 약장 수가 만든 체증이나 일사병 등에 잘 드 는 환약으로 유명하다.

파관탕 破棺湯

인분 가루를 달인 소생약이다. '관에 누 운 사자가 살아나 관을 박차고 나온다' 라는 의미로 빈사 상태인 환자가 먹으면 소생한다고 한다.

병량환 兵糧丸

먹으면 체력이 회복되는 **닌자**의 비상식 량이다. 하루 30알로 영양을 섭취할 수 있다. 병량환보다 크기가 크고 영양도 풍 부한 '기갈환飢渴丸'이라는 것도 있다.

수갈환 水渴丸

먹으면 갈증이 가신다는 **닌자**의 비상식 량이다. 하루 세 알이면 45일 동안은 목 이 마르지 않는다고 한다.

주력이 담긴 식물·음식

복숭아나무

역귀를 내쫓는 힘이 있다고 한다. **음양도** 에서는 의식에 사용하는 지팡이나 활을 복숭아나무로 만든다. 또한, **외도**에 빙의 되었을 때 복숭아나무로 때리면 **빙의귀** 가 떨어져 나간다고 한다.

신목 神木

영력이 깃든 나무다. **신사**의 경내에 있는 신성한 나무로, **금줄** 등을 두른다. **축시**

의 참배에서 **밀짚 인형**을 박아 넣을 때도 사용된다.

피안화 彼岸花

피처럼 붉은 꽃으로 가을이 되면 피안에 핀다고 한다. 곤충 쫓기 용도로 묘지에 심다 보니 '죽음'을 연상시켜 사인화, 유령화, 지옥화, 여우꽃 등 불길한 이명이 많다.

관련어 만주사화曼珠沙華

검은 백합

'**저주**', '**복수**'라는 뜻의 꽃말을 가진 꽃이다. 센고쿠 시대에 삿사 나리마사와 그의 아내인 사유리에 얽힌 전설에서 유래했다는 설이 있다. 나리마사가 사유리의 부정을 의심해 목을 베었는데, 사유리가 '산에 검은 백합이 피면 삿사 일족은 멸망하리라'라는 저주의 말을 남겼다고 한다.

망초

붓순나무를 가리킨다. 붓순나무는 부처에게 바치는 나무로, 중국에서는 붓순의 향을 맡게 하면 **빙의귀**를 퇴치할 수 있다고 했다.

사함초 蛇含草

라쿠고落語[2]의 고전 작품에 등장하는 풀로, 사람을 잡아먹는다고 한다.

복숭아 열매

주력이 가장 높다고 여겨지는 **마귀 쫓기** 식물이다. '복숭아 도挑' 자가 '도망할 도逃·칼 도刀' 자와 발음이 똑같아[3] 불길한 것을 내쫓거나 정화하는 효과가 있다고 믿는다고 한다.

옥도 玉桃

먹으면 불로장생하는 복숭아다. **곤륜산**에서 자란다고 한다.

선도 仙桃

먹으면 불로장생을 얻을 수 있는 복숭아다.

관련어 반도蟠桃

반도 蟠桃

먹으면 불로불사의 몸이 되는 복숭아다. **서왕모**라는 선녀가 관리하는 복숭아밭에서 3000년에 한 번 열린다고 한다.

관련어 선도仙桃

---

1 불교 용어로, 해탈해서 열반의 세계에 도달하는 것을 가리킨다.

2 일본의 에도 시대부터 지금까지 계승되고 있는 예술이다. '라쿠고카(落語家)'라고 불리는 사람이 부채를 들고 앉아 청중에게 이야기를 들려주는 형식이다.

3 일본어로도 이 세 한자의 음독은 모두 '도(とう)'로 같다.

황중이 黃中李

선도보다 더욱 귀중한 복숭아다. 그 열매와 꽃에 '황중黃中'이라는 글자가 새겨져 있다. **서왕모**의 성에 있다고 한다.

길상과 吉祥果

석류를 가리킨다. **마귀 쫓기**의 효과 이외에도 **귀자모신 경애법** 중에 스물한 번 가지를 올린 길상과를 마음에 품은 사람에게 먹이면 자신을 좋아하게 된다는 술법이 있다고 한다.

감목 甘木

먹으면 불사의 몸이 되는 나무 열매다. 고대 중국의 서적인 《**산해경**》에 따르면, 불사 나라의 백성들이 먹는 것이라고 한다.

수목 壽木

먹으면 오래 살며 불사의 몸을 얻을 수 있는 꽃의 열매다. **곤륜산**에서 자란다.

여하 如何

먹으면 **지선**이 되는 열매다. 300년에 한 번 꽃이 피고, 900년에 한 번 열매를 맺는다. 중국 남부 지방의 황무지에서 자란다고 한다.

동충하초 冬虫夏草

비약 중의 비약이라 여겨지는 신비한 버섯이다. 그 이름대로 '겨울에는 벌레, 여름에는 풀'의 형상을 하고 있다. 먹으면 불로불사의 **선인**이 될 수 있다고 해 중국 진나라의 시황제가 동방의 섬으로 찾으러 돌아다녔다는 선약 중 하나다.

영지 靈芝

중국 진나라의 시황제가 동방의 섬으로 찾으러 돌아다녔다는 환상의 묘약 버섯이다. 전설에 따르면, 영지를 오래 복용하면 몸이 가벼워지고 나이를 먹지 않아 장수하게 되고 끝내는 **신인**이나 **선인**이 된다고 한다.

황옥지 黃玉芝

하나만 먹어도 **신인**의 경지에 도달한다는 으뜸가는 **영지**다.

이과 異果

전설의 황금 과일이다. 먹은 사람을 돌로 변하게 하는 주력을 가졌다.

검게 태운 도롱뇽

수컷 도롱뇽과 암컷 도롱뇽을 검게 태워 가루로 만든 미약으로 남녀 사이를 이어 준다. 이 가루를 마음에 드는 사람의 옷깃에 넣고 꿰매거나 종이에 뿌리면 상대방의 마음이 내게 향하게 할 수 있다. 미약 중에는 도롱뇽 술도 있다.

쥐 튀김

여우가 좋아하는 음식으로 **여우에게 빙의되었다는 사실**을 간파하고자 할 때 사용한다. 집안에 쥐 튀김을 숨겨두면 여우에 빙의된 사람이 찾아낸다고 한다.

여우 혀

여우의 혀를 잘게 잘라 먹으면 **빙의귀** 등 마물을 피할 수 있다고 하는 **주문**이다.

주력이 담긴 음료

신수 神水

병을 치료하는 효과가 있다는 물이다. 질병의 종류에 따라 청, 적, 황색 등 그 색깔이 다양하다. 메이지 시대에 다양한 기적을 일으켰던 **조난 도시에**가 허공에서 신수를 나타나게 했다고한다.

성월수 筬越水

베틀의 부속품인 바디로 걸러낸 물인데, 마시면 **빙의귀**를 떨어뜨릴 수 있다고 한다. 바디는 구멍이 많아 **대바구니**와 마찬가지로 **마귀 쫓기**의 **주물**이다. 이러한 **주물**로 걸러낸 물이므로 영험하다고 한다.

술

신토의 **주물**이다. 마물이나 **귀신**의 **주력**을 빼앗는 효과가 있다고 하며 **야마타노**

오로치와 **슈텐도지**를 퇴치할 때도 사용되었다.

야시오리의 술

《고사기》에 등장하는 독한 **술**로, **스사노오**가 **야마타노오로치**를 쓰러뜨리기 위해 마시게 했다고 한다.

신편귀독주 神便鬼毒酒

헤이안 시대의 무장인 **미나모토노 요리미쓰**가 **슈텐도지**를 방심시키기 위해 마시게 했다는 독이 들어간 **술**이다.

소 蘇

치즈와 비슷한 고대의 유제품이다. 가지를 올리면서 특수한 방법으로 소를 만들면 '신약'이 된다. 이를 먹으면 부와 예지가 무한으로 확장되는 '우소가지牛蘇加持'라는 주법도 있다.

도소 屠蘇

정월에 마시는 약술이다. 병마나 **귀신**을 쫓는 **주력**이 있으며, '사악한 기의 환생을 물리친다'라는 의미가 있다고도 한다. '蘇는 오니를 도살하는 약'이라는 설도 있다.

감로 甘露

하늘에서 내리는 신의 달콤한 음료다. 불로불사의 음료인 암리타Amrita를 가리

구술의 기본 용어

공격의 술식

회복·소생
보조의 술식

특수 능력·예지
예언의 술식

술사·이능력자
이형의 생물

주구·무기·부적

이계·경계
금기의 영역

서적·이야기

킨다.

영부 · 주부 · 부적

주부 呪符
주력이 깃든 부적이다. 누군가를 **저주**할 때도 사용되며, 주부에 술사의 주력을 응축시키면 **고물**이 된다.
관련어 호부, 부적

호부 護符
주부를 가리킨다. 신불의 힘이 깃들어 있어 몸에 지니거나 붙이면 이익을 얻을 수 있다.

수호부 守護符
주부, 호부를 가리킨다.
관련어 부적

영부 靈符
영력이 담긴 부적을 말한다. **주부, 호부**를 가리킨다. 소원을 이뤄주는 힘이 있다. **아베노 세이메이**의 '**진택영부**震宅靈符'가 유명하다.

신궁 대마
이세신궁에서 나누어주는 부적이다. **삿된 것**을 정화시키는 힘이 강하다.
관련어 액막이 대마

진택영부 震宅靈符
음양사가 작성하면 힘을 발휘하는 **영부** 중 하나다. 열일곱 가지가 있으며, 영부는 각각 '악몽장해惡夢障害', '피제정복辟除正復' 등 다양한 효과가 있다. 부적에 그려진 동그라미(○)는 별을 의미하고, 별들을 잇는 선은 화합을 나타낸다.

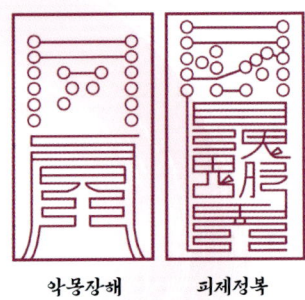

악몽장해   피제정복

소민 쇼라이 부적
역병과 재액을 퇴치하는 부적으로 '소민 쇼라이'라고 적혀 있다. 옛날, 어떤 신이 하룻밤 묵을 곳을 찾고 있었다. 유복한 고탄 쇼라이는 이를 거절했지만, 가난한 소민 쇼라이는 신에게 흔쾌히 머물 곳을 마련해 줬다. 신은 소민 쇼라이에게 '소민 쇼라이의 자손'이라고 말하며 지노와를 허리에 차라고 일렀다. 훗날 마을에 역병이 유행했을 때 무사했던 소민 쇼라이 일족과는 달리 고탄 일족은 모두 병에 걸려 죽고 말았다. 이 전설로부터 '소민 쇼라이의 자손蘇民将来之子孫'이라고 적힌 부적을 붙이면 재액을 피할 수 있다고 여겼다.

금신막이 부적

무서운 **재앙**신인 **금신**의 재앙을 피하는 부적이다. 금신은 **방위신** 중 하나로, 만약 금신이 있는 곳을 침범하면 가족이 일곱 명 살해되는 **재앙(금신칠살)**이 내려진다고 한다. 지금도 초봄 등 땅이 태동하는 시기가 되면 대나무 등에 매단 부적을 집터의 네 모퉁이에 세우는 풍속이 남아있다.

세 가지 부적

전래 동화인 《세 가지 부적》에 등장하는 세 장의 부적이다. 깊은 산속에서 마귀할멈을 만난 소승이 스님으로부터 받은 세 장의 부적을 사용해 도망쳤다. 첫 번째는 산, 두 번째는 강, 세 번째는 바람이 되어 마귀할멈을 쩔쩔매게 했다고 한다.

서풍취수 西風吹守

모든 소원을 이뤄준다는 비전의 수호부다. 당나라에서 감옥에 끌려간 오에노 고레토키라는 관리 앞에 노인의 모습을 한 신이 나타나, 이 비부를 전달했다고 전해진다. 이 부적에 소원을 빌면 승리할 수 있다고 한다.

구마노 우왕부 熊野牛王符

목숨을 걸고 신에게 충성을 맹세한 기록이 담긴 부적이다. 까마귀 문자와 우왕보인이라는 도장이 찍혀 있는 **호부**로, 보주로 장식되어 있다. 뒷면에 약속의 내용을 적고 구마노의 신에게 맹세한다. 만일, 서약을 깨뜨린다면 구마노의 신이 부리는 까마귀가 세 마리 죽고, 그 사람도 피를 토하며 죽는다고 한다.

노세의 검은 부적

여우의 **빙의귀** 퇴치에 효과적인 부적이다. 오사카부의 묘켄산을 본거지로 하는 노세 씨에서 유래한 수호부다. 이유는 알 수 없으나 **여우 빙의귀**는 노세 씨를 무척 무서워한다. 그래서 노세 씨가 '물러나라'라고 소리치면 겁을 먹고 도망간다고 한다.

백만편염불 부적

'백만편염불百萬遍念佛'이라 적힌 부적이다. 이 부적 앞에서는 괴물 **너구리**가 술법을 유지하지 못하고 정체를 드러낸다고 한다.

존승다라니 尊勝陀羅尼

여든일곱 구절의 **다라니 주문**이 적힌 **마귀 쫓기 호부**다. 이를 몸에 지니고 있으면 백귀야행 등의 요괴가 가까이 다가오지 못하고 퇴치된다고 한다.

조복 부적

신불이 처치해 주기를 바라는 사람의 이

름이 적힌 부적이다. 이 부적을 신불에게 바쳐 **저주**하면 이름이 적힌 사람을 적으로 간주해 조복하러 간다고 한다.

너구리 호부

너구리 빙의귀를 내쫓는 **호부**로, **너구리** 모습이 그려져 있다. 이를 너구리에 빙의된 사람의 머리에 올려두면 정화할 수 있다. 비구니로 변신한 너구리가 도쿠시마현의 한 무사에게 이 호부를 건네줬다는 전설이 있다.

묵부 墨符

악령을 퇴치하는 효과가 있는 **주부**다. 먹을 갈고 **부동명왕**의 **진언**을 읊으며 **범자**를 적은 다음 전체를 검게 칠하고 마신다.

용왕의 비부

《호키나이덴》에 나오는 **아베노 세이메이**가 용왕으로부터 받은 **주부**다. 다른 것으로 병을 옮길 수 있다고 한다.

종이접기 부적

종이를 접어 만든 **호부**다. 옛 **신토**에서는 접기 행위를 '천강天降·천진天振'이라고 했는데, 한 장의 종이를 접는 행위를 통해 '하늘의 뜻이 내려온다'라고 생각했다. 종이 '접기' 방법은 효험에 따라 다양하다.

주력이 담긴 말·문자·숫자

귀자 鬼子

귀신 **귀鬼** 자를 사용해 새롭게 만든 한자다. 귀신 **귀鬼** 자는 그 효과가 다양해 **주부**로서도 사용할 수 있다. 작성한 귀자의 영력을 높이기 위해 **구자**절법을 사용하거나, 구자절법을 시전한 직후에 귀자를 적으면 구자의 **주력**을 높일 수도 있다. 외출하기 전에 손바닥에 귀자를 적으면 호신 **주법**이 발동한다.

兜厶 **兜散**

| '조복항마'를 나타내는 귀자 | '원적퇴치'를 나타내는 귀자 |

한자의 생성 과정

상형문자인 한자는 글자마다 만들어진 과정이 다른데, 그 유래가 무시무시한 것도 있다. **주술**과 관련된 것을 간략하게 소개하기로 한다.

빌 주呪 제사를 지내는 연장자(형)와 기도하는 행위에서 입 **구口**+맏 **형兄**=빌 주呪가 탄생했다.

길 도道 사거리에서 잘린 목을 감싼 모습

을 표현한 글자다. 과거 사거리는 혼백이 오가는 장소로 여겨졌는데, 잘린 목을 이용해 악령을 정화하는 주술을 펼쳤다.

꿈 몽夢 영력을 가진 **무녀**가 잠든 사람을 덮치는 모습을 표현한 글자다. **악몽**은 악한 무녀의 **저주** 혹은 혼령이 벌인 짓이라고 여겼다.

요언 妖言

사람을 현혹시키는 말이나 소문이다. 불길한 뜬소문을 가리킨다.

와카 和歌

언령이 깃든 노래다. 언령 신앙에서는 와카 또한 **진언**이나 **다라니** 등의 **주문**과 마찬가지로 주력이 깃들어 있다고 여겼다. **오노노 고마치**의 와카가 유명한데, 와카를 주문처럼 영창해 초자연적인 현상을 일으켰다.

백인일수 百人一首

여우 빙의귀는 백인일수를 무서워했다고 한다. 만일 **여우**의 기척을 느꼈다면 백인일수에서 한 수 읊으면 여우가 도망갈지도 모른다.

저주 문자

'나 아我·임금 군君·생각 념念' 자를 조합한 **저주**의 문자다. 문자의 주위에 '그대의 마음은 이미 멀어졌네, 그대가 그리워하지 않으니 나 또한 그리워할 리 없네'라는 연을 끊는 **주문**을 적는다.

신대 문자 神代文字

한자 이전에 일본에서 사용했다고 여겨졌던 고대 문자다. 호쓰마 문자, 지시테 문자, 가타카무나 문자, 아비루 문자 등이 있었다. 현재는 후대에 창작된 문자라는 설이 지배적이다.

아와의 노래 あわの歌

신대 문자로 지어진 언령과 관련된 고귀한 노래다. 노래하면 위험해진다는 설도 있다.

꽃말

대부분의 꽃에는 꽃말이 있는데, **주술**이나 불길함과 관련된 꽃말을 지닌 꽃도 많다.

검은 백합 '저주', '복수'. 피를 흘렸다는 전설에서 유래했다.

고추나물 '원한'. **주력**을 지닌 식물로 여겨졌다.

설강화 '당신의 죽음을 바란다'. 유럽의 전설에서 유래한다.

기수 忌數

불길하다고 여겨 피하는 숫자다. '죽을 사死' 자와 발음이 같은 '넉 사四', '쓸 고苦' 자와 발음이 같은 '아홉 구九' 자 등이 있다.

주술의 기본 용어

음양의 술식

희토·소행 보조의 술식

특수 능력 배치 예언의 술식

주구·무기·부적

이계·결계 마기의 영역

세계·이야기

회화·도안·문양

오망성 五芒星

다섯 개의 꼭짓점을 가진 별 모양의 문양이다. **음양사**인 **아베노 세이메이**가 사용한 것으로 유명하며, '세이메이의 도라지꽃'이라 부르기도 한다. **음양오행설**의 **목화토금수**와 관련이 있다. 한 번에 그릴 수 있고 뚫린 부분이 없기 때문에 '밖에서 마물이 들어올 수 없다', '봉인된 마물이 빠져나갈 수 없다'라고 믿었고 **마귀 쫓기** 효과도 있다고 한다.

관련어 세이메이문, **세만**

만다라 曼茶羅

밀교에서 깨달음의 경지, 우주의 진리를 나타낸 그림이다. 만다라를 그려 그곳에 신의 힘을 봉인하고 우주의 힘이 깃들게 한다.

오악진형도 五岳眞形圖

중국의 다섯 개의 **영산**인 **오악**을 그린 그림이며 모든 일에 효과가 있다고 여겨지는 **영부**다. 다섯 개의 그림은 오행에 해당하며 재난을 피하고 마물을 퇴치한다고 한다.

구상도 九相圖

시신이 썩어가는 모습을 그린 불교 회화다. 부패의 진행 정도에 따라 창상, 괴상, 혈도상, 농란상, 청어상, 담상, 산상, 골상, 소상의 아홉 단계로 나누어 그렸다. 번뇌를 끊기 위한 목적도 있었는데, 아무리 아름다운 여성이라도 죽고 나면 그 육신은 썩어 버린다는 의미에서 **오노노 고마치**나 단린 황후(다치바나 가치코) 등 미인을 모델로 그린 것도 많았다.

팔괘도 八卦圖

팔괘를 그린 그림이다. 악령을 정화하는 **마귀 쫓기**에 사용되었다.

문신

상처를 낸 피부에 검댕 등의 색소를 침착시켜 그림이나 문양 등을 새겨 넣는 일이다. 고대 일본인의 풍습이다. 몸단장, 어른이 되기 위한 통과 의례라는 의미와 더불어 병을 치료하거나 병마를 피하는 등의 **주술**적인 목적도 있었다.

무늬

도안, 모양을 가리킨다. 삼각형 등의 무늬는 **주술**적인 의미가 있다고 여겨 고분 벽화에 자주 사용되었다. 훗날 기모노 무늬나 대대로 내려오는 가문의 인장(가문 家紋)에 사용되게 된다. **비늘무늬 기모노**에 사용된 비늘무늬는 액막이의 의미를 지니는 등, 그 종류와 의미가 다양하다.

구요문 九曜紋

구요를 도안화한 **문양**이다. 다테 마사무네, 호소카와 다다오키 등이 가문으로 사용했다.

바쿠 그림

악몽을 길몽으로 바꿔주는 그림이다. 바쿠의 그림을 베개 밑에 두고 자면 악몽을 삼켜 좋은 꿈을 꾸게 해준다고 한다. 악몽의 대처법으로서 **바쿠에게 악몽을 먹이는 주술**도 있다.

고양이 그림

고양이나 호랑이가 그려진 그림이다. 이 그림을 걸어두면 **쥐**를 쫓을 수 있다고 한다. 에도 시대에는 이 그림을 파는 고양이 화가도 있었다고 한다.

여덟 개의 눈

세로로 네 쌍씩 모두 여덟 개의 눈이 그려진 그림이다. 여덟 개의 눈은 '눈병'과

발음이 비슷해 눈병 치료를 기원하는 에마絵馬에 그려 넣었다.

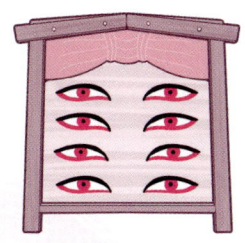

포창 疱瘡 그림

포창(천연두)을 피하는 효과가 있는 그림이다. 주로 교쿠테이 바킨이 지은 독본 《춘설궁장월椿說弓張月》에서 포창신을 물리친 주인공이나 모모타로, 중국의 역병 쫓기 신을 그렸다고 한다.

조몬 토기 繩文土器

조몬 시대에 만들어진 복잡한 문양이나 형태의 토기다. 그림에는 눈에 보이지 않는 힘이 깃들어 있으므로 어떠한 **주술**적인 의미가 있다고 여겼다.

의식용 도구

식반 式盤

임진왜란 때 오아마노 황자(덴무 덴노)가 사용한 **음양도**의 점술 도구다. 원반(천계)과 방반(땅)으로 구성되어 있으

며, 원반 가운데에 있는 **북두**칠성을 돌려서 별자리의 손잡이 부분이 가리키는 곳을 보고 점을 친다. 반 위에는 성수星宿, **간지**, 괘 등이 그려져 있다.

관련어 육임식반六壬式盤

요리시로 依代

신령이 빙의하는 것이다. 주로 꽃이나 수목, 암반, 동물, **고헤이** 등이 요리시로로 사용되며, 어린아이는 **요리마시**(시동尸童)라고 부른다.

이라타카 염주

무녀인 고미소[1]가 기도를 올릴 때 사용한 **주물**로, 이리의 어금니, 사슴의 뿔, 바쿠의 어금니, 정체 모를 손톱 등 영력이 담긴 괴이한 물건을 이어 만든 **염주**다.

제비

길흉이 적힌 종이를 뽑아 신의 뜻을 묻는 점술이다. 이미 《**일본서기**》에 아리마 황자가 제비로 모반의 성패를 점쳤다는 기록이 남아있다. **탁선**보다 공평하고 악용될 염려가 없다는 점에서 정치적인 판단을 할 때 사용되었다. 에도 시대부터는 일반 백성들에게도 퍼져 지금도 널리 사용되고 있다. **신사**나 절에 따라 그 특색이 다르다.

단 壇

가지 기도 등을 올릴 때 불상이나 공물을 두는 곳이다. 주로 나무로 만든다.

호마단 護摩壇

단 위에 화로를 올려둔 것이다. **호마**를 거행할 때 사용한다.

금강저 金剛杵

밀교 주술 법구다. 번뇌를 타파하려는 마음을 상징한다. 원래는 인도 신화의 군신인 인드라가 사용했던 바즈라라는 무기다.

삼고저 三鈷杵

양 끝이 세 갈래로 갈라진 금강저다. 홍법 대사 **구카이**가 당으로 유학을 떠났다가 돌아올 때 던진 삼고저가 일본의 **고야산**에 떨어져 그곳에 절을 세우기로 결심했다는 전설이 있다.

어고 魚鼓

머리는 용, 몸은 물고기의 모양을 한 나무로 만든 법구다. 선사禪寺[2]의 법당에 매달아 두고 식사나 법요를 시작한다는 신호를 보낼 때 쳐서 소리를 낸다. 물고기는 잘 때도 눈을 감지 않으므로 늦잠을 자거나 게으른 마음을 물리친다는 의미가 있다.

1 　아오모리, 아키타현 등에 많은 기도사, 복점술사 중 하나이며 대부분 기혼 여성이라고 한다.

2 　선종 계통의 절을 가리키는 말이다.

에마 絵馬

소원이 이뤄지기를 바라는 마음으로 신사의 불당에 봉납하는 말의 그림이 그려진 목판이다. 과거에는 살아있는 말을 봉납하며 소원을 빌었다.

진혼석 鎮魂石

진혼 귀신법에 사용되는 돌이다. 신사의 경내나 풍경이 좋은 산, 또는 강에 직경 1.5~3cm 정도의 단단하고 무거운 동그란 돌이 있으면 신이 내려준 돌이라 여겼다.

보구·복을 부르는 물건

우지의 보물

슈텐도지나 **오타케마루**의 목, **구미호**의 사체, 환상의 서책, 명적 등의 **주물**이다. 교토 뵤도인 경내에 위치한 호오도 서쪽의 보물 전각에 보관되어 있었다. 사후에 용이 된 후지와라노 요리미치가 지키고 있다고 한다.

다루마 達磨

선종의 승려인 달마 대사가 좌선하는 모습과 비슷하게 만든 하리코[3] 인형이다. 소원을 이뤄주는 물건으로, 일반적으로 소원을 빌 때는 왼쪽 눈(마주 봤을 때 오른쪽)에 눈동자를 그려 넣고 그 소원이 성취되면 오른쪽 눈(마주 봤을 때 왼쪽)에 눈동자를 그려 넣는다.

후쿠스케 인형

에도 시대의 상인인 이치베에를 모델로 만들어진 금전 운을 불러오는 인형이다. 이치베에의 이야기는 에도 사람들이 노래로 만들어 춤추며 따라 부를 정도로 인기였다. 이에 이치베에의 인기를 상업적으로 활용하고자 안무를 본따 만든 것이 후쿠스케 인형이다. 이치베에의 본명은 가노 후쿠스케다.

저주받은 물건

오니 가면

한 번 쓰면 얼굴에 달라붙어 절대 떨어지지 않는다는 **저주**받은 가면이다. 후쿠이현의 간케이지(또는 요시자키지)에 전해지는 **오니** 가면으로, 시어머니가 며느리를 괴롭히려고 가면을 썼더니 얼굴에 달라붙어 떨어지지 않았다고 한다. 진심으로 사과하고 염불을 외우니 그제야 떨어졌다고 한다.

오키쿠 인형

홋카이도의 만넨지에 전해 내려오는 머리카락이 긴 신비한 인형이다. 죽은 이의

3　나무 등으로 거푸집을 만들어 그 위에 종이를 발라 만드는 기법이다.

혼령이 깃들어 있다는 도시 전설로 유명
해졌다. 예로부터 **염매**할 때 **밀짚 인형**
이나 **인형**을 사용한 것도 '인형에는 혼이
깃들어 있다'라고 생각했기 때문이다.

외법 상자

사법에 이용된 해골이나 **밀교 본존** 등 **주
구**나 **주물**을 감추어 두는 보관 상자다.

누에의 손 미이라

2022년에 교토에서 발견된 **누에**의 손으
로 추정되는 미이라다. 상자 뚜껑에 '누
에의 손'이라고 적혀 있다.

6

배경 설정에
활용할 수 있는

이계·결계·
금기의 영역

이계·경계

관련어 저승, 타계하다, **황천국**, 유계幽界, 명계, 명부, 명토冥土

이계 異界

주술에서 이계란 **경계** 밖에 있는 완전한 미지의 세계로, 인간의 지식이나 기술로는 제어할 수 없다. **사거리**, 다리, 마을 경계와 같은 경계 너머와 산과 바다의 저편, **황천국**, 명부 등 저승의 세계 또한 이계에 포함된다. 꿈속의 세계, 거울이나 수면에 비친 모습도 종종 이계로 여겨질 때가 있다.

경계 境界

주술에서는 안과 밖을 나누는 경계선을 가리킨다. 집의 현관이나 문, **사거리**, 다리, 강, 마을 변두리, 고개, 바닷가, 국경 등이 대표적이다.

타계 他界

사람이 살고 있는 세계(이승)와는 별개의 세계를 가리킨다. 사람이 죽으면 '타계한다'라고 말하는데, 이는 사람이 죽으면 이승과는 다른 사후 세계로 간다고 믿기 때문이라고 한다. 종교와 문화에 따라 저승, **황천국**, 천국, **극락정토**, 지옥 등의 다양한 세계를 가리킨다.

유세 幽世

사후에 가게 되는 세계를 말한다.

황천비량판 黄泉比良坂

사자의 세계인 **황천국(저승)**과 산 사람의 세계인 이승과의 경계에 있는 언덕이다.

황천국

지하 세계를 말한다. 죽은 이의 혼령이 향하는 영계다. '황천'은 '숨을 암闇' 자와 발음이 비슷해 암흑의 세계를 가리키는 말이 되었다. 황천국의 음식을 먹으면 다시는 현세로 돌아올 수 없다.

저승

황천국을 가리킨다.

관련어 네노카다스쿠니根堅洲國

황천국 통로

황천국과 연결된 구멍이다. 사람은 죽으면 저세상으로 향한다고 한다. 시마네현 이즈모시의 이노메 동굴 안쪽에는 사람은 통과할 수 없는 구멍이 있는데, 이 구멍을 황천국과 연결된 통로라고 여겼다.

지옥 통로

황천국으로 이어진다고 여겨지는 구멍으로, 홋카이도 노보리베쓰에 있다. 죽은 아내가 이 구멍을 통해 나타나는 모습을 목격한 남편의 전설이 내려온다.

관련어 아훈루파르ahun-ru-par, 아훈루파로
ahun-ru-paro[1]

사거리

길이 열 십十 자로 교차하는 장소다. 예로부터 사거리는 마물이 숨어 있는 곳, 명계와 **이계**로 통하는 곳이라 여겼다. 그래서 사거리에 무언가를 버리는 액막이 주문이 많다. 이승과 저승의 **경계**인 사거리에 무언기를 버리면 악한 사람을 명계로 되돌려보낼 수 있다는 의미가 있었다.

육도 六道

불교에서 사후에 가게 되는 여섯 개의 세계로, 지옥도, 아귀도, 축생도, 수라도, 인간도, 천도가 있다. 생전의 죄의 유무와 그 정도에 따라 어디로 가게 될지 결정된다고 한다. 이 여섯 가지 세계에서 끊임없이 환생하는 것을 가리켜 육도윤회六道輪廻라고 하는데, 생전에 부처의 가르침을 잘 지켰다면 윤회에서 벗어나 **극락정토**로 향할 수 있다고 한다.

육도의 사거리

이승과 명부를 구분하는 입구다. 헤이안 시대에는 가모강 동쪽에 있는 히가시야마산의 산기슭 일대를 '도리베노'라 불렀다. 이곳은 풍장[2]하는 곳이라 시신이 아무 데나 버려져 있었다. 도리베노 입구에 있는 로쿠도친노지 부근에서 죽은 이에게 마지막 인사를 하기 때문에 이 길을 명계의 입구라 여기고 육도의 **사거리**라 부르게 되었다.

아다시노 化野·徒野

도리베노와 더불어 수도에서 장례를 치르는 곳이었다. 교토시 오구라산의 험준한 산기슭에 위치해 있으며, '무상의 들판'이라는 의미다.

수도의 경계

헤이안쿄의 경계로 여겨졌던 곳이다. **음양도**에서 대대적으로 **결계술**을 펼치거나 **사각사계제**를 거행할 때는 이 네 곳과 궁궐의 네 귀퉁이에 수도를 지키기 위한 **결계**를 쳤다.

관련어 오우사카, 와니(류게), 오에, 야마사키

마을 경계

마을의 안과 밖을 가르는 경계다. 사악한 존재가 마을에 침입하는 것을 막고자 **두꺼운 금줄**을 치거나 거대한 밀짚 인형을 두는 등 **주물**을 이용해 **결계**를 쳤다. 또는 마을 경계에 도조신道祖神을 두는 일도 많았다.

---

1 둘 다 아이누어로 '(지하 세계로)들어가는 길의 입구'와 비슷한 의미다.

2 시체가 비바람에 자연히 없어지게 하는 장례법을 말한다.

길 막기

마을의 안과 밖을 구분하는 경계를 만들고 악귀나 재난이 들어오지 못하게 하는 **주술**이다. 마을 경계에 커다란 짚신을 걸어두거나 금줄을 치거나 도조신을 놓는다.

관련어 사거리 막기

도조신 道祖神

마을 경계나 길가, 산이나 고개 등에 놓아두면 밖에서 들어오는 악령이나 재앙을 막아준다는 수호신이다.

문

일상 공간과 **이계**의 **경계**이자 이계의 침입자를 막는 **결계**다. 문에서 **오니**나 요괴가 나타난다는 이야기가 많다.

관련어 도리이, 교토의 주작문 등

다리

이승과 저승을 잇는 것으로 **이계**로 통하는 길로 여겨 두려워했다. **다리 점**, 교토의 **이치조모도리바시** 등 다리와 관련된 전설도 많다.

오미소카 大晦日

한 해의 마지막 날, 12월 31일을 가리킨다. 저무는 한 해와 맞이하는 한 해의 경계인 오미소카 때는 마물이 숨어 들어온다고 믿었다. 다음 날인 정월에 도시가미사마를 맞이하려면 오미소카의 밤에 자면 안 된다는 금기 사항이 있다.

가도마쓰 門松

소나무나 대나무로 만든 장식물로, 정월에 도시가미사마를 맞이하기 위해 현관 앞 등에 놓아둔다. 가도마쓰는 도시가미사마가 강림하는 **요리시로**의 역할을 한다. '소나무 송松' 자가 '제사 지내다祀る'라는 일본어 단어와 발음이 비슷하다.[1]

대나무 숲

대나무는 땅속줄기로 이어져 있어 수명이 다해도 숲이 황폐해지는 일은 없다. 고대인은 이러한 영원성에서 주력을 발견했다.

지옥 계곡

도야마현 다테야마초에 있는 계곡으로, 화산성 가스가 분출되며 지옥과 같은 광경이 펼쳐진다. **다테야마**의 산 깊숙한 곳에는 지옥과 정토가 있다고 믿었으므로 많은 사람이 수행을 위해 이곳을 찾았다.

마계 魔界

마물이 사는 세계다. 불교에서는 사람을 타락시키는 존재가 사는 장소라 여겼다.

관련어 마경魔境

---

1   일본어로 소나무는 마쓰(まつ), 제사지내다는 마쓰루(まつる)로 읽는다.

주술의 기본 용어

공격의 술식

회복·소생 보조의 술식

특수 능력·결계 예언의 술식

술자·이능력자 이형의 생명체

주구·무기·부적

이계·경계 금기의 영역

서적·이야기

마경 魔境

마물이 사는 세계다. 혹은 좌선 수행 중에 보는 일종의 환각 체험을 가리킨다.

관련어 마귀 혹은 마물의 **경계**, **마계**

이세계로 가는 방법

엘리베이터를 타면 이세계에 갈 수 있다고 한다. 혼자 엘리베이터에 타서 4층 → 2층 → 6층 → 10층 → 5층의 순으로 이동하면 젊은 여자가 탄다. 이때 1층을 누르면 엘리베이터는 1층이 아니라 10층으로 올라가는데, 문이 열리면 이세계로 갈 수 있다는 도시 전설이 있다.

결계·결계술

결계 結界

안과 밖에 **경계**를 만들고 안쪽 영역을 지키기 위해 만드는 **주술**적 방어막을 말한다. 결계를 쳐서 **삿된 것**의 원인인 악한 자를 외부로 내쫓는다. 기본적으로 사방이 확실하게 막혀있어야 하고 조금이라도 외부와 통하는 곳이 있다면 결계를 칠 수 없다.

결계 치기

주법을 행할 때는 먼저 **성역**을 만들기 위한 **결계**를 쳐서 만반의 준비를 갖춘 다음 신을 부르거나 마귀와 대결한다.

결계술 結界術

마물과 악귀를 물리치고 주변을 정리하기 위해 시전하는 **결계** 술식이다. 발동 범위는 술사가 정한다.

성역 聖域

결계의 안쪽이다. 마물 등이 방해하지 못하도록 정화된 신성한 장소다.

이理의 결계

밀교에서 수행자가 자신의 마음속에 있는 악을 제거하고, 마음을 정화하기 위한 **결계술**이다. '차제次第(세로)'와 '가로' 방법이 있다. 홍법 대사 **구카이**가 쓴 《히조키秘藏記》에 나온다.

사事의 결계

성역화된 영역을 만들기 위해 **인**을 맺거나 **진언**을 읊어 도장을 정화하는 **결계술**이다. 홍법 대사 **구카이**가 쓴 《히조키》에 나온다.

관련어 지결, 사방결, 허공결, 금장염

군다리명왕의 오종 결계

지결 · **사방결** · **허공결** · **금강염** · **중결대계**의 다섯 가지 **결계술**을 말한다. 이 **결계**들은 그 효과가 무척 크다. 예를 들어 최강의 주법인 **일자금륜법**을 시전하는 사람이 근처에 있어도 그 효과를 무효화할 수 있는데 본인이 가진 위력은 조금도 떨어지지 않는다.

지결 地結

땅속에 있는 마장魔障[1]을 정화하는 **결계술**이다. 땅에 금강궐金剛橛(네 개의 기둥)을 꽂아 넣고 '옴 키리키리 바자라 바지리 호라 만다만다 움 핫타'라고 **주문**을 외우며 **결계**를 친다. 땅속에서 올라오는 마장을 막고 땅을 정화한다.

관련어 금강궐, 금강화염지계

사방결 四方結

사방에서 들어오는 마장을 저지하는 **결계술**이다. 사방으로 삼고저를 둘러치고 '옴 사라사라 바자라 하라캬라 움 핫타'라고 **주문**을 외우면 사방의 수비가 견고해진다.

관련어 금강장

허공결 虛空結

위에서 내려오는 마장을 물리치는 **결계술**이다. 위를 향해 **삼고저**의 망을 펼치고 **인**을 맺는다. 가슴을 펴고 손바닥을 아래로 향하게 한 다음, 손가락으로 허공에 망을 치는 시늉을 한다. 인은 머리 위에서 맺을 때도 있다. 그리고 '옴 비소호라 다라키샤 바자라한자라 움 핫타'라고 주문을 외운다.

관련어 천망천결, 허공망, 금강망

금강염 金剛炎

지결·사방결·허공결로 아래·사방·위에 **결계**를 쳐도 침입해 오는 마장을 막기 위한 불꽃 **결계술**이다. '금강염'은 '불의 벽'이라는 뜻이다. 이름처럼 활활 타오르는 큰 화염을 일으켜 바깥에 촘촘하게 울타리를 치는 결계술이다. **진언 주문**은 '옴 아산마기니 움 핫타'이다.

관련어 화원, 금강 화원 게인, 화원 밀봉인[2]

중결대계 重結大界

이중으로 **결계**를 치는 **결계술**이다. **지결·사방결·허공결·금강염**과 함께 '**군다리명왕의 오종 결계**'라고도 한다. 진언 **주문**은 '옴 쇼갸레이 마카산마엔 소와카'이다.

관련어 대결계, 대삼매야[3], 대삼매야칙어결계인, 대삼매야진실인 등

칠리 결계 七里結界

밀교에서 약 30km 안으로 사방 **결계**를 쳐 마물이 다가오지 못하게 하는 일이다. 홍법 대사 **구카이**가 **고야산**에 절을 세울 때 이 **결계술**을 사용했다고 한다. 《쇼료슈性靈集》에는 '고노인나이니아리테토 _{此の院内に在りて東}

1 　귀신의 장난이라는 뜻의 불교 용어다.

2 　관련어의 '집 원(院)' 자는 울타리, '지경 계(界)' 자는 안팎을 나누는 경계를 나타낸다.

3 　삼매야는 범어 samaya의 음역이다.

西南北四維上下に所有一切の正

자이난보쿠시이조게니쇼유잇싸이노쇼

法を破壊せん毘那夜迦,　　　　皆悉く

보오하카이센비나야캬, 미나코토고토쿠

我が結界の処七里の外に出

와가켓카이노토코로시치리노소토니이

で去れ

데사레[4]'라고 되어 있다.

삼종 결계 三種結界

밀교에서 수행할 때 치는 세 가지 종류의 **결계**다. 섭승계攝僧界, 섭의계攝衣界, 섭식계攝食界가 있다.

도리이 鳥居

예로부터 전해 내려오는 **신사**의 상징물이다. 신사의 본전이 생기기 전부터 있었는데 **이계**와 속계를 구분하는 **결계** 역할을 했다고 한다. '새가 머무른다'라는 이름은 **아마테라스**가 아마노이와토에 몸을 숨기고 있을 때 바위 앞에 머무르며 나무를 세워두고 새의 울음소리를 내어 아마테라스를 끌어내고자 했기 때문에 지어졌다는 설이 있다. 도리이를 통과할 때는 신이 가운데로 지나가기 때문에 좌우 끝으로 다닌다고 한다.

라조몬 羅城門

헤이조쿄, **헤이안쿄**의 정문이다. 수도의 남쪽 끝에 있다. 수도를 지키는 **결계** 역할을 했는데, 요마가 들어오지 못하도록

해가 저물면 문을 닫았다고 한다.

라조몬의 오니

헤이안 시대에는 **라조몬**에 오니가 산다는 소문이 돌았다. 이 오니는 시를 무척 좋아해 누군가가 라조몬 아래에서 시를 짓고 있으면 답가를 불러줬다고 한다. 무장인 **와타나베노 쓰나**에게 팔이 잘린 **이바라키도지**가 살았다는 전설도 있다.

주작문 朱雀門

헤이조쿄, **헤이안쿄**의 궁궐 남쪽 중앙에 위치한 정문이다. '**주작**'은 **사신 사상**에서 남쪽을 지키는 수호신이다.

금줄

금줄은 일본 신화에서 그 시초를 찾아볼 수 있다. 신들이 아마노이와토에 몸을 숨기고 있던 **아마테라스**를 밖으로 유인한 뒤 후토다마가 '금줄'을 쳐서 아마노이와토를 폐쇄하고는 '이 안으로 돌아갈 수 없습니다'라고 선언했다고 한다. 이처럼 금줄은 속계와 신의 영역을 나누는 **경계**의 표시이자 **결계**로 사용된다. 속계와 신의 영역의 경계에 세우는 **도리이**에 감거나 **마귀 쫓기**를 위해 마을 경계나 언덕에 치거나 의식을 거행할 때 **성역**을 만들기 위해 이용하는 등, 다양한 목적으로 사용되었다.

4　[번] 비나야가야, 이 경내의 사방팔방에 있는 모든 정법을 파괴하지 마라. 내가 결계를 친 칠 리 밖으로 모두 물러가거라.

5　'새 조(鳥)'자와 '살 거(居)'자가 조합된 단어다.

이미다케 忌竹

삿된 것을 막고 정화된 영역을 만들기 위해 공양을 올리는 곳 주위에 둘러 세우는 대나무다. **금줄**과 함께 사용한다.

경계 영역

자신의 영향력이 미치는 곳을 가리킨다. 땅에 줄을 쳐 마을 등의 **경계**선을 나타내는 습관에서 생겨난 말이다.

문지방

가옥에서 출입구나 문, 방을 구분하는 가로목이다. '안'과 '밖'을 구분하는 **결계**의 역할을 한다. **경계**에 해당하므로 사기가 '안'으로 들어오지 못하게 하려면 밟으면 안 된다고 믿었다.

다다미 경계선

문지방과 마찬가지로 집안 **결계** 중 하나다. **경계선** 부근은 불안정하고 사기가 들어오기 쉬우므로 직접 만지는 일은 피해야 했고, 다다미의 경계선을 밟는 일을 금기시했다.

결계석 結界石

결계를 나타내는 돌이다.

천인석 千引石

일본 신화에서 **이자나기**가 황천국에서 도망칠 때 입구를 막은 거대한 바위다.

비석의 기원이라고 한다.

여인 결계

여성의 입산을 금지하기 위한 **결계**다. 과거 영산에서는 이성이 같은 장소에서 수행하는 것을 금지하며 결계를 쳤다고 한다. 이 결계에 발을 들인 여인이 돌로 변해버렸다는 **무녀돌**의 전승도 있다.

헤이조쿄의 오망성

나라 시대의 수도인 헤이조쿄는 거대한 **오망성**의 **결계**가 지키고 있다는 소문이 있다. 영적인 힘이 있다고 여겨지는 미에현의 이세신궁, 와카야마현의 구마노 본궁 대사, 효고현의 이자나기 신궁, 교토부의 모토이세 외궁 풍수 대신사, 사가현과 기후현 사이에 있는 이부키산을 연결하면 헤이조쿄를 중심으로 거대한 오망성이 그려진다고 한다.

헤이안쿄 平安京

수도라는 이름에 걸맞게 **풍수**의 **사신 사상**을 바탕으로 세운 **주술**적 도시다. 풍수지리를 따져 지금의 교토에 해당하는 지역을 수도로 골랐다. 나아가 간무 덴노는 일본 고유의 방위 금기인 **귀문**의 피해를 막기 위해 동북 방향에 절을 세워 수비를 강화했다.

에도 江戸

에도 또한 **헤이안쿄**와 마찬가지로 마물의 침입을 막기 위해 계획적으로 만들어진 **결계** 도시다. 천태종 승려인 **덴카이**가 에도의 수도 계획을 추진했다. 덴카이는 풍수의 **사신 사상**에 따라 건물을 배치하고 **귀문**과 **뒷귀문**에 절과 신사를 세워 수비를 군건히 하는 등, 철저하게 귀문을 봉쇄했다.

에도 오색 부동

에도의 동서남북과 중앙에 해당하는 다섯 곳에 있는 오색의 부동 존상이다. **음양오행**설에 따라 각각의 방위에서 메구로·메지로·메아카·메아오·메키의 다섯 색의 부동 존상을 모셔 에도의 **결계**를 한층 더 강화했다.

×인 그리기

사거리를 연상시키는 ×인은 마물 봉인 **결계**라는 의미와 **마귀 쫓기**의 의미가 있다. 예전에는 죽은 이의 몸, 관 등에 × 표시를 해 죽은 이가 돌아오는 일을 금하는 **주술**을 행했다고 한다.

금기의 영역·저주받은 영역

금족지 禁足地

출입이 금지된 곳이다. 이곳에 들어가게 되면 **행방불명**이 되거나 저주를 받거나 불행한 일이 일어나기 때문에 지역 사람들이 두려워했다. 과거에는 역병이나 재해, 사고 때문에 땅 그 자체가 부정하다고 보는 일도 많았다.

관련어 '한 번 들어가면 나갈 수 없다', '다이라노 마사카도의 목 무덤' 등

기지 忌地

금족지를 가리킨다.

행방불명

아이들이 갑자기 사라지는 일이다. **산악신앙**에서 유래한 것으로 산신이나 산에 사는 요괴 및 **덴구**가 아이들을 데려간다고 믿었다. 덴구에게 납치되었다가 돌아온 **덴구 소승 도라키치** 등이 있다.

나가오카쿄 長岡京

저주받은 수도다. 헤이조쿄에서 나가오카쿄로 천도할 때 간무 덴노의 남동생인 **사오라 친왕**의 **원령**이 저주를 내렸다. 그로 인해 수도에서는 역병이 대유행했고, 간무 덴노의 친족이 차례로 목숨을 잃는 등 흉사가 잇달았다. 사와라 친왕의 재앙을 두려워한 간무 덴노는 나가오카쿄로 천도한 지 불과 10년 만에 **헤이안쿄**로 돌아갔다.

기나사 鬼無里

나가노현 북부에 있는 마을로, 원래 이름은 미나세였다. 어느 날 자고 일어났더니 **오니**가 마을 근처에 이치야산을 만들어 살고 있었다. 하지만 이내 오니를 쫓아냈기에 '오니가 없는 마을'이라는 뜻의 '기나사'라고 불리게 되었다. **도가쿠시산**에 사는 귀녀 **모미지**를 쓰러뜨린 뒤에 이러한 이름이 붙여졌다는 설도 있다.

기노조 鬼ノ城

기비국(지금의 오카야마현)에서 행패를 부리던 **오니**인 **우라**가 살던 곳이다. 우라는 기노조산의 정상에 철로 된 성을 세우고 금은보화와 식량을 쌓아두고 살았는데 훗날 **기비쓰히코노 미코토**라는 무장의 손에 쓰러지게 된다. 우리와 기비쓰히코노 미코토의 싸움은 전래동화인 《모모타로》의 모델이 되었다고 한다. 기노조가 있었던 곳은 세토내해의 메기섬이었다는 설도 있다.

닷코쿠 동굴

헤이안 시대의 **오니**인 **아쿠로오**가 근거지로 삼았던 동굴로 이와테현 남쪽에 있다. 여기서 무장인 **사카노우에노 다무라마로**와 싸웠다.

다이라노 마사카도의 목 무덤

도쿄도 지요다구 오테마치에 있는 목 무덤이다. 교토에서 효수된 **다이라노 마사카도**의 목이 부패하기는커녕 말을 하고 버려진 몸을 찾아 도쿄까지 날아왔다고 한다. 에도 시대에는 목 무덤 주위에 역병이 유행했는데, 마사카도의 재앙이라며 두려워해 혼령을 정성스레 공양을 바치자 역병이 사라졌다고 한다. 이후, 이 목 무덤을 이전하려고 하면 다치거나 급사하는 사람이 속출했으므로 지금도 마사카도의 **원령**이 깃들어 있다는 소문이 있다.

오키섬 沖ノ島

규슈의 현해탄에 있는 무인도다. 섬 전체가 신의 영역으로 여겨져 신관만이 섬에 들어갈 수 있다. '섬에서 한 그루의 나무도, 한 포기의 풀도, 하나의 돌도 가지고 나갈 수 없다', '섬에서 보고 들은 것을 외부에 발설해서는 안 된다(불언)' 등의 금기 사항이 있다.

한 번 들어가면 나갈 수 없다

지바현 이치카와시에 있는 **금족지**다. 이 숲에 발을 들이면 두 번 다시 밖으로 나갈 수 없다고 한다. 일설에 따르면, 이곳에서 **다이라노 마사카도**를 쓰러뜨리기 위한 '팔진법八陣法' **주술**을 펼쳤기 때문에 금족지가 되었다고 한다.

심령스폿

자살 명소로 알려졌거나 불행한 사건 사고가 일어나는 등 죽은 사람의 원념이 소용돌이치는 부정한 장소다. 도시 전설 등으로 소문이 퍼지는 경우가 많다. 위험이 도사리고 있으므로 함부로 들어가면 안 된다.

아오키가하라 삼림 青木ヶ原樹海

가장 유명한 **심령스폿** 중 한 곳이다. 후지산 기슭에 사리 집은 비디처럼 깊고 거대한 숲이다. 나무들이 우거진 탓에 낮에도 어둑어둑하고 전화도 터지지 않는다고 한다. '자살 명소'로 알려져 있으며 빨간 드레스를 입은 여성의 영혼, 칼을 든 소년의 영혼, 모습이 보이지 않는 아기의 목소리, 독경을 읊는 목소리와 여성의 새된 웃음소리 등 괴기 현상을 체험했다는 이야기가 다수 남아있다.

주카이 마을 樹海村

도시 전설로 전해지는 소문의 **심령스폿**이다. **아오키가하라 삼림** 어딘가에 있다고 하는데 그곳에 산 사람이 사는지 죽은 사람이 사는지는 알 수 없다고 한다.

스기사와 마을 杉沢村

도시 전설로 전해지는 소문의 **심령스폿**으로 옛날, 아오모리현에 있었다고 전해지는 마을이다. 길 가운데에 '이 앞을 지나려는 자, 목숨은 보장할 수 없다'라고 적힌 간판이 세워져 있고 마을 입구에는 오래된 도리이와 해골과 비슷한 돌이 놓여있다고 한다. 옛날에 한 남자가 마을 주민을 모두 살해하자 정부가 사건을 은폐하기 위해 스기사와 마을을 지도에서 지워버렸다는 소문이 있다.

이누나키 고개 犬鳴峠

후쿠오카현의 옛 이누나키 터널에 있는 고개다. 이 부근은 규슈에서도 손꼽히는 **심령스폿** 중 하나다. 사건 사고가 많이 발생하기도 하며, 도깨비불, 나무에 매달린 하반신이 없는 괴물 등을 봤다는 사람도 있다.

팔묘촌 八墓村

요코미조 세이시의 추리 소설인 《팔묘촌》에 등장하는 가공의 마을이다. 이 작품은 여러 번 영상화되었으며 "재앙이다."라는 대사가 유행할 정도였다. 실제로 일어난 '쓰야마 사건(쓰야마 30인 살인 사건)'이 모티프라고 한다.

오자가 호수 雄蛇ヶ池

지바현의 **심령스폿**이다. 에도 시대 초기에 만들어진 용수로인데, 호수를 일곱 번 돌면 오자御蛇[1]가 모습을 드러낸다고 한

---

1   뱀 요괴 정도로 번역할 수 있다.

다. 과거 이 호수에 길쌈하던 여인이 몸을 던졌다고 하며 지금도 비가 오는 날에는 여인의 혼령이 베를 짜는 소리가 들려온다고 한다.

시라타카오카미 白高大神
나라현의 **심령스폿**으로 알려진 폐**신사**다. 원래는 **흰여우** 신을 강림시켰다는 나카이 시게노가 창시한 다마히메 교회의 수행 장소였다. 한 소녀가 신사 안쪽에 있는 수행 장소인 동굴에 들어갔다가 혼령에 빙의되었다는 체험담도 있다.

폐허
파괴되거나 사람의 발길이 끊겨 방치되어 황폐해진 건물이나 마을을 가리킨다. **심령스폿**이 되기도 한다.

도진보 東尋坊
일본의 천연기념물로 지정된 후쿠이현의 명승지다. 가파른 절벽에서 몸을 던진 도진보의 원념 때문에 파도가 거세져 제사를 지내게 되었다. 이후, 이 절벽을 도진보라 불리게 되었다.

귀자 언덕 鬼子岳
과거 이 땅을 다스렸던 하타 씨의 재앙이 내려졌다는 소문이 도는 산이다. 사가현 가라쓰시 기타하타에 있는데, 지금은 기시岸金 언덕[1]이라고 부른다. 산에 남겨진 무덤이나 비석 등을 만지면 몸이 아프거나 다친다고 한다. 어떤 사람이 실수로 비석을 부쉈는데 이후 사고로 목숨을 잃었다고 한다.

살생석 殺生石
도치기현 나스 온천 근처에 있는 커다란 바위다. **구미호**가 변한 것이라고 하는데, 주위로 독기를 뿜어내어 동물과 사람의 목숨을 빼앗았다고 한다. 훗날, 조동종의 승려인 **겐노**가 살생석을 부수자 귀신들이 사라졌다고 하며, 지금은 관광지로 유명하다. 2022년 3월, 이 살생석이 갑자기 두 개로 쪼개졌는데, '**요호**가 부활했다'라며 화제를 불러일으켰다.

귀석 鬼石
야마구치현 시모노세키시 이미노야미 신사 경내에 있는 봉인석이다. 일본을 침공한 이국의 오니 진륜塵輪의 목이 묻혀 있는 장소라고 하며, 재앙을 막기 위해 귀석 주변에 **결계**를 쳤다.

무녀돌 巫女石
과거에는 여성이었다고 여겨지는 돌이다. 도치기현 닛코시의 난타이산은 여성의 출입이 금지된 산이지만, 호기심을

---

1   표제어와 한자는 다르지만, 일본어 발음이 같다.

참지 못한 한 여인이 어린 소년의 모습으로 분장해 산에 발을 들였다. 그 순간 여인 **결계**가 발동해 돌로 변해버렸다고 한다.

기하치 무덤 鬼八塚

과거 미야자키현 다카치호 지방에서 날뛰던 **귀신**인 기하치鬼八의 손발과 몸통이 묻혀있는 무덤이다. 기하치의 강렬한 재앙이 진정되지 않아 처녀를 **산 제물**로 바치는 의식이 기행되었다.

기도의 삼나무

교토시 히가시야마구의 지슈 신사 경내에 있는 신목이다. **축시의 참배** 때 박은 **대못** 자국이 무수히 많이 남아있다.

사고 건물

고독사나 자살, 살인 등으로 세상을 떠난 사람이 살던 건물이다. 죽은 사람의 사념이나 미련은 자신이 죽은 곳에 남아있을 때도 있다. 그래서 사람이 죽은 뒤 액막이 의식을 하지 않으면 그곳에 새로 살게 된 사람은 잠을 자도 계속 피곤하거나 사람의 기척이 느껴지거나 이상한 소리가 들리는 등의 심령 현상을 겪을 수 있다. 노화 등으로 인한 자연사는 사고 건물에 포함되지 않는다.

주술스폿

이치조모도리바시 一条戻橋

교토에 있는 이치조모도리바시는 이승과 저승의 경계라고 여겨졌다. 불가사의한 에피소드가 많은 장소(**조조**, **이바라키 도지**)로, **아베노 세이메이**가 식신인 **십이천장**을 숨기기도 했다. 세이메이의 집에는 항상 모습이 보이지 않는 식신이 방문을 열거나 말을 했다. 세이메이의 아내가 이를 무서워했으므로 이치조모도리바시의 밑에 숨겼다고 한다.

쓰쿠모바시 九十九橋

음력 4월 24일에 축시의 참배를 거행하면 센고쿠 시대의 무장인 시바타 가쓰이에의 목이 없는 무사 행렬이 나타나는 **다리**다. 이 무사 행렬을 본 사람은 반드시 죽는다고 한다. 만에 하나 행렬을 목격했어도 '나는 시바타 가쓰이에의 가신이다'라고 밝히면 무사하다고 한다. 후쿠이현의 아스와강 하류 부근에 있다.

절연의 팽나무

도쿄도 이타바시구 혼초에 있는 커다란 팽나무로, **주력**을 지니고 있다는 소문이 있다. 남녀가 등을 맞대고 있는 **에마**를 바치고 기도하면 연을 끊을 수 있다고 한다. 또, 나무껍질을 벗긴 뒤 잘게 잘라 상대방에게 몰래 먹이면 연을 끊는 효과가 있다고 한다. 팽나무가 '인연의 나무'와 발음이 비슷하기 때문에[1] '인연이 다하다=연을 끊다'라고 여겨 절연의 힘을 숨기고 있다고 믿었다.

절연의 뒷간

오사카 지묘인의 본당 근처에 있는 화장실에 들어가 연이 끊어지기를 소원하면 이뤄진다고 한다. 라쿠토의 기요미즈데라 본당과 오쿠노인奥之院[2] 사이에는 화장실이 나란히 세워져 있는데, 한쪽은 **절연**의 효과가 있고 다른 한쪽은 **인연을 맺는** 효과가 있다고 전해진다.

스가타미즈바시 姿見ず橋

도쿄도 신주쿠구의 요도바시는 '스가타미즈바시'라고도 불린다. 불길한 **다리**라고 여겨져 좋은 인연을 끊는 **주력**이 있으므로 혼례식 날 신부는 이 다리를 절대로 건너지 않았다고 한다.

긴타이교의 산 제물

야마구치현 이와쿠니시의 니시카강에 있는 **다리**다. 옛날, 다리를 놓을 때 한 자매를 물의 신에게 **인신 공양**했다. 공사가 끝나고 나니 다리 밑에서 사람의 모습과

비슷한 '돌 인형'이 발견되었다고 한다.

중궁전의 우물

궁중에 있는 미래를 볼 수 있는 신비한 우물이다. 어느 날, 구조 다이쇼코쿠[3]가 이 우물을 들여다보니 다이진의 관복을 입은 자신의 모습이 우물물에 비쳤다고 하는데, 훗날 구조 다이쇼코쿠는 정말로 다이진의 자리에 올랐다. 《고콘초몬주》에 나오는 일화다.

일도석 一刀石

나라현 나라시 야규초에 있는 큰 바위다. 칼로 내리친 것처럼 정확하게 두 쪽으로 갈라져 있다. 이와 관련해 다음과 같은 전설이 전해진다. 검술의 달인인 야규 세키슈사이가 **덴구**와 싸우다 덴구를 단칼에 베어버렸다. 하지만 야규 세키슈사이의 눈앞에는 두 개로 쪼개진 거대한 돌이 남아있었다고 한다. 이 일화를 바탕으로 '일도석一刀石'이라 부르게 되었다.

고분 古墳

고분의 내부에는 불가사의한 기하학적 무늬들이 그려져 있다. 고대 사람들은 문자가 아닌 추상적인 문양으로 눈에 보이지 않는 신령과 소통해 큰 **주력**을 얻으

1 일본어로 팽나무는 에노키(えのき), 인연의 다리는 엔노키(えんのき)라고 발음한다.
2 본당 안쪽에 있어 본존, 영상을 모신 사당 건물이다.
3 후지와라노 고레미치를 가리키는 말이다. 구조의 저택에 살기 때문에 구조 다이쇼코쿠라고도 불렀다고 한다.

려고 했을지도 모른다.

암굴
산에 있는 동굴이다. **슈겐자**가 생활하며 수행하는 곳이기도 하다(**이와야고모리**).

이와쿠라 磐座
산에 있는 거대한 돌 유적이다. 고대에는 암석에 신이 깃든다고 여겨 신이 하늘에서 강림하는 장소라 믿었다. 긴부산의 **유슈쓰암**, 가미쿠리산의 고도비키암, 유도산의 이와쿠라 등이 있다.

음양료 陰陽寮
나라 시대에 설치된 중무성 소속의 기관이다. **음양사**와 더불어 음양 박사, **역박사**, 천문박사 등이 소속되어 있는데 주로 길흉을 점치거나 천문을 관측하거나 달력을 만들거나 시각을 측정했다.

구로우도도코로 어점 藏人所御占
덴노를 모시는 **음양사**인 '구로우도도코로 음양사'가 점을 치던 장소다. 덴노가 사는 궁궐에서 일어나는 기이한 일에 대해 점을 쳤다.

헌랑어복 軒廊御卜
음양사가 점을 치던 곳이다. 궁궐의 자신전 동쪽에 있는 헌랑軒廊을 가리킨다. 여기서 전국적으로 발생하는 재해, 신사와

절에서 일어난 괴이한 일의 원인을 규명하기 위해 점을 쳤다.

기후네 신사 貴船神社
교토 기후네산에 있는 **신사**다. **축시의 참배**가 거행되는 곳으로 유명하다. 원래 기후네 신사는 물의 신인 다카오카미노카미를 모시고 있어 비와 관련된 '축시의 참배丑の刻詣[4]'를 거행했다. 훗날, 이 축시의 참배를 올려 귀녀가 된 **우지의 하시히메** 진설과 합쳐지면서 그 내용이 변질되었다고 한다.

이쿠레이 신사 育霊神社
오카야마현의 **축시의 참배** 장소다. 무로마치 시대에 죽은 딸과 고양이를 추도하는 사당에 기도를 올린 아버지가 적을 주살했다는 전설이 전해진다. 이 때문에 **저주**가 성취되는 장소로 알려져 있다.

레이 라인 Ley Line
암석이나 고대 유적, 산과 절, 신사 등의 성지가 일직선상에 있는 것을 가리키는 말로, 영국인 고고학자가 제창한 개념이다. **풍수의 용맥**처럼 대지가 지닌 **영적인 힘이 지나가는 곳**을 연결한다. 일본 열도에는 홋카이도에서 **후지산**까지의 산맥을 잇는 '후지산 레이 라인'과 조몬 유적

---

4 저주하는 '축시의 참배'와는 한자가 다르다.

을 잇는 '조몬 레이 라인' 등이 있다.

파워스폿

영적인 힘이 충만해 심신을 치유하는 효과가 있다고 하는 장소다. **신사**의 불각과 같이 신불의 은혜를 입을 수 있는 곳을 가리키기도 한다.

저주받은 날·시간

땅거미 질 때

① 주위가 어두워지는 황혼의 시간대다. 세속과 **이계**가 뒤섞이는 경계의 시간을 가리킨다. 예로부터 마물은 어둠 속에서 찾아온다고 했다. 그래서 해가 지고 어둠이 찾아오는 무렵을 마물과 인간이 조우하는 때로 여겼다.

관련어 해 질 녘, 황혼, 해 질 무렵

② 도깨비가 태어나는 시간의 **경계**선이다.

해 질 무렵

사람을 보고 누구인지 알아볼 수 없게 되는 저녁 무렵을 가리킨다. 해가 져 어둑어둑해지는 시간대를 가리킨다.

관련어 땅거미 질 때

악마의 시간

새벽 2시부터 2시 반쯤을 가리킨다. 유령이나 마물이 출현하는 시간으로 여겨진다. 기분 나쁠 정도로 조용한 한밤중을 가리켜 '초목도 잠드는 악마의 시간'이라 표현한다.

오정시 五挺時

음양오행설을 바탕으로 날에 따라 피해야 할 시간대가 있다고 믿는 **음양도**의 개념이다.

액년 厄年

재난이 많이 생기는 나이다. 일반적으로는 세는 나이로 여성은 열아홉, 서른셋, 예순하나이며, 남성은 스물다섯, 마흔둘, 예순하나다. 이 나이는 지역에 따라 다르다. 소지품을 일부러 떨어뜨리면 액땜을 할 수 있다고 한다. 신사의 불각에서는 액막이 행사가 거행된다.

액일 厄日

좋지 않은 일이 일어날 수 있는 날이다. **음양도**의 **점술**에서 해당하는 개념으로 재난을 만나니 만사를 조심해야 하는 날을 가리킨다.

관련어 운이 나쁜 날, 흉일

기일 忌日

다른 날과는 달리 불길한 기운이 들어있으니 조심해야 하는 날이다.

관련어 운수 나쁜 날

혈기일 血忌日
새나 짐승을 죽이는 등의 피와 관련된 일을 피하면 좋은 날이다.

수사일 受死日
최악의 대흉일이다. 길을 잘못 들어 넘어지거나 병으로 사망하는 날 등이라고 한다.

멸문일 滅門日
역주曆注[1] 중 히니다. 빈궁, 기근, 장애의 신이나 탐욕, 진에, 푸념의 세 가지 독이 나오는 날로 기일忌日이라 여긴다. 이날과 더불어 낭자일狼藉日, 대화일大禍日을 더해 '운이 나쁜 삼일'이라고 부른다.

일절불성취일 一切不成就日
무슨 일을 해도 이뤄지지 않는 운이 나쁜 날이다. 만일 이날에 무언가를 하면 여섯 시간 이내에 재액이 찾아온다고 여겼다.

팔룡일 八龍日
봄의 운이 나쁜 날이다. 갑자일甲子日과 을해일乙亥日을 가리킨다. 팔룡이란 동쪽에 있는 용의 나라를 가리키는데, 팔난八難[2]이 든 날로 여겼다.

칠조일 七鳥日
여름의 운이 나쁜 날이다. 병자일丙子日과 정해일丁亥日을 가리킨다. 칠조는 남쪽에 있는 새의 나라를 가리키며 칠양七陽이 든 날로 여겼다.

구호일 九虎日
가을의 운이 나쁜 날이다. 경자일庚子日과 신해일辛亥日을 가리킨다. 구호란 서쪽에 있는 호랑이의 나라를 가리키며 구액九厄이 든 날로 여겼다.

육사일 六蛇日
겨울의 운이 나쁜 날이다. 임자일壬子日과 계해일癸亥日을 가리킨다. 육사란 북쪽에 있는 뱀의 나라를 가리키며 육해六害가 든 날로 여겼다.

십사일생일 十死一生日
혼례나 장례식을 기피하는 날로 여겼다.
관련어 천살일天殺日, 대살일大殺日

공망 空亡
일반적으로 **간지**의 조합을 바탕으로 운이 나쁜 날로 여긴다. 육십간지의 법칙에 따라 **십간**과 **십이지**를 조합하면 열흘마다 십이지가 두 개 남는다. 십간과 조합할 상대가 없는 십이지(술戌과 해亥, 갑甲과 유酉, 우牛와 미未, 진辰과 사巳, 인寅과 묘卯, 자子와 축丑)를 공망이라 부

---

1 달력에 기재된 일시, 방위 등에 따른 길흉, 그날의 운세 등을 가리키는 말이다.
2 배고픔, 목마름, 추위, 더위, 물, 불, 칼, 병란의 여덟 가지 괴로움 혹은 어려움을 말한다.

른다. 조합할 간(하늘의 기운)이 없는 지(땅의 기운)이므로 '허무하게 사라진다'라는 의미다.

천중살 天中殺

공망을 가리킨다.

저주받은 방위·방향

귀문 鬼門

예로부터 일본에서 금기시하는 동북(간艮, 축인丑寅) 방향을 가리킨다. **오니**가 출입하는 방위라 여겼으며, 병이나 재앙이 찾아온다고 생각했다. 헤이안 시대에는 궁궐로부터 동북 방향에 있는 **히에이산**에 엔랴쿠지를 세워 귀문으로부터 수도를 지켰다.

뒷귀문 裏鬼門

귀문과 반대 방향인 남서(곤坤, 미신未申) 방향을 가리킨다. 귀문과 함께 불길한 방위로 여겼다.

귀문 정화하기

재액과 병은 **귀문**을 통해 들어온다고 생각했으므로, 집의 귀문 방향을 깨끗하게 하면 재앙과 병마의 침입을 막을 수 있다고 한다.

귀문의 모퉁이 없애기

귀문 봉인 중 하나로, 동북 방향의 건물 모퉁이를 안쪽으로 들어가게 하면 **귀문**이 사라진다고 믿었다. 귀신이 지나다니는 길인 귀문은 피해야 할 방향이므로 다양한 귀문 봉인이 이루어졌다. 교토의 궁궐에 있는 '사루가쓰지'의 모퉁이가 없는 것도 귀문을 막기 위해서다.

간 艮

귀문이라 여기는 동북 방향을 말한다. 축과 인의 중간에 있는 방향이다.

관련어 축인

사문 死門

저승으로 들어갈 때 통과하는 관문이다. 이 문을 지나가면 죽는다.

혜방 惠方

그 해에 운수가 좋은 방향을 가리킨다. **방위신** 중 하나이자 복의 신인 **세덕신**이 있는 방향이라고 한다. **입춘** 때 혜방 쪽을 보면서 먹는 후토마키를 가리켜 에호마키라고 한다.

관련어 길방吉方, 형방兄方, 득방得方

금신칠살 金神七殺

가장 무서운 **방위신**인 **금신**이 있는 방향을 침범하면 그 사람뿐 아니라 일곱 명의 친족도 살해될 정도의 **재앙**이 내려진다.

주술의 기본 용어

공격의 술식

회복·소멸·보조의 술식

특수 능력·예지 예언의 술식

운사·이능력자 이능의 생명체

주구·무기·부적

이계·경계 마기의 용어

서적·이야기

구마우지 熊王神·九魔王神

음양도에서 여행을 떠날 때 좋지 않다고 여겨지는 운수가 나쁜 방향을 가리킨다.

얼난 孽難

땅에 나타나는 괴이한 현상을 가리킨다. **요·얼·화·아·생·상**의 여섯 종류가 있으며, 이러한 현상이 일어나는 방향에는 하늘에서 재앙과 요괴가 내려온다. 상祥에 가까울수록 괴이함의 정도가 강해진다.

요 妖

식물에 나타나는 괴이한 현상이다. 땅에 나타나는 괴이한 현상 중, 그 강도가 가장 약한 초기 증상이다.

얼 孽

동물에 나타나는 괴이한 현상을 말한다.

화 禍

동물 중에서도 육축[1]에 나타나는 이상한 현상을 말한다.

아 痾

사람에게 나타나는 병을 가리킨다.

생 眚

기의 균형이 무너진 괴이한 것들이 나타나는 현상을 말한다.

상 祥

괴이한 것들이 외부에서 침입하는 것을 가리킨다.

성역·이상향

도원향 桃源鄉

중국에 전해지는 이상향이다. 탐스러운 **복숭아** 숲과 동굴을 빠져나오면 나타나는 지상 낙원이다. 아름다운 자연 풍경 속에서 평화롭게 살 수 있다고 한다. 지금은 '이상향, 유토피아'를 의미하는 용어가 되었다.

삼신산 三神山

중국의 동쪽 바다 저 너머에 있는 전설의 신산이다. **봉래산**, 방장산, 영주산을 가리킨다. **신선**이 사는 낙원이라고 한다.

봉래산 蓬萊山

삼신산 중에서도 가장 유명한 산이다. 중국 동쪽 바다에 있는 불로불사의 **신선**들이 사는 낙원이다.

용궁 龍宮

중국에 전해 내려오는 바닷속 깊은 곳에 있는 **성역**이다. **신선**이 사는 이상향이다.

---

1   집에서 기르는 대표적인 여섯 가지 가축인 소, 말, 양, 돼지, 개, 닭을 말한다.

일본에 전해지는 우라시마 다로 전설에 도 영향을 줬다.

달 月
요사스러운 빛을 발하는 달은 인간의 이 상향인 **이계**로 그려진다. 《다케토리모노 가타리》에 등장하는 가구야 히메의 고향 이며, 달의 수도에 사는 사람들은 죽음이 라는 **삿된 것**으로부터 해방되어 영원한 삶을 약속받았다고 한다.

천계 天界
신이 사는 천상 세계를 말한다.

신좌 神座
신령을 부르거나 신체를 안치하는 곳이 다. '**가구라**'의 어원이 되었다.

도코요국 常世國
바다 저편에 있는 불로불사의 **신선**향이다.

다카마가하라 高天原
신들이 사는 천상 세계로, 일본 신화의 주신인 **아마테라스**가 통치하고 있다.

극락정토 極樂淨土
불교에서 저 멀리 서쪽 어딘가에 있다고 믿는 아미타여래가 사는 이상향이다. 땅 은 온통 금으로 되어 있고 보석으로 번 쩍이는 집이 있으며 아름다운 새소리가 들리는 곳으로, 모든 고통이 사라진 세계 라고 한다.

보타락 補陀落
인도의 남쪽 바닷가에 있는 산이다. 관음 보살이 사는 정토로, 눈부시게 빛이 나며 향기를 내뿜는 나무들이 자란다고 한다. 일본에서는 저 멀리 남쪽 바다 어딘가에 있는 보타락을 향해 배로 여행하는 **사신** 행을 가리켜 **보타락 도해**라고 한다.

니라이카나이 ニライカナイ
류큐 왕국의 창세 신인 아마미키요와 남 성 신인 시네리키요가 살고 있는 신의 나라다. 바다 저편에 있는 이상향으로, 이곳에서 벼의 종자가 건너왔다고 여긴 다.

이시키 해변
오키나와에서 '신의 섬'이라 불리는 **성역** 구다카지마섬에 있는 해변이다. 바다 저 편에 있는 이상향인 **니라이카나이**에서 항아리가 떠내려왔는데, 그 안에 오곡의 씨앗이 담겨있었다는 전설이 있다.

우타키 御嶽
류큐 왕국의 창세 신인 아마미키요가 만 든 곳으로, 신이 사는 **성역**이다. 그중, 일 곱 장소를 가리켜 '류큐가 만들어진 일 곱 우타키'라고 한다.

신역 神域

신사의 경내 등, 신이 내려온다고 여겨지는 땅을 가리킨다.

신사 神社

신이 강림하는 신성한 장소다. 신령은 산과 바위, 나무를 **요리시로**로 삼아 강림한다고 믿었다. 그 요리시로를 신으로 모시는 것이 신사의 시초였는데, 이윽고 신역을 구분하는 **결계**인 **도리이**와 야시로가 세워졌다. 야시로는 신이 임시로 거주하는 곳이라는 뜻이었다.

비쭈기나무

일본 신화에서 **아마테라스**의 **요리시로**로 바쳐진 신령이 깃드는 나무다. '경계의 나무[1]'가 그 어원이다.

신체 神體

신이 강림하는 물체를 말한다. 산, 바위, 물 등 만물에 깃들 수 있다. 신이 강림하는 나무는 히모로기[2]라고 부른다.

이쓰쿠시마섬 厳島

히로시마현에 있는 신의 섬이다. '이쓰쿠'는 '목욕재계해서 신을 받든다'라는

뜻으로[3], 신을 섬기며 **삿된 것**을 정화한다는 의미에서 이러한 이름이 붙여졌다고 한다. 이곳은 섬 전체가 신을 모시는 **성역**에 해당한다. 과거에는 사람이 거주할 수 없었기에 당연히 무덤도 없었고, 지금도 섬 주민이 숨을 거두면 섬 맞은편에 있는 본토에 묻힌다.

관련어 미야지마

풍수술

바람과 물 읽기

풍수의 고전인 《소쇼葬書》에는 '생기는 바람을 타고 흩어지며 물을 거스르면 멈춘다. 그렇기에 이 술법을 바람과 물, 즉 풍수라고 한다'라고 적혀 있다. 그래서 바람과 물을 읽는 것이 풍수의 진정한 뜻이라고 한다.

입체 주술 立體呪術

풍수처럼 공간적으로 확산하는 **주술**을 가리킨다.

용맥 龍脈

대지의 **경락(기**의 흐름)을 가리킨다. **풍수**에서는 산에서 들판을 향해 파도치듯 흘러가는 엄청난 대지의 기운을 '용'이

---

1 사카이노키(さかいのき)라고 발음한다. 비쭈기나무는 일본어로 사카키(さかき)라고 한다.
2 히(ひ)는 '혼령', 아모르(アモル)는 '하늘이 내려오다', 기(キ)는 '나무'를 뜻한다.
3 이 단어는 이쓰쿠(斎く)라고 표기한다.

라는 성수聖獸로 표현한다.

용혈 龍穴

대지의 **기**가 분출하는 곳이다. 특히, 산맥과 들판이 만나는 곳에서는 용이 움직임을 멈추고 기를 토해낸다고 한다. 용혈에서 나오는 기운은 좋은 것도 있고 나쁜 것도 있다.

관련어 생기의 샘

점혈 點穴

용혈을 확인하는 일이다.

관련어 점혈법

기혈 忌穴

생기가 없는 메마르고 흉악한 **용혈**을 가리킨다.

용 탐사

대지의 기의 흐름인 **용맥**을 찾기 위해 바람과 물을 읽어 좋은 **용혈**을 발견하는 일이다.

멱룡법 覓龍法

풍수술 중 하나다. '멱룡'이란, '용을 찾는다'라는 의미다.

관련어 간룡법看龍法

사룡 死龍

대지의 **기**가 부족하고 나쁜 **용맥**을 가리

킨다. 반대로 생기가 넘치는 상태는 '활룡活龍'이라고 한다.

내룡 來龍

용(대지의 **기**)이 대지의 기운이 분출되는 지점으로 향한다는 의미다. 높은 산에서 이어지는 완만한 능선을 가리킨다.

사신 사상

풍수에서 이상적인 왕도를 건설하기 위한 조건이다. 각 방위에는 그곳을 수호하는 영수가 좋아할 법한 것이 배치한다. 동서남북을 각각 **청룡, 백호, 주작, 현무**가 수호하고 있다. **헤이안쿄**와 헤이조쿄 등은 북, 동, 서의 세 방향이 산으로 둘러싸여 있고 남쪽이 열려있는 등 사신 사상을 기반으로 수도를 건설했다.

청룡 靑龍

사신 사상에서 동쪽을 담당하는 수호신이다. 푸른 용의 모습을 하고 있으며 강(흐르는 물)을 좋아한다.

주작 朱雀

사신 사상에서 남쪽을 담당하는 수호신이다. 봉황과 같은 새의 모습을 하고 있으며 호수와 늪을 좋아한다.

백호 白虎

사신 사상에서 서쪽을 담당하는 수호신

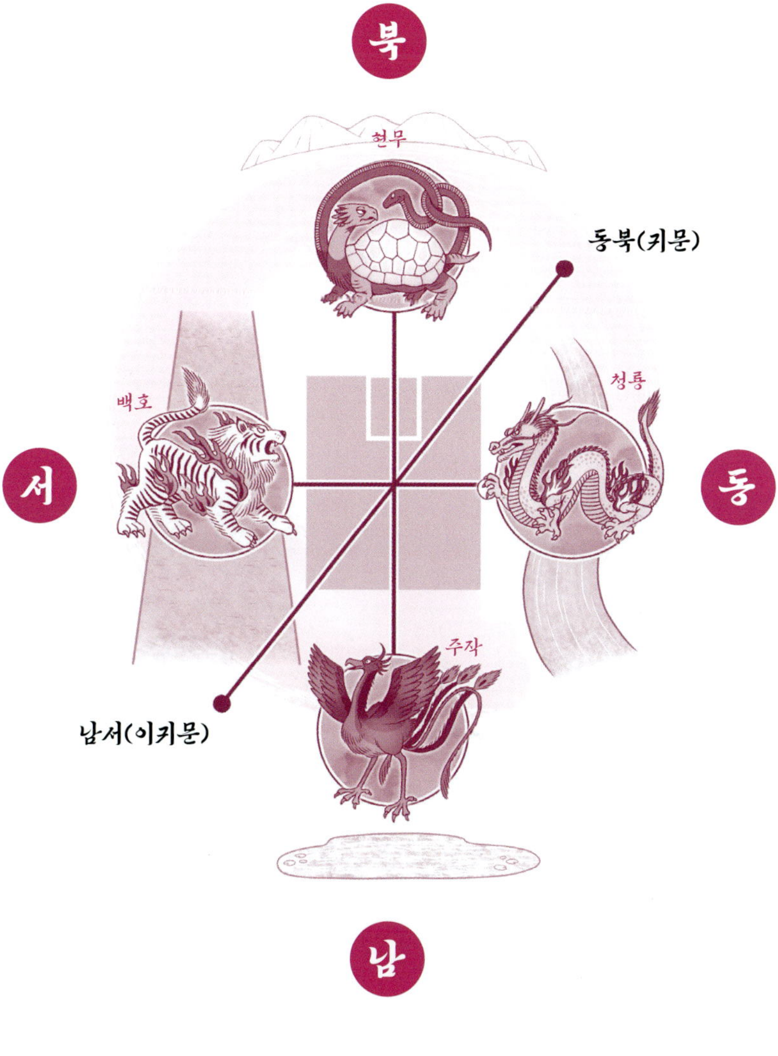
북
현무
동북(귀문)
백호
서
청룡
동
주작
남서(이귀문)
남

이다. 하얀 호랑이의 모습을 하고 있으며 큰길을 좋아한다.

현무 玄武

사신 사상에서 북쪽을 담당하는 수호신이다. 거북이와 뱀이 서로 얽혀 있는 모습을 하고 있다. 높은 산을 좋아하는데 물의 신이기도 하다.

사신사 四神砂

사방에 '모래(**용혈**을 둘러싼 산)'가 있는 곳을 가리킨다. 동쪽은 **청룡**, 서쪽은 **백호**, 남쪽은 **주작**, 북쪽은 **현무**의 영수가 수호한다.

풍수 도시 風水都市

풍수에 따라 만들어진 도시를 말한다. **헤이안쿄**는 이 풍수의 개념이 가장 잘 드러난 도시로, 이 때문에 교토는 1200년 이상의 고도로서 번성할 수 있었다.

임시 사신 사상

좁은 땅을 임시로 **사신 사상**이 적용된 곳으로 바꾸는 **주법**이다. 동쪽에 황토, 서쪽에 백토, 남쪽에 적토, 북쪽에 흑토, 중앙에는 황토를 뿌리고 땅과 똑같은 오색의 고헤이를 세운다. 그런 다음 제사를 올리고 오색의 흙을 각 방위에 묻는다. 그러면 그 땅은 자연스레 사신 사상에 입각해 만든 곳이 된다.

산악신앙 山岳信仰

산을 성지로 추앙하는 신앙이다. 예로부터 산은 혜택을 주는 동시에 자연재해 등의 무서움을 안겨주는 두려움의 상징과 같은 곳이었다. 죽은 이의 영혼이 돌아갈 곳, 하늘에 있는 신이 강림하거나 신이 살고 있는 곳이라고 믿었다. 일본은 산이 많은 지형이므로 이 산악신앙이 뿌리 깊게 자리 잡았다.

영산 靈山

성스러운 산이라는 뜻이다. 일본의 삼대 영산은 **후지산**, **하쿠산**, **다테산**이 있다 (**오소레산**, **히에이산**, **고야산**이라는 설도 있다).

후지산 富士山

일본에서 가장 높은 **영산**이다. **쇼토쿠 태자**가 올랐다거나, **엔노 오즈누**가 하늘을 날아 도착했다는 등의 다양한 전설이 남겨져 있다. 에도 시대에 확산된 **후지코**는 후지산을 신앙의 대상으로 삼았다.

오소레산 恐山

아오모리현 시모키타 반도에 있는 영산이다. 삼도천, **지옥 계곡** 등이 있다. 죽은 이의 영혼이 이곳으로 모인다고 여겼으며, **공수**를 행하는 **무당**이 있는 곳으로 유명하다. **슈겐자**의 수행지이기도 하다.

데와삼산 出羽三山
야마가타현에 있는 하구로산, 갓산, 유도노산, 이 세 **영산**을 총칭하는 말이다. 하구로산은 **노조 태자**가 일본에서 가장 오래된 산악 수행을 했던 곳이며, 지금도 **아키노미네**와 같은 **슈겐도**의 수행이 거행되고 있다.

유도산의 즉신불
데와삼산 중 하나인 유도산은 **즉신불**의 수행 장소다. 표면에서 뜨거운 물이 샘솟는 거대한 바위를 **신체**로 모신다. 죽은 이의 계명[1]을 쓴 종이를 바위에 붙여 놓고 종이가 뜨거운 물에 녹아 없어지면 고인의 혼이 성불한다고 믿었다.

닛코산 日光山
도치기현에 있는 **영산**으로, 예로부터 **슈겐도**의 성지였다. 이곳에는 도쿠가와 이에야스가 잠들어 있는 닛코 도쇼궁이 있는데, 이에야스를 이곳에 안치한 이유는 닛코가 에도성의 북쪽에 있으므로 에도의 **귀문**을 봉인하기 위해서라는 설, 북극성과 에도성을 잇는 연결선상에 있으므로 이에야스의 유해를 모시기에 적합했

1 죽은 사람에게 붙여 주는 이름이다.

다는 설 등이 있다. 또한, 닛코산에 있는 후타라산 신사에는 **신체**인 **네네키리마루**가 모셔져 있다.

다카오산 高尾山
도쿄도에 있는 **슈겐도**의 성지다. 폭포 수행이 활발하게 이뤄지는 뱀 폭포, 비와 폭포도 있다. 이즈나다이곤겐을 모시고 있으며, 수많은 센고쿠 시대의 무장들이 믿었다. 이즈나다이곤겐의 권속인 **텐구**가 사는 곳이라고 한다.

하쿠산 白山
다이초가 절을 세운 **슈겐도**의 성지다. 이시카와현과 기후현 사이에 있다. 다이초가 여신(이자나미의 화신이라고 한다)이 알려준 호수에서 기도를 올렸다. 그러자 호수에서 머리가 아홉 개 달린 용왕이 모습을 드러냈는데, 그 정체는 십일면관음이었다고 한다.

다테산 立山
도야마현의 **영산**이자 **슈겐도**의 성지다. 매사냥을 나선 사에키 아리요리가 쏜 화살에 맞은 곰이 금색으로 빛나는 아미타여래로 변하는 걸 보고 이곳에 절을 세웠다는 전설이 있다. '다테산 지옥'이라고 일컬어지는 믿음이 확산되며 죄인의 영혼은 다테산 지옥으로 떨어진다고 믿었다. 《**곤자쿠모노가타리슈**》에는 '일본

국 사람은 죄를 지으면 다테산의 지옥으로 떨어진다'라는 내용이 나온다.

기소온타케 木曾御嶽

나가노현 기소군에 있는 **영산**으로, **슈겐자**가 수행하는 곳이다. 지금도 **신 모시기** 행사가 진행되고 있다.

이즈나산 飯綱山

나가노현에 있는 **영산**이다. **슈겐도** 수행의 영지이기도 하며, **이즈나법**을 수행하는 곳이기도 하다. **팔텐구** 중 하나인 사부로보가 살고 있다고 한다.

도가쿠시산 戸隱山

나가노현에 있는 **영산**으로, **슈겐도**의 영역이다. 일본 신화에서 **아마테라스**가 숨어 지내던 아마노이와토를 아메노타지카라오가 던지자 이 땅에 떨어졌다는 전설이 있다. 훗날 **엔노 오즈누**가 슈겐도의 수행을 할 수 있는 절을 세웠고, 이곳에서 도가쿠시류 **닌자**가 탄생하기도 했다.

아키하산 秋葉山

시즈오카현에 있는 **슈겐도**의 성지로, 불을 다스리는(화재 예방) 신인 산샤쿠보 곤겐을 모시고 있다. 과거, **산샤쿠보**라는 승려가 이곳에서 천 일 동안 수행했는데 **화생삼매**로 **신통력**을 습득했다고 한다. 그 뒤로 **야생 여우**를 타고 승천했다거나

텐구가 되어 하늘을 날아다녔더거나, 아키하산에 불이 났을 때 산샤쿠보가 화생삼매 수행을 한 끝에 화재를 진압했다는 전설이 있다.

히가네산 日金山

시즈오카현 아타미시에 있는 **영산**이다. 죽은 이의 영혼이 모이는 곳이라 믿었는데, 피안의 시기[1]에 산에 오르면 그리워하던 죽은 이와 스쳐 지나갈 수 있다고 한다.

히라산 比良山

사가현 비와호의 서쪽에 위치한 **영산**으로, **슈겐도**의 성지 중 하나다. **팔텐구** 중, 다로보의 다음 가는 **신통력**을 지닌 지로보가 살고 있다고 한다.

히에이산 比叡山

교토의 **귀문**을 지키는 **영산**이다. 천태종의 창시자인 **사이초**는 이 산에 작은 암자를 세웠는데, 이곳이 훗날 엔랴쿠지가 되었다. **소오**가 시작한 천일회봉행의 수행으로 대표되는 **슈겐도**의 성지다.

아다고산 愛宕山

교토에 있는 **영산**이자 **슈겐도**의 성지 중 하나다. **엔노 오즈누**가 절을 세웠다고 전

---

1 춘분 전후 7일간을 봄의 피안이라고 해서 극락왕생의 시기로 본다.

해진다. **덴구** 신앙도 강하며, **팔덴구** 중 하나인 다로보가 살고 있다.

구라마산 鞍馬山

교토부에 있는 **영산** 중 하나다. **덴구**가 살고 있는데, 다이덴구인 소조보가 우시와카마루(훗날 미나모토노 요시쓰네)를 단련시킨 곳이라고 전해진다.

오미네산 大峰山

엔노 오즈누와 **쇼보**가 수행했다고 전해지는 **영산**이다. 나라현에서 와카야마현까지 이어지는 산맥을 오미네산이라고 부른다. **순례 수행**의 장소로서도 유명하다.

용출암 湧出岩

오미네산 중 하나인 긴부산에 있는 **이와쿠라**다. 이곳에서 **엔노 오즈누**가 사람들의 재난을 없애기 위해 열심히 기도했더니 **곤고자오곤겐**이 나타났다는 전설이 있다.

고야산 高野山

구카이가 절을 세운 진언 **밀교**의 성지로, 와카야마현에 있다. 총본산인 곤고부지는 고야산 전체를 가리킨다.

고야산 개산과 구카이

당 유학을 끝마치고 돌아온 **구카이**는 덴노로부터 **기우제**를 올리라는 명령을 받았다. 구카이는 본인의 **주력**으로 선녀용왕을 불러내 삼 일간 큰 비를 내리게 했다. 그 업적 때문에 덴노는 구카이가 **고야산**에 절을 세우는 일을 허락했다고 한다.

→ 구카이의 개산 전설과 관련된 '삼고저'는 224쪽 참조

구마노삼산 熊野三山

와카야마현에 있는 본궁, 신궁, 나치의 세 신사를 가리킨다. **슈겐자**의 성지로, 가마쿠라 시대에는 황족이나 귀족뿐 아니라 서민들 사이에서도 '구마노 참배'가 유행했다. 구마노삼산은 각각 과거, 현재, 미래를 의미하는 환생의 땅이라 불리며, 구마노는 저승의 정토로 여겨졌다.

미산 弥山

히로시마현의 미야지마섬(**이쓰쿠시마섬**)에 있는 **영산**이다. **구카이**가 절을 세운 산으로, 이곳에는 구카이가 절을 세운 뒤 한 번도 꺼진 적이 없는 '꺼지지 않는 불'이나 '석장의 나무' 등 7대 불가사의가 전해 내려온다. 그중 '석장의 나무'는 구카이가 꽂아놓은 석장에서 싹을 틔운 매화나무인데, 흉조가 생기면 꽃을 피우지 않는다고 한다.

호키 다이산 伯耆大山

돗토리현에 있는 **영산**이다. 이즈모국(지금의 시마네현)의 사냥꾼(훗날의 **곤렌**)

이 금빛 늑대의 안내에 따라 절을 세웠다고 전해진다. **팔덴구** 중 하나인 호키보가 살고 있었는데, 같은 팔덴구 중 하나이자 사가미국(지금의 가나가와현)에 살던 사가미보가 **시라미네산**으로 가버렸기 때문에 대신 사가미다이산으로 거처를 옮겼다고 한다.

시라미네산 白峰山

가가와현에 있는 산으로 **팔덴구** 중 하나인 사가미보가 살고 있다. 귀향을 떠난 **스토쿠 텐노**의 무덤인 시라미네노 미사사기가 있는데, 이 산에 사는 팔덴구인 사가미보가 스토쿠 텐노의 혼령을 위로했다고 한다.

시라미네산과 사가미보

사가미국(지금의 가나가와현)의 사가미다이산에서 수행하던 행자가 **사가미보**라는 이름의 덴구가 되었다. 사가미보는 훗날 가가와현의 **시라미네산**으로 들어가 **슈겐자**들을 지도했다. 어느 날, 두부를 사 오라는 부탁을 받은 어린 승려가 **시라미네산**을 지나가게 되었는데, 도중에 해가 떨어져 두려움에 떨었다고 한다. 이를 본 사가미보가 그를 등에 업고 눈 깜짝할 새에 절에 데려다줬다. 심지어 어린 승려의 손에는 교토에서만 파는 연두부가 들려 있었다는 전설이 있다.

히코산 英彦山

후쿠오카현과 오이타현 사이에 있는 **영산**이다. **오미네산**, **데와삼산**의 하구로산과 더불어 슈겐도의 삼대 수행지로 알려져 있다. **아마테라스**의 자녀가 강림했으므로 '히코산'이라고 불리게 되었다는 신화가 전해진다. 일본 **팔덴구** 중 하나인 부젠보가 살고 있는 산이기도 하다.

가쓰라기산 葛城山

와카야마현에 있는 **영산**이다. **엔노 오즈누**의 수행지로 유명하며 **히토코토누시**라는 신이 살고 있다.

곤륜산 崑崙山

중국의 서쪽 지역에 있는 전설의 **영산**이다. 황허강의 발원으로, 옥의 생산지로 여겼다. 선녀인 **서왕모**가 사는 곳으로 유명하다. 또한, 중국 서부에 실존하는 쿤룬산맥은 이 전설 속의 곤륜산과는 다른 곳이다.

심산유곡 深山幽谷

사람이 없는 깊은 산속이나 계곡을 말한다. **선인**들이 들어가 수행한다고 한다.

오악 五岳

고대 중국에서 오행 사상을 바탕으로 **영산**으로서 추앙받았던 다섯 개의 산이다. 동악을 **태산**, 서악을 **화산**, 남악을 **형산**,

북학을 **항산**, 중악을 **숭산**이라고 한다. 특히 태산은 이상향이라 여겼던 **삼신산** 방향에 있었기 때문에 많은 사람이 믿었다고 한다. 오악을 그린 **오악진형도**는 만능 **영부**였다고 한다.

태산 泰山

오악 중 동악에 해당한다. 죽은 이의 영혼이 모이는 곳이며, 이 산의 신인 **태산부군**은 죽은 이들이 모여들면 그들이 생전에 저지른 죄를 심판한다고 한다. 중국의 산둥성에 실존하는 산으로, 진나라 때부터 황제가 봉선[1](고대 중국의 제사) 의식을 거행하기도 했다.

화산 華山

오악 중 서악에 해당한다. 금속과 새를 관장하는 신이 산다. 중국 샨시성에 실존하는 산이다.

형산 衡山

오악 중 남악에 해당한다. 별과 수중 생물을 관장하는 신이 산다. 중국 후난성에 실존하는 산이다.

항산 恒山

오악 중 북악에 해당한다. 하천과 동물을

관장하는 신이 산다. 중국 산시성에 실존하는 산으로, 과거에는 허베이성에 있는 항산이 북악으로 여겨지기도 했다.

숭산 嵩山

오악 중 중악에 해당한다. 연못, 계곡, 산림을 관장하는 신이 산다. 중국 허난성에 실존하는 산이다.

제사

가미마쓰리 神祭り

이계에 있는 신을 신사 등으로 불러와 위로하고 영력을 회복시키기 위한 의식이다. **신토**에서는 작물이나 수확물을 바치고 제사를 지내면 사람들을 돕느라 쇠약해진 신의 영력을 부활시킬 수 있다고 믿었다.

유다테카구라 湯立て神楽

나가노현 남부 지방의 덴류강 지류인 도야마고에서 거행되는 **가구라**다. 시모쓰키 마쓰리라고도 한다. 가마에 물을 끓여 신들을 불러오고, 밤새 가구라를 거행해 강림한 신들을 환영한다.

관련어 시모쓰키마쓰리霜月祭り

온바시라사이 御柱祭

나가노현의 스와 대사의 시모샤下社에

---

1   고대 중국에서 천자가 흙으로 단을 만들어 하늘에 제사를 지내고 땅을 정하게 해서 산천에 제사를 지내던 일을 말한다.

서 육 년에 한 번 거행되는 마쓰리다. 거목에서 잘라낸 거대한 **신체**를 짊어지고 가파른 언덕을 내려오거나 강을 건너며 기둥과 하나가 되려고 한다.

게베스마쓰리 ケベス祭り

오이타현 구니사키시에 위치한 구시쿠 신사의 이와쿠라 하치만에서는 매년 10월 14일에 불로 정화하는 불의 마쓰리를 거행한다. 하지만, 마쓰리의 이름인 '게베스 님'이 누구인지도 모르고 마쓰리의 기원도 밝혀진 바 없는 기묘한 행사다. '게베스돈'이 활활 타오르는 화염을 휘저어 주위로 불티를 날린다.

오나와카케 제의 御縄掛け神事

미에현 하나이와야 **신사**에서 거행되는 의식이다. 일본에서 가장 오래된 신사로, 일본 신화의 창조신인 이자나미가 불의 신인 가구쓰치를 낳다가 숨을 거두자 남편인 **이자나기**가 이곳에 이자나미의 시신을 묻었다고 한다. 꽃이나 부채를 엮은 큰 밧줄로 **신체**인 거대한 바위와 **신목**인 소나무를 연결하는 제의 의식을 통해 신과 이어진다고 믿었다.

주술의 이해를
돕는

서적·이야기

주술의 기본 용어

공격의 술식

회복·소생·보조의 술식

특수능력·예지·예언의 술식

주술·이능력자·이능력 생명체

주구·무기·부적

이계·정신세계·특수한 영역

신화·전설·이야기

신화·전설·이야기

《위지왜인전 魏志倭人傳》

3세기의 야마타이국이 묘사되어 있는 중국의 문헌이다. **히미코**가 즉위해 '**귀도**'를 이용했다고 적혀 있다.

《고사기 古事記》

712년에 완성된 일본에서 가장 오래된 역사서다. 히에다노 아레가 구술하고 오노 야스마로가 편집 및 저술했다. 일본의 신화 시대부터 스이코 덴노까지의 역사와 신화가 적혀 있다. **저주, 도코이도, 마카레의 주언, 와타미쓰의 저주, 후토마니, 야마토 다케루, 기비쓰히코노 미코토, 다케우우치노 스쿠네, 야타가라스, 구가미미노 미카사, 쥐, 야시오리의 술** 등 일본 신화나 주술의 기원, 고대 주술사와 이능력자를 알 수 있다.

《일본서기 日本書紀》

편년체로 작성된 첫 역사서로, 720년에 도네리 친왕이 완성했다. 《**고사기**》와 합쳐 '**기기記紀**', '**기기신화記紀神話**'라고도 부른다. 《고사기》와 마찬가지로 일본 **주술**의 근간을 알아볼 수 있고, 그 밖에 **료멘스쿠나**에 대해서도 기재되어 있다.

《속일본기 續日本紀》

797년에 완성된 《**일본서기**》에 이은 칙찬 역사서다. **엔노 오즈누**의 전설 이외에도 **쇼토쿠 덴노 저주 사건** 등 **주술**과 관련된 사건도 기재되어 있다.

《일본영이기 日本靈異記》

헤이안 시대 초기에 만들어진 일본에서 가장 오래된 불교 설화집이다. **엔노 오즈누, 자쿠센, 가미나리도지** 등의 전설이 실려 있다.

《구사본기 舊事本紀》

헤이안 시대 전기에 만들어진 역사서다. 신대부터 스이코 덴노까지의 천황에 대한 내용이 담긴 책으로, 모노노베[1]씨 에 대해 자세히 기술되어 있다. **십종신보와 후루의 말**, 즉 '**후루베 유라유라**'의 주문이 이 책에 기재되어 있다.

관련어 《구사기舊事紀》, 《선대구사본기先代舊事本紀》

《다케토리모노가타리 竹取物語》

헤이안 시대 초기의 이야기다. 대나무에서 태어난 가구야 히메는 달의 수도로 돌아간다. 이때 대나무가 지상과 **달(이계)**을 잇는 역할을 한다.

---

1   고대 일본의 유력한 군사 씨족으로, 천손 강림했다고 여겨진다.

《삼보에코토바 三寶繪詞》

헤이안 시대 중기의 불교 설화집이다. 원래는 《삼보에三寶繪》라는 이름의 그림 두루마리였는데, 그림은 분실되고 글만 남았다고 한다. **엔노 오즈누**의 전설이 실려 있다.

《겐지 이야기 源氏物語》

헤이안 시대 중기, 무라사키 시키부가 쓴 장편 소설이다. **목욕재계, 소금이나 쌀 뿌리기** 등의 에피소드와 **생령**이 된 **로쿠조노미야스도코로**의 이야기가 실려 있다.

《마쿠라노소시 枕草子》

헤이안 시대 중기, 세이쇼나곤이 쓴 일본 최초의 수필이다. **목욕재계**에 관한 묘사나 '말주변이 좋은 **음양사**를 채용해 강가로 나가 **저주**의 액막이를 하게 했을 때' 등 음양사가 했던 의식을 묘사한 장면이 등장한다.

《곤자쿠모노가타리슈 今昔物語集》

헤이안 시대 후기에 쓰인 설화집이다. 천 편이 넘는 이야기가 실려 있는데, 등장인물도 이야기의 배경도 제각각이다. **음양사, 아베노 세이메이, 엔노 오즈누, 떠돌이 무녀** 등의 다양한 전설이 실려 있다.

《오카가미 大鏡》

헤이안 시대 후기에 지어진 역사 이야기

다. 가잔 덴노가 **아베노 세이메이**의 집을 지날 때, 세이메이가 **식신**과 이야기하고 있었다는 에피소드가 있다.

《고지단 古事談》

가마쿠라 시대 초기에 지어진 설화집이다. 훗날 《우지슈이모노가타리》 등의 출처가 되었다. **아베노 세이메이**에 관한 전설 외에도 **미나모토노 요시이에, 조조** 등의 불교 설화도 실려 있다.

《고단쇼 江談抄》

헤이안 시대 후기에 지어진 설화집이다. 기비노 마키비가 **음양도**의 달인이었다는 이야기나, 견당사로서 당에 건너갔을 때 **오니**로 변한 **아베노 나카마로**와 만났는데 나카마로가 마키비를 도와줬다는 이야기가 담겨있다.

《우지슈이모노가타리 宇治拾遺物語》

가마쿠라 시대 초기에 지어진 설화집이다. **아베노 세이메이**에 관한 전설(**아베노 세이메이의 저주 반환, 도마 법사**)이 실려 있다.

《조쿠코지단 續古事談》

가마쿠라 시대 초기에 지어진 설화집이다. **음양사**에 관한 전설이 실려 있다.

《고킨초몬주 古今著聞集》

가마쿠라 시대에 지어진 설화집이다. '기사이 마을의 우물' 등의 이야기가 실려 있다.

《헤이케 이야기 平家物語》

가마쿠라 시대에 지어진 전쟁 이야기다. 축시의 참배를 올렸던 우지의 하시히메에 대해 적혀 있다.

《센주쇼 撰集抄》

가마쿠라 시대의 불교 서화집이다. 사이쿄가 반혼술을 사용해 인조인간을 만들려고 했다는 이야기가 실려 있다.

《보궤내전 簠簋内傳》

정식 명칭은 《산고쿠소덴인요칸카쓰호키나이덴킨우교쿠토슈三国相伝陰陽輨轄簠簋内伝金烏玉兎集》이다. '아베노 세이메이가 썼다고' 알려진 음양도의 비전서로, 제작 연도는 가마쿠라 시대 말기~무로마치 시대 사이로 추정된다. '호키簠簋'는 하늘과 땅(제기), '긴토金兎'는 음과 양(태양과 달)을 의미한다. 달력, 사신사상, 역점, 지형과 방위의 길흉, 수요도 등에 대한 내용이 실려있다. 점술 전문서이지만, 세이메이의 전설이 다수 실려 있다. 후세에 전해진 세이메이와 관련된 수많은 에피소드는 모두 이 책에서 나온 것이다.

《호키쇼 簠簋抄》

《호키나이덴》을 일부 발췌한 초본이다. 에도 시대 초기에 가나로 쓰여진 《아베노세이메이모노가타리》의 원형이다. 아베노 세이메이의 어머니가 시노다의 여우인 구즈노하였다는 이야기, 태산부군제에서 다마모노마에의 정체를 간파했다는 이야기 등, 아베노 세이메이의 다양한 에피소드가 묘사되어 있다.

《아베노세이메이모노가타리 安倍清明物語》

에도 시대에 가나로 쓰여진 수필이다. 아베노 세이메이와 아시야 도만의 라이벌 대결(아베노 세이메이와 아시야 도만의 술 겨루기) 등의 이야기가 실려 있다.

《우게쓰모노가타리 雨月物語》

에도 시대 중기에 우에다 아키나리가 쓴 괴이 소설집이다. 나루카마 제의와 관련된 '기비쓰의 가마', 오니가 된 승려의 이야기인 '푸른 두건', 시라미네산에 사는 덴구인 사가미보가 스토쿠 덴노의 수호신으로 등장하는 '시라미네' 등이 있다.

《이노우모노노케로쿠 稲生物怪録》

에도 시대 중기, 지금의 히로시마현 미요시를 무대로 한 괴이담이다. 제작년도와 저자, 정식 제목은 밝혀진 바 없다. 열여섯 살의 이노우 헤이타로가 집을 방문하는 요괴들에게 한 달 동안 계속 위협을 받는 이야기다. 마지막 날에는 요괴의 수장인 **산모토 고로자에몬**이 등장한다.

《우토야스타카추기덴 善知鳥安方忠義傳》

에도 시대 후기의 독본이다. **다이라노 마사카도**의 유복 남매인 **다키야샤히메**와 **다이라노 요시카도**, 니쿠시센의 **두꺼비 술** 때문에 미쳐 날뛰던 미나모토노 요리누부 등이 등장한다.

《센쿄이분 仙境異聞》

에도 시대 후기, 국학자인 히라타 아쓰타네가 쓴 기록서다. **텐구**에게 납치되어 선계에 살게 된 **텐구 소승 도라키라**와 면담한 기록으로, 《도라키치모노가타리寅吉物語》라고도 한다. **유계**(저승)에 대해 큰 관심을 가졌던 아쓰타네는 소년에게 유계에 편지를 전해달라고 부탁했다.

《가쓰고로사이세이키분 勝五郎再生記聞》

에도 시대 후기, 국학자인 히라타 아쓰타네가 쓴 환생 체험 기록서다. 저승에서 돌아와 다른 사람으로 다시 태어났다고 주장하는 가쓰고로의 이야기를 정리했다. 아쓰타네는 **유계**(저승)에 흥미를 나타내며 연구에 매진했다.

《셋쇼세키고니치노카이단 殺生石後日怪談》

에도 시대 후기에 교쿠테이 바킨이 쓴 고칸이다. **구미호**에게 조종당한 소녀가 요술사가 되었는데, **무라사키 님**이라 불리며 당대 쇼군에게 총애받았다.

《지라이야고케쓰모노가타리 児雷也豪傑譚》

에도 시대 막부 말에 지어진 고칸(삽화가 있는 단편 소설)이다. **두꺼비 술사**인 **지라이야**, 뱀 술사인 **오로치마루**, 민달팽이 술사인 **쓰나데**가 서로 견제하며 옴짝달싹 못 하는 장면이 있다.

《시라누이모노가타리 白縫譚》

에도 시대 막부 말의 고칸이다. 오토모 소린의 딸인 **거미 술사 와카나히메**가 남장을 하고 '시라누이'라는 이름으로 복수하는 이야기다.

《호쿠세쓰비단지다이카가미 北雪美女時代加賀見》

에도 시대 막부 말의 고칸이다. **나비 술사**인 **유지나미 유카리노조**의 활약상이 그려져 있다. 막부 말은 **요술사**가 주인공으로 등장하는 고칸이 활발히 발표되는 시대였다.

구술의 기본 용어

공격의 술식

회복·수렵·보조의 술식

특수 능력·매개체의 술식

술수 이능력자·이형의 생물체

구구·무기·부적

이계·경계·금기의 영역

신비 이야기

《이자나기 제문 いざなぎ祭文》
이자나기류의 기원이 적힌 이야기다. 일본에서 태어나 경문 수행을 시작한 덴츄히메는 점술 실력도 뛰어났다. 그녀는 사람들을 구할 기도법을 찾아 천축으로 건너갔다. 그리고 '이자나기 대신'으로부터 '**인형 기도**'와 '**활 기도**' 등을 배워 일본에 전했다고 한다.

《산해경 山海經》
고대 중국의 지리서다. 각지의 신화 전설이나 괴이한 동식물 등을 소개하고 있다. **서왕모, 감목[1]** 등이 실려 있다.

경전

《반야심경 般若心經》
불교 경전이다. 정식 명칭은《반야바라밀다심경》이다. 고귀한 경전이므로, **반야심경을 읊거나 반야심경을 거꾸로 읽거나 혹은 베껴 쓰면** 요마를 격퇴할 수 있다. '**나무아미타불**', '**색즉시공 공즉시색**'이라는 문구가 유명하다. **집을 나간 사람을 돌아오게 하는 주법** 등으로도 이용된다.

《공작명왕경 孔雀明王經》
중국 당나라 때 한역된 불교 경전이다.

공작명왕법 등이 실려 있다.

《금광명최승왕경 金光明最勝王經》
중국 당나라 때 한역된 불교 경전이다. 나라 시대에 **간뵤 선사**가 사용했다고 한다. 당시에 많은 사람이 믿었던 으뜸가는 경전이었다.

《칠요제재결 七曜除災決》
수요도 경전이다. 칠요 28수의 점성술이나 길흉의 판단, 성수星宿의 **진언** 등이 실려 있다.

《대반야경 大般若經》
중국 당나라 때의 고승인 현장 삼장이 한역했다고 전해지는 불교 경전이다. 정식 명칭은《대반야바라밀다경大般若波羅蜜多經》으로 총 600권에 다다른다.

기타 서적·기록

《만엽집 万葉集》
일본에서 가장 오래된 와카 모음집으로, 나라 시대에 편찬되었다. **언령**에 대해 언급되어 있는데, 일본을 가리켜 '언령의 영묘한 힘으로 행복을 낳는 나라'라고 했다. '**옷소매를 뒤집고 잠이 드네**'라는

1 　죽지 않는 나무로, 이 나무에 열린 열매를 먹으면 장생불사할 수 있다고 한다.

꿈점에 관한 와카도 있다.[2]

《고킨와카슈가나조 古今和歌集仮名序》

헤이안 시대 초기에 지어진 최초의 칙찬 와카집이다. 기노 쓰라유키가 가나 문자로 지은 《가나조仮名序》에 '(와카는) 하늘과 땅을 감동시킨다'라는 문장이 나오는데, 고대 시대부터 **언령**에 대해 언급하고 있음을 알 수 있다.

관련어 《고킨슈古今集》

《미라이키 未來記》

쇼토쿠 태자가 썼다고 추청되는 미래 예언서다. 쇼토쿠 태자는 뛰어난 예언자였는데, 《**일본서기**》에도 '정해지지 않은 앞날을 미리 아신다(미래를 알고 있었다)'라고 적혀 있다.

《고슈인엔기 御朱印緣起》

오사카부의 사천왕절에서 발견된 **쇼토쿠 태자**의 미래기 중 하나다. 쇼토쿠 태자는 다양한 모습으로 환생했는데, 소가노 우마코가 환생한 자와 싸우며 불교를 전파했다는 이야기가 있다. 오사카부 엔후쿠지에서 발견된 서적에는 언젠가 하늘에서 이형의 생물이 나타나 인류를 멸망케 할 것이라는 뉘앙스의 문장이 적혀 있다.

《요로율령 養老律令》

757년, 나라 시대에 내려진 **저주**의 행위를 금지하는 법령이다. **무고**, **고독**, **염매**와 같은 **주법**을 사용해 사람을 죽이는 행위를 금지했다.

《이신보 医心方》

헤이안 시대 중기에 지어진 일본에서 가장 오래된 의학서다. **도교**의 영향을 강하게 받았다고 한다. **방중술** 등이 실려 있다.

《포박자 抱朴子》

중국의 **방술** 서적이다. **금단** 제조법, **방중술** 등을 배워 **선인**이 되는 방법 등을 설명하고 있다.

《운급칠첨 雲笈七籤》

중국 북송 시대에 정리된 **도교** 경전이다. **선인**의 계급 등이 실려 있다.

《고단히호노다이지 五段秘法之大事》

일련종에 전해 내려오는 기도 비법인 '**오단기도법**'이 적혀 있는 비서다.

《참위서 讖緯書》

중국의 예언서다. **음양오행**설에 따라 전한 시대~후한 시대의 왕조의 일 등을 예언했다.

---

2 옷소매를 뒤집은 뒤 잠이 들면 꿈에서 사랑하는 사람을 만날 수 있다고 한다.

《센지략케쓰 占事略決》

아베노 세이메이가 자손을 위해 남겼다고 여겨지는 점술서다. 식반을 이용한 **육임식**점의 서른여섯 가지 기본 방법이 적혀 있다.

《부천력 符天曆》

중국 당나라 때 조사위曹士蒍가 편찬한 중국의 역법이다. **수요도**에 대해서도 적혀 있다.

《히조키 秘藏記》

홍법 대사 **구카이**가 쓴 책이다. **사事의 결계, 이理의 결계, 군다리명왕의 오종 결계** 등의 **결계술**에 대해 적혀 있다.

《쇼료슈 性靈集》

헤이안 시대 전기, 홍법 대사 **구카이**가 쓴 한시 문집이다. **칠리 결계**에 대해 적혀 있다.

《쇼유키 小右記》

헤이안 시대 중기의 공경[1]이었던 후지와라노 사네스케가 쓴 일기다. 후지와라노 미치나가 시대의 사회 정세, 정치, 궁정 의식 등이 적혀 있다. **구로우도 도코로의 점술, 곤로의 점술** 등에 대해 실려 있다.

---

[1] 일본의 귀족 계급으로, 율령제에 근거해 다이조다이진, 사다이진, 우다이진, 다이나곤, 츄나곤, 산기 등의 고관을 이르는 용어다.

《반토쿠슈 万德集》

밀교계 경전이다. **덴구**를 소환할 수 있는 '**덴구교**天狗教'가 실려 있다.

노·가부키

『셋쇼시키 殺生石』

무로마치 시대에 상연되었던 노 작품이다. 살생석이 된 **구미호**와 **겐노**의 이야기를 그린 작품이다.

『모도리바시세나니고히이키 戻橋背御摂』

에도 시대 후기에 상연되었던 가부키다. **다이라노 마사카도**의 유복자이자 **거미 술사**인 **나나아야히메**가 등장한다.

『시텐노모미지노에도구마 四天王楓江戸粧』

에도 시대 후기의 쓰루야 난보쿠가 지은 가부키다. **거미 술사**인 **이시구모 호인**이 소생술을 사용한다.

『덴지쿠도쿠베에키키가키오라이 天竺徳兵衛聞書往来』

에도 시대 후기의 가부키 작품이다. 이국 출신의 **두꺼비 술사**인 **덴지쿠 도쿠베에**가 등장한다.

『메이보쿠센다이하기 伽羅先代萩』

에도 시대 중기의 가부키 작품으로 센다이 지역의 다테 가문에서 일어났던 상속과 관련된 소동을 그렸다. 지금도 인기 있는 작품이다. **쥐 술사인 닛키 단조**가 쥐로 변신한다.

『하데쿠라베이시카와조메 艶競石川染』

에도 시대 중기의 다쓰오카 만사쿠가 쓴 가부키 작품이다. 대도 **이시카와 고에몬**이 모반을 결심해 은형술과 변신술 등 **인술**을 구사한다.

『게이세이시노바즈가이케 けいせい忍術池』

의적 **이나바 고조**를 그린 에도 시대 중기의 가부키 작품이다. 극 중에서는 이나바 도조라는 이름으로 등장하는데, **인술**을 배워 적 앞에서 모습을 감춘다.

『하나노사가네코마타조시 花嵯峨猫魔稗史』

사가번에서 일어난 상속 관련 소동, **나베시마의 괴물 고양이 소동**을 그린 에도 시대 후기의 가부키 작품이다. 괴물 고양이가 내린 **재앙**으로 발생한 소동을 그린 인기 작품이다.

색인

마치며

이 책을 읽어주셔서 감사합니다.

주술 세계는 매우 심오하고, 듣기만 해도 가슴이 두근거리는 내용으로 가득합니다.

예를 들면 신화 시대부터 전해지는 주술인 '후루베 유라유라'나 머릿속에 무한한 기억 서상공간을 만들어 내는 '허공장 구문 지법', 신들이 지상에 보낸 환상의 주술 도구 '십종신보', 원하는 대로 조종할 수 있는 '식신', '호법동자' 같은 것들입니다.

이 책은 주술에 관련된 약 천팔백 개의 표제어를 '공격', '회복', '결계' 등의 주제로 나눠서 관련어 순서대로 정리했습니다. 여기서 소개한 내용은 모두 원석이나 다름없습니다. 그러니 마음에 드는 단어를 발견했다면, 부디 마음껏 가공해서 창작에 활용해 주기를 바랍니다. 그렇게 탄생한 작품을 직접 마주하게 된다면 더할 나위 없이 기쁠 것 같네요.

책을 집필할 때 적확한 조언을 해주신 아사자토 이쓰키 님께 감사합니다. 또한, 이 책의 제작에 힘써주신 모든 분께 이 자리를 빌려 감사하다는 말을 전합니다.

그리고 이 책을 선택해 주신 모든 독자분께 다시 한번 진심으로 감사하다는 말을 남기고 싶습니다.

A&F

주요 참고 도서

朝里樹,『日本現代怪異事典』,笠間書院, 2018.

朝里樹,『歴史人物怪異談事典』,幻冬社, 2019.

朝里樹,『日本異界図典』, G.B., 2021.

朝里樹,『日本異類図典』, G.B., 2022.

豊嶋泰國,『【図説】憑物呪法全書』,原書房, 2002.

豊嶋泰國,『図解 日本呪術全書』,原書房, 2021.

藤巻一保,『日本秘教全書』,学研, 2002.

藤巻一保,『日本呪法全書』,学研, 2013.

藤巻一保,『安倍晴明『簠簋内伝』現代語訳総解説』,戎光祥出版, 2017.

豊嶋泰國・斎藤英喜・繁田信一・大森義成・鎌田東二・大宮司朗・羽田守快・脇長央,『呪術探究 巻の二 呪詛返し』,原書房, 2004.

斎藤英喜・繁田信一・鎌田東二・豊嶋泰國・大宮司朗・羽田守快・脇長央,『呪術探究 巻の三 忍び寄る魔を退ける結界法』,原書房, 2004.

『密教の本 驚くべき秘儀・修法の世界』,学研, 1992.

『神道の本 八百万の神々がつどう秘教的祭祀の世界』,学研, 1992.

『道教の本 不老不死をめざす仙道呪術の世界』,学研, 1992.

『陰陽道の本 日本史の闇を貫く秘儀・占術の系譜』,学研, 1993.

『修験道の本 神と仏が融合する山界曼荼羅』,学研, 1993.

『古神道の本 蘇る太古神と秘教霊学の全貌』,学研, 1994.

『風水の本 天地を読み解き動かす道教占術の驚異』,学研, 1998.

『妖怪の本 異界の闇に蠢く百鬼夜行の伝説』,学研, 1999.

『東洋医学の本 心と体に効く奇跡の療法を探る』,学研, 2001.

『呪術の本 禁断の呪詛法と闇の力の血脈』,学研, 2003.

『神道行法の本 日本の霊統を貫く神祇奉祭の秘事』,学研, 2005.

『別冊宝島1199号 日本「霊能者」列伝』,宝島社, 2005.

小和田哲男(감수),『鬼滅の日本史』,宝島社, 2020.

加門七海(감수),『呪術の日本史』,宝島社, 2021.

澁澤龍彥,『東西不思議物語』,河出文庫, 1982.

坂井宏通,『健康と運命を開拓する 五行運命力学』,修学社, 1984.

瓜生中・渋谷申博,『呪術・占いのすべて「歴史に伏流する闇の系譜」を探究する！』,日本文芸社, 1997.

武光誠（감수）,『すぐわかる日本の呪術の歴史』,東京美術, 2001.

羽仁礼,『永久保存版 超常現象大事典』,成甲書房, 2001.

村上健司（편저）・水木しげる（그림）,『日本妖怪大事典』,角川書店, 2005.

歴史群像編集部（편저）,『【決定版】忍者・忍術・忍器大全』,学研, 2009.

佐藤至子,『妖術使いの物語』,国書刊行会, 2009.

小松和彦,『呪いと日本人』,KADOKAWA, 2014.

常光徹,『しぐさの民俗学』,KADOKAWA, 2016.

山田雄司（감수）,『戦国忍びの作法』,G.B., 2019.

新潟県立歴史博物館（감수）,『見るだけで楽しめる！まじないの文化史 日本の呪術を読み解く』, 2020.

呪術探究編集部（편저）,『【図説】呪具・法具・祭具ガイド』,原書房, 2021.

山北篤（감수）,『魔導具事典』,新紀元社, 2001.

川合章子,『陰陽師の解剖図鑑』,株式会社エクスナレッジ, 2021.

秋山眞人・布施泰和,『日本の呪術大全 役に立つ呪術の方法と効力とは』,河出書房新社, 2021.

渋谷申博,『歴史の裏に潜む呪術一〇〇の謎 呪いの日本史』,出版芸術社, 2022.

『図解 呪術大全』,株式会社ライブ, 2022.

https://japanknowledge.com.

Sousaku no tameno Jyujyutu Yougo Jiten

창작자를 위한
주술 용어 사전

초판인쇄 2025년 9월 5일
초판발행 2025년 9월 5일

지은이 A&F
감수 아사자토 이쓰키
발행인 채종준

출판총괄 박능원
국제업무 채보라
책임번역 문서영
책임편집 조지원 · 김민정
디자인 공진혁
마케팅 채보라
전자책 정담자리

브랜드 므큐
주소 경기도 파주시 회동길 230 (문발동)
투고문의 ksibook1@kstudy.com

발행처 한국학술정보(주)
출판신고 2003년 9월 25일 제406-2003-000012호
인쇄 북토리

ISBN 979-11-7457-047-5 03380

므큐는 한국학술정보(주)의 아트 큐레이션 출판 전문브랜드입니다.
무궁무진한 일러스트의 세계에서 가치 있는 정보를 수집하고 선별해 독자에게 소개한다는 뜻을 담고 있습니다.
'예술'이 가진 아름다운 가치를 전파해 나갈 수 있도록, 세상에 단 하나뿐인 책을 만들고자 합니다.